U0910853

广东社科系列文集

求索

钟金就◎著

中国社会科学出版社

图书在版编目（CIP）数据

求索／钟金就著．—北京：中国社会科学出版社，2017．12

（广东社科系列文集）

ISBN 978－7－5203－1392－6

Ⅰ．①求…　Ⅱ．①钟…　Ⅲ．①中国特色社会主义—社会主义建设模式—文集　Ⅳ．①D616－53

中国版本图书馆 CIP 数据核字（2017）第 271921 号

出 版 人　赵剑英
责任编辑　马　明
责任校对　胡新芳
责任印制　王　超

出　　版　中国社会科学出版社
社　　址　北京鼓楼西大街甲 158 号
邮　　编　100720
网　　址　http://www.csspw.cn
发 行 部　010－84083685
门 市 部　010－84029450
经　　销　新华书店及其他书店

印　　刷　北京明恒达印务有限公司
装　　订　廊坊市广阳区广增装订厂
版　　次　2017 年 12 月第 1 版
印　　次　2017 年 12 月第 1 次印刷

开　　本　710×1000　1/16
印　　张　19
插　　页　2
字　　数　292 千字
定　　价　79.00 元

凡购买中国社会科学出版社图书，如有质量问题请与本社营销中心联系调换
电话：010－84083683

序

《求索》是作者继1998年《思索》、2003年《探索》之后出的第三本书。

作者把在国家、省、市各种理论刊物公开发表的117篇文章汇集成书，目的是要总结自己从事三十多年党的理论教育、理论研究、理论宣传工作的思索、探索和求索，同时也希望能在一定程度上反映和体现肇庆市委讲师团、市社科联理论工作的一个侧面。

作者学习和工作正处在1978年党的十一届三中全会开创的改革开放新时代，我们党在马列主义、毛泽东思想的基础上，创立了邓小平理论、"三个代表"重要思想、科学发展观和习近平新时代中国特色社会主义思想。文章大多都围绕不同时期党的路线、方针、政策来解读、宣传和研究，同时也结合肇庆市委中心工作来开展，力求贴近党员、干部、群众和思想实际，贴近改革开放的伟大实践，有利于统一思想、形成共识、凝聚力量，为推动党的理论事业做出贡献。

作者坚信，一个人政治上的坚定源于理论上的清醒。当今世界浩浩荡荡，历史潮流滚滚向前，实践无止境、认识无止境、理论无止境，我们唯有透过现象看本质、透过本质抓规律、透过规律看趋势，才能书写正确的人生，才能推动人的全面发展和社会的进步。

这本书所收集的56篇文章，有部分是和吕湛忠、汤婉文、蒋志军、曾钻仪同志合作完成。在编辑本书的过程中，得到有关领导、专家和同事们的指导、关心和帮助，特别是得到了广东省社科联党组书记、主席王晓博士的指导，在此一并表示衷心的感谢！

作者

二〇一七年十一月十二日

目　　录

思想政治理论篇

党性廉政教育篇

道德文化修养篇

经济社会发展篇

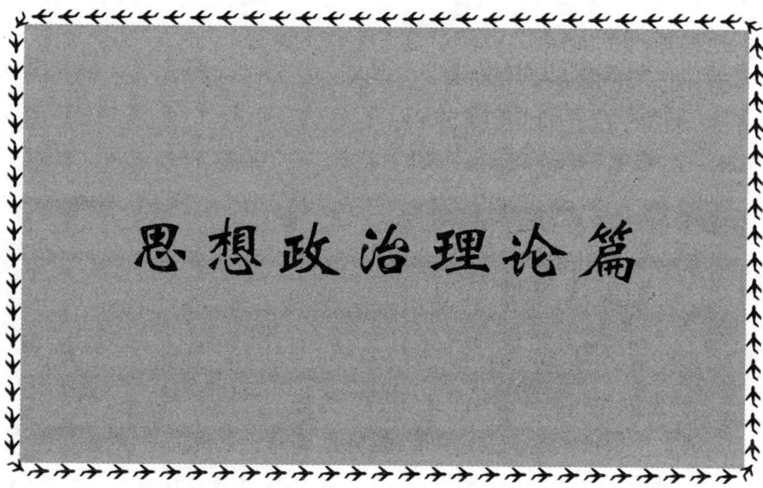

思想政治理论篇

坚定不移地以科学发展观统领经济社会发展全局

于2005年10月8日至11日在北京召开的党的十六届五中全会，听取和讨论了胡锦涛同志的重要讲话和工作报告，听取了温家宝同志就《建议（讨论稿）》向全会做的说明，并审议通过了《中共中央关于制定国民经济和社会发展第十一个五年规划的建议》。这是我们党在建设中国特色社会主义现代化事业和全面建设小康社会的关键时刻召开的一次重要会议，为我国下一个五年经济社会发展明确了指导方针、奋斗目标、主要任务和重大举措，是一次民主、团结、务实的会议，是一次激励全党和全国各族人民在新的发展起点上继续向全面建设小康社会宏伟目标迈进的会议。因此，贯彻落实好这次会议精神具有极其重大的意义。

一　深刻认识十六届五中全会的重大意义

第一，全会充分肯定十六届四中全会以来中央政治局的工作。全会认为，中央政治局坚持以邓小平理论和“三个代表”重要思想为指导，团结带领全党全国各族人民深入贯彻党的十六大和十六届三中、四中全会精神，全面落实科学发展观，加强党的执政能力建设和先进性建设，坚持发展这个党执政兴国的第一要务，加强和改善宏观调控，着力推进改革开放，加快调整经济结构和转变经济增长方式，正确处理改革发展稳定的关系，社会主义经济建设、政治建设、文化建设、社会建设和党的建设取得新进展，我国经济社会保持良好的发展势头。这使我们全党同志更加坚信以胡锦涛同志为总书记的党中央具有把握大局和驾驭全局的能力；更加坚定改革开放和建设中国特色社会主义的信念；更加充满 21 世纪头二十年全面实现小康社会的信心。

第二，全会高度评价“十五”时期我国经济社会发展取得的巨大成就。全会认为过去的五年，各地区各部门在党中央的正确领导下，聚精会神搞建设、一心一意谋发展，不断推进改革开放，我国经济实力、综合国力和国际地位显著提高。我们有效抑制经济运行中出现的不稳定不健康因素，成功战胜“非典”疫情和重大自然灾害的挑战，从容应对加入世界贸易组织后的新变化，国民经济持续较快发展，工业化、城镇化、市场化、国际化步伐加快，“十五”计划确定的主要发展目标提前实现，经济体制改革不断深化，对外贸易迈上新台阶，国家财政收入大幅度增加，价格总水平保持基本稳定，城乡人民生活进一步改善，民族团结不断巩固，各项社会事业取得新进步，社会主义民主政治和精神文明建设继续加强。这些都为“十一五”时期的发展奠定了良好基础。面向未来，我们站在一个新的历史起点上。

第三，全会审议通过了《中共中央关于制定国民经济和社会发展第十一个五年规划的建议》。全会深入分析了今后一个时期我国经济社会发展面临的国际国内形势，强调在全面建设小康社会的进程中，“十一五”时期具有承前启后的重要历史地位。我们必须紧紧抓住机遇，应对各种挑战，认真解决前进道路上面临的突出矛盾和问题，立足科学发展，着力自主创新，完善体制机制，促进社会和谐，开创中国特色社会主义事业的新局面，为后十年顺利发展打下坚实基础。

二　正确把握十六届五中全会的精神实质

1. 了解“十一五”规划的特点

第一，从“计划”变为“规划”。过去都叫“计划”，现在叫作“规划”。把计划改为规划，这表明我国更加注重宏观性、战略性和长远性；

更加注重发挥市场对资源配置的基础性作用；更加注重对经济社会发展的宏观把握和调控；更加注重公共政策的制定、建设服务型政府。

第二，从过多过细的量化指标，变为更加注重对经济社会发展的宏观把握和调控。

第三，“十一五”规划从先富到共同富裕，以效率优先，兼顾公平转到效率公平并重。

2. 把握“十一五”规划的重点

第一，学习和领会制定“十一五”规划的指导思想。要以邓小平理论和“三个代表”重要思想为指导，全面贯彻落实科学发展观。坚持发展是硬道理，坚持抓好发展这个党执政兴国的第一要务，坚持以经济建设为中心，坚持用发展和改革的办法解决前进中的问题。要坚定不移地以科学发展观统领经济社会发展全局，坚持以人为本，转变发展观念、创新发展模式、提高发展质量，把经济社会发展切实转入全面协调可持续发展的轨道。“十一五”时期，必须保持经济平稳较快发展，必须加快转变经济增长方式，必须提高自主创新能力，必须促进城乡区域协调发展，必须加强和谐社会建设，必须不断深化改革开放。

第二，明确“十一五”时期经济社会发展的主要目标。在优化结构、提高效益和降低消耗的基础上，实现 2010 年人均国内生产总值比 2000 年翻一番；资源利用效率显著提高，单位国内生产总值能源消耗比“十五”期末降低 20% 左右；形成一批拥有自主知识产权和知名品牌、国际竞争力较强的优势企业；社会主义市场经济体制比较完善，开放型经济达到新水平，国际收支基本平衡；普及和巩固九年义务教育，城镇就业岗位持续增加，社会保障体系比较健全，贫困人口继续减少；城乡居民收入水平和生活质量普遍提高，价格总水平基本稳定，居住、交通、教育、文化、卫生和环境等方面的条件有较大改善；民主法制建设和精神文明建设取得新进展，社会治安和安全生产状况进一步好转，构建和谐社会取得新进步。

第三，明确“十一五”规划的主要任务。这就是：建设社会主义新农村，推进产业结构优化升级，促进区域协调发展，建设资源节约型、环境友好型社会，深化体制改革和提高对外开放水平，深入实施科教兴国的战略和人才强国战略，推进社会主义和谐社会建设。

3. 关注“十一五”规划的热点

第一，立足科学发展，以科学发展观统领经济社会发展全局。贯彻落实党的十六届五中全会精神，推动经济社会平稳较快发展，关键是要坚持以科学发展观统领经济社会发展全局。科学发展观是凝结着几代共产党人带领人民群众建设中国特色社会主义的心血，是对20多年来我国改革开放和现代化建设成功经验的总结，也是吸取了世界上其他国家发展过程中的经验教训，是解决当前经济社会发展中诸多矛盾必须遵循的基本原则和新世纪新阶段指导我国社会经济发展的重大战略思想。

第二，完善体制机制，大力推进改革创新，为经济社会发展提供强大动力。目前我国正处在改革的攻坚阶段，尤其要加快国有企业、垄断行业、金融、财税、收入分配、社会保障等领域的改革。转变政府职能是深化改革的重点，应从政府改革入手，转变政府职能，依法行政，使政府真正承担起经济调控、市场监督、公共服务、社会管理的职能。

第三，着力自主创新，把提升自主创新能力作为调整经济结构、转变增长方式的支撑点。企业竞争，经济发展，综合国力较量，日益集中地表现在科技竞争方面。科技发展要坚持自主创新、重点跨越、支撑发展、引领未来的方针。当前要加强党政人才、企业管理人才和专业技术人才三支队伍建设。

第四，促进社会和谐，引领中国经济社会发展新境界。当前尤其要按照构建民主法治、公平正义、诚信友爱、充满活力、安定有序、人与自然和谐相处的社会主义和谐社会的要求，正确处理新形势下人民内部矛盾，认真解决人民群众最关心、最直接、最现实的利益问题。

第五，加强和改善党的领导。当前尤其要坚持立党为公、执政为民，加强党的执政能力建设和先进性建设。不断提高科学执政、民主执政、依法执政水平，不断提高党领导经济社会发展的水平。

三 以科学发展观为指导，大力推进肇庆经济社会全面发展

1. “十一五”时期我市的工作方针

市委确立了“抓机遇、谋发展、促和谐、强核心”的工作方针。抓机遇，就是要抓住战略机遇期和发展关键期，善于从全省的发展格局、珠三角的发展态势和我市的发展趋势中谋划推进未来五年的发展。谋发展，就是要坚持以经济建设为中心，必须大力发展工业经济，必须谋划建设重大项目，必须统筹区域协调发展，必须大力推进城镇化建设。促和谐，就是要加强教育、科技和文化建设，坚持以人为本，加强社会建设和管理，促进环境友好。强核心，就是要大力加强党的执政能力建设和先进性建设，要坚持权为民所用、情为民所系、利为民所谋。要充分调动各种积极因素，团结和带领广大干部群众谋发展、促发展。

2. “十一五”时期我市的工作思路

市委提出了我市“十一五”时期，要坚持实施“五大战略”，做到“六个坚定不移”和正确处理“五大关系”。“五大战略”是：工业主导战略、重大项目带动战略、东引西连战略、科教兴市和人才强市战略、区域协调发展战略。“六个坚定不移”是：坚定不移优先发展工业、坚定不移谋划建设重大项目、坚定不移扩大招商引资、坚定不移促进三大板块协调发展、坚定不移发展民营经济、坚定不移推进社会主义新农村建设。必须正确处理的“五大关系”是：正确处理经济发展和社会发展的关系、正确处理加快发展与保护生态环境的关系、正确处理加快发展与讲求实效的关系、正确处理外源型经济与内源型经济的关系、正确处理改革发展稳定的关系。

3. “十一五”时期我市的工作保障

市委提出要全面完成“十一五”时期的各项任务，必须切实加强和改善党的领导。要切实加强思想政治建设，切实加强基层组织建设，切实加强领导班子和干部队伍建设，切实加强党风廉政建设，通过抓灵魂、抓

班子、抓骨干、抓基础、抓作风和抓制度建设，不断提高各级党委统揽全局、领导经济社会跨越发展的能力和水平。

市委号召全市各级党组织和广大共产党员，要紧密团结在以胡锦涛同志为总书记的党中央周围，高举邓小平理论和“三个代表”重要思想伟大旗帜，全面落实科学发展观，团结带领全市人民，振奋精神，坚定信心，开拓进取，为民务实，为开创“十一五”时期经济社会发展新局面，加快建设繁荣活力、文明法治、和谐安康肇庆，实现肇庆跨越发展而努力奋斗！

（发表于《肇庆宣传》2006 年第 3 期总第 135 期）

扎扎实实抓好理论武装工作
确保先进性教育活动收实效

中央决定，从2005年1月开始，用一年半左右的时间，在全党开展以实践“三个代表”重要思想为主要内容的保持共产党员先进性教育活动。整个先进性教育活动分三个阶段，即学习动员阶段、分析评议阶段和整改提高阶段。笔者参加了第一批先进性教育活动，目前已进入到整改提高阶段。认真回顾和总结整个先进性教育活动的过程，特别是对学习动员阶段的工作提一些建议，以求对第二、第三批教育活动有借鉴意义。

一　抓好学习动员，打好先进性教育活动的思想基础

根据党的十六大和十六届四中全会精神，为进一步加强党的执政能力建设，全面推进党的建设新的伟大工程，确保党始终走在时代前列，更好地肩负历史使命，中央决定在全党开展以实践“三个代表”重要思想为主要内容的保持共产党员先进性教育活动。

开展先进性教育活动，抓好学习动员极为重要。抓好学习动员，就能为整个先进性教育活动打下良好的思想基础。首先抓好学习动员，才能提高广大党员对开展先进性教育活动重要性、必要性的认识；其次抓好学习动员，才能使广大党员明确这次先进性教育活动的目标要求；再次抓好学习动员，才能调动广大党员参加先进性教育活动的积极性、主动性和创造

性；最后抓好学习动员，才能进一步提高广大党员的思想理论素质，为保持共产党员先进性奠定牢固的思想基础。

从第一批先进性教育活动的情况来看，我们已经取得了重要的经验和效果。第一，各单位都认真地严格按照上级要求、按照程序，并富有创造性地开展学习动员阶段的各项工作；第二，各单位的学习动员，既认真学习中央规定的学习内容，又能够结合广东实际开展争创“三有一好”的学习，并根据不同层次、不同类型的党员情况开展学习，具有很强的针对性和实效性；第三，各单位都能把先进性教育活动与贯彻落实中央的工作部署结合起来，与完成当前地方工作的目标任务结合起来，与提高广大党员的思想政治素质结合起来。抓住了重点，有效地解决当前党内存在的一些重要的思想认识问题，使整个学习动员阶段充分体现了先进性教育活动的成果。

但是我们在总结经验肯定成绩的同时，也必须清醒地看到，学习动员阶段还存在着一些亟待解决的问题，对学习动员阶段的成果不宜盲目乐观。这主要表现在：一是在学习的领导和组织上，有些单位还停留在一般的号召上，没有严格按照学习的内容和要求，认真抓好学习动员的各项工作；二是在学习的方式和方法上，有些单位还是停留在按部就班，走程序上，甚至是搞形式主义、做表面文章；三是在学习的内容和实效上，有些单位停留在照本宣科，满足于某些词句和结论上，很难谈得上是认真学习、深刻领会、全面把握。如此种种，如不认真研究和克服，会使先进性教育活动走过场，失去应有的教育意义。

二　学习和领会“三个代表”重要思想，是学习动员阶段的根本任务

在学习动员阶段，中央要求，要组织党员认真学习“三个代表”重要思想，学习《保持共产党员先进性教育读本》。《读本》收集了党章和中央的有关文件，以及毛泽东、邓小平、江泽民、胡锦涛等领导人的有关重要讲话，是我们开展先进性教育活动的重要学习材料，要认真组织学

习。“三个代表”重要思想是对马克思列宁主义、毛泽东思想、邓小平理论的继承和发展，反映了当代世界和中国的发展变化对党和国家工作的新要求，是加强和改进党的建设、推进我国社会主义自我完善和发展的强大理论武器，是中国共产党集体智慧的结晶，是党必须长期坚持的指导思想。以胡锦涛同志为总书记的党中央，近年来在领导全国人民全面建设小康社会当中创造性地丰富和发展了“三个代表”重要思想，提出了科学发展观。科学发展观是我们党以邓小平理论和“三个代表”重要思想为指导，从新世纪新阶段我国发展全局出发提出的重大战略思想。科学发展观总结了20多年来，我国改革开放和现代化建设的成功经验，揭示了经济社会发展的客观规律，反映了我们党对发展问题的新认识。

先进性教育活动的学习动员阶段，要着重学习和领会胡锦涛同志为总书记的党中央现行的理论、路线、方针和政策，要学习党中央的执政理念、执政方略和执政风格。当前尤其要在树立“五观”上下功夫。一是在树立“立党为公、执政为民新时期共产党的执政观”上下功夫；二是在树立“坚持以人为本、全面、协调、可持续的科学发展观”上下功夫；三是在树立“人才是资本、人才是资源、人人可以成才的科学的人才观”上下功夫；四是在树立“三个文明协调发展、构建社会主义和谐社会的正确的政绩观”上下功夫；五是在树立“权为民所用、情为民所系、利为民所谋的马克思主义的群众观”上下功夫。只有这样才能使保持共产党员先进性教育活动具有时代性、针对性和实践性，才能在胡锦涛同志为总书记的党中央正确领导下，开创改革开放和全面建设小康社会的新局面。

三　创新学习形式和手段，是搞好学习动员的关键所在

在学习动员的形式上，可以拓展更多、更好的形式。我们虽然也主张因地制宜地开展学习动员，但是实践当中不少单位还是停留在一般的会议动员、集中辅导讨论和分散自学上，并没有根据当今社会主义市场经济发

展的状况和信息社会发展的特点，在如何把传统的教育方式和现代的教育传媒手段结合起来，如何更好地发挥报刊、电视、电台、互联网以及各种活动形式的作用，把先进性教育活动开展得有声有色、喜闻乐见、入耳入脑、深得人心等方面，仍然是我们应该探索的问题。

在学习动员的机制上，还缺乏感召力和约束力。不可否认，我们绝大多数党员是以高度的政治责任感和良好的精神状态参加先进性教育活动的，但是我们也必须客观地承认有相当一部分党员还是持随波逐流，甚至是观望消极态度来参加的。原因是多方面的，我个人认为，在整个学习动员阶段还没有一种更加有效的激励和约束机制来调动党员的积极性、主动性和创造性是一个重要的原因。也就是说我们鼓励先进，鞭策后进的方法不多，措施不够。

在检验学习动员的成效上，标准和手段还有待进一步探索和完善。这次先进性教育活动第一阶段的验收工作是十分严格的，既有硬任务，也有软指标。但在实践当中也发现一些问题，一方面这些标准大多还是原则性的规定，合格不合格难以界定；另一方面就是有些单位没有完全按照中央和上级的规定标准严格贯彻执行，这才是影响先进性教育活动取得实效的根本原因。

（本文发表于《肇庆宣传》2005 年第 5 期）

充分发挥理论工作在弘扬社会主义荣辱观中的作用

胡锦涛总书记最近强调，要引导广大干部群众特别是青少年树立社会主义荣辱观。这是我们党关于社会主义道德建设思想的继承和发展，是我们进一步加强和改进思想道德建设的重要指导方针。“八荣八耻”的社会主义荣辱观集中体现了爱国主义、集体主义、社会主义思想；体现了社会主义基本道德规范的本质要求；体现了社会主义世界观、人生观、价值观。我们理论工作者要站在开创“十一五”规划新局面的时代高度；站在树立和落实科学发展观的战略高度；站在构建社会主义和谐社会的高度，来认识和发挥理论武装工作在弘扬社会主义荣辱观的地位和作用，把社会主义荣辱观的教育、宣传、研究作为当前理论工作一项十分重要的任务，认真抓紧抓好，为推动全社会开展树立社会主义荣辱观活动健康发展做出积极的贡献。

一 理论教育是开展社会主义荣辱观教育的重要途径

第一，把开展树立社会主义荣辱观教育活动，作为当前党员干部群众青少年教育的重要内容。当前要把学习社会主义荣辱观，作为各级党委中心组理论学习的主要内容，作为党员干部理论教育的内容，作为青少年德育课的主要内容。

第二，分层次、有针对性地开展社会主义荣辱观的教育活动。“八荣八耻”的社会主义荣辱观，既是我们党对现阶段人们思想道德建设的总要求，又是道德层面的方方面面的具体要求，不同的阶层、不同的对象、不同的群体，要各有侧重点，这就要求我们的教育要有针对性，要联系实际，讲求实效。

第三，教育广大党员干部群众青少年要努力践行社会主义荣辱观。开展社会主义荣辱观教育活动，关键要看实效。开展社会主义荣辱观教育活动，重要的是指导实践，从现在做起，从自己做起，从小事做起，每个公民都要争当弘扬社会主义荣辱观的践行者。

二 理论宣传是开展社会主义荣辱观教育的重要形式

第一，运用现代传媒手段及各种宣传阵地，广泛开展社会主义荣辱观教育活动。我们要充分运用和发挥广播、电视、报纸、刊物、讲坛、宣传栏的作用，全方位、立体化地开展宣传活动，达到家喻户晓、人人皆知。

第二，精心组织、策划各种群众喜闻乐见的形式，来普及推广树立社会主义荣辱观教育活动。各单位、各社区、各乡镇都要根据自己本地区、本单位的工作实际，组织开展群众容易接受、乐于参与的活动，让群众感悟到，开展荣辱观教育事关国家、集体、个人的利益，只有大家齐抓共管，才能形成氛围、卓有成效。

第三，充分运用典型，有力推进社会主义荣辱观教育深入人心。典型示范作用、典型的教育和引导，是潜移默化的。典型的力量是无穷的。当前我们开展树立社会主义荣辱观的教育活动，不仅要重视利用古今中外的典型事例来开展教育，而且还要重视挖掘和运用身边的好人好事、先进事迹、典型事例来开展教育活动。

三　理论研究是开展社会主义荣辱观教育的重要保障

第一，全面准确地把握社会主义荣辱观的科学内涵和精神实质，是开展社会主义荣辱观教育活动取得实效的前提保证。“八荣八耻”的社会主义荣辱观，首先是一个有机的整体，其次八个方面各有自己的要求，再次不同的历史阶段也有自己的特点和要求。这些问题都需要我们认真学习和把握。

第二，根据不同地区、不同对象对树立社会主义荣辱观提出具体的要求。我们开展社会主义荣辱观的教育活动，总的来说要按照“八荣八耻”的精神来开展，但各地区、各单位、各阶层、各群体的情况不同，我们理论工作者、宣传者、教育者和组织者，就要根据实际情况，研究和提出树立荣辱观的具体要求，例如，对干部当前树立荣辱观的根本要求是什么，对青少年当前树立荣辱观的根本要求是什么等，我们都应该做出较为准确的回答。

第三，要认真开展对树立社会主义荣辱观教育活动制度化、系统化、工程化的研究，形成有效机制，推动树立社会主义荣辱观活动长期、有效、健康发展。

（本文发表于《肇庆宣传》2006 年第 4 期）

《江泽民文选》是中国共产党理论创新的重大成果

《江泽民文选》生动记录了以江泽民同志为核心的党的第三代中央领导集体带领全党全国各族人民把中国特色社会主义事业推向前进的历史进程；科学总结了我们党领导人民战胜各种艰难险阻、全面开创中国特色社会主义事业新局面的宝贵经验；集中反映了我们党坚持以马克思列宁主义、毛泽东思想、邓小平理论为指导，坚持马克思主义基本原理同当代中国实践和时代特征相结合创造性地提出的新的重大理论成果。

《江泽民文选》全面反映了"三个代表"重要思想孕育、形成、发展的历史轨迹。我们要认真研读原著，进一步领会"三个代表"重要思想的时代背景、实践基础、科学内涵、精神实质、历史地位和重大意义，全面完整地把握"三个代表"重要思想的科学体系。

《江泽民文选》出版发行的理论意义是，江泽民同志集中全党智慧创立的"三个代表"重要思想，进一步回答了什么是社会主义、怎样建设社会主义的问题，创造性地回答了在长期执政的历史条件下建设什么样的党、怎样建设党的问题，是对马克思列宁主义、毛泽东思想、邓小平理论的继承和发展，实现了我们党在指导思想上的又一次与时俱进。

学习《江泽民文选》的政治意义是，对于我们高举邓小平理论和"三个代表"重要思想伟大旗帜，坚定不移地贯彻落实党的基本路线、基本纲领、基本经验，坚定不移地贯彻落实科学发展观，不断巩固马克思主义在意识形态领域的指导地位，正确认识国内外的发展大势，团结带领全国各族人民为全面建设小康社会，加快推进社会主义现代化而不懈奋斗具有十分重大的意义。

作为社会科学的理论工作者和职能部门，要更加明确自己的责任，担负起时代赋予我们的光荣而神圣的使命，为推动各级党委中心组和广大党员干部兴起学习《江泽民文选》的新高潮做出自己的贡献。一是加强对《江泽民文选》的学习和研究。理论工作者一定要潜心研读原著，把握精神实质，真正学通、弄懂。二是要制订学习计划，编写辅导材料，开展内容丰富的专题讲座。三是组织和运用各种现代传媒工具和手段，采取群众喜闻乐见的形式，开展广泛、深入、持久的学习热潮。

（本文发表于《肇庆宣传》2006 年第 7 期）

拓宽新时期干部理论教育思路
建设高素质干部队伍

新时期、新形势、新任务要求我们拓展干部理论教育的内容、方式和途径。与时俱进地丰富充实干部理论教育的内容，是提高干部理论教育水平的内在要求；采取丰富多彩的教育方式，是提高干部理论教育水平的根本动力；运用现代传媒开展理论教育，是提高干部理论教育水平的重要途径。

一 与时俱进地丰富充实干部理论教育的内容，是提高干部理论教育水平的内在要求

我们党一贯注重用科学理论武装全党的工作，正是由于全党同志自觉地学习理论，并运用理论指导实践，我们党才能领导全国人民取得了新民主主义革命和社会主义革命与建设的胜利，特别是今天取得的建设中国特色社会主义现代化事业的伟大成就，更是印证了用邓小平理论和“三个代表”重要思想武装全党的极端重要性。

但是，我们认真总结和反思近年来干部理论教育工作，发现有的问题非常值得我们关注、研究和改进。一是干部理论教育的内容过于单一和教条化的问题。当前的干部理论教育理所当然要以学习马克思主义、毛泽东思想、邓小平理论和“三个代表”重要思想为主要内容。但是我们要想使广大干部深刻理解、全面把握马克思主义，还必须教育大家掌握当代经

济、社会、政治、文化发展的各种知识。因为当代的马克思主义理论是对当今世界社会发展规律和趋势的概括和总结。正如党的十六大指出的那样："三个代表"重要思想反映了当代世界和中国的发展变化对党和国家工作的新要求。如果我们的教育内容单一，且又停留在一些原著上，到头来我们也难以全面、系统、准确地学习和掌握当代的马克思主义理论。二是理论与实践相脱离的问题。理论是对实践的科学总结，又反过来指导今后的实践，只有这样的理论才具有生命力。但是我们不可否认一种事实，现在一些地方、一些部门、一些干部，普遍存在着"讲归讲、做归做"的问题，从表面看这好像是一个实践问题，实际上也是一个理论问题。我们反思一下，为什么我们有些规章制度是好的，而就是有这么多人不遵守，为什么我们一些理论不能解释当前社会发生的热点、难点问题，为什么我们的一些理论不为广大干部所接受、所掌握。关键的一点是我们的理论远离实际，没有说服力，不能解决问题。因此，新时期我们应从干部实际，探索出大多数干部认同并且愿意实践的干部理论教育的内容。三是理论的发展和创新问题。当前我们一些干部学习理论，往往停留在一些现成的结论上，甚至停留在一些词句上。当然我们的理论教育是有时代内容的，但是如果我们的教育内容仅停留在结论上，而不是教会大家掌握得出这种结论的立场、观点和方法，那么我们的理论教育就是不成功的。所以当前我们应该赋予干部理论教育新的时代内容。

选择干部理论教育的学习内容至关重要。当前干部理论教育的内容在选择上，要努力做到"三个结合"。一是要努力做到学习党的基本理论和党的现行路线、方针、政策相结合。当前在干部队伍中马克思主义理论功底扎实的人不多，当然我们不能要求每一个刚出来工作的人都具有系统的马克思主义理论功底，但一个干部如果工作了十几年甚至几十年，还不能比较全面、系统地掌握马克思主义理论，这不能不说是我们干部理论教育工作的不足和失败。因此，当前务必加强马克思主义基本理论的系统学习。但是学习马克思主义理论一定要和党中央现行的理论、路线、方针、政策结合起来，也就是说马克思主义理论是与时俱进的，党中央现行的理论、路线、方针、政策，就是当代马克思主义在中国的最新成果。二是要努力做到学习现代知识和中国特色社会主义理论相结合。一个国家的发展离不开世界的发展，一个民族文化的发展离不开世界各民族文化的发展，同样中国社会主义建设理论的形成和发展，也离不开世界的经济、社会、政治、文化理论的发展。因此，干部理论教育理所当然要学习全人类的现代化知识。但是，我们更应该注重研究中国的国情，更应该注重学习中国特色社会主义理论。因为只有中国特色社会主义理论才能解决中国的实际问题。一切照搬照抄别国的经验，哪怕是被实践证明了成功的经验也是不足为取的。三是努力做到学习一般科学知识和专业知识相结合。干部理论教育为什么存在针对性不强、脱离实际、对工作指导作用不大的问题，归根结底是学习内容和工作实际没有太大的关系，这必然降低干部理论学习的热情和兴趣。因此，干部理论教育的内容，一定要做到在学习掌握一般理论知识的基础上，重点掌握本部门、本行业和本职工作密切相关的业务知识。这就要求我们的学习内容要符合干部的思想实际和工作实际。

那么，当前我们干部理论教育的学习内容，怎样才能做到理论联系实际，指导我们全面建设小康社会的实践呢？笔者认为当前干部理论教育的内容要注重在全面理解、深刻领会以胡锦涛同志为总书记的党中央提出的树立新时期共产党“立党为公、执政为民”的执政观上下功夫，在树立“坚持以人为本，全面、协调、可持续”的科学发展观上下功夫，在树立“人才是资本、是第一资源、人人可成才”的科学人才观上下功夫，在树立“坚持社会全面、协调、统筹发展”的正确政绩观上下功夫，在树立“权为民所用、情为民所系、利为民所谋”的马克思主义群众观上下功夫。这也是中国特色社会主义现代化建设事业和全面建设小康社会对我们干部理论教育提出的新要求。

二　采取丰富多彩的教育方式，是提高干部理论教育水平的根本动力

在改革不断深化、开放不断扩大的形势下，面对思想文化的多元化和传播渠道多样化的挑战，当前利用什么样的方式和手段来推进干部理论教

育工作，是摆在我们理论教育工作者面前的一道难题。笔者认为，面对当前的形势和任务，除了继续坚持以往有效的教育方式外，还要适时创新。目前可以在三个方面进行探索。

一是试行课堂灌输式和论坛研讨式相结合的教育方式。以往的教育方式，通常停留在我讲你听的课堂灌输式上。社会发展到今天，已经具有一些与过去不同的时代特点，因为过去许多信息是保密的，层层传达，当然要我讲你听，而且必须认真听才能掌握，而今天的绝大多数信息是社会共享的，你知道的，别人也都知道了，这就看你分析得是不是全面，是不是深刻，是不是有道理，有建设性的多听，没有新意的不听，难怪单一的课堂式教育方式效果越来越不理想。因此，我们必须适时地开发新的教育方式，把课堂灌输式和论坛研讨式的教育结合起来，让广大干部群众在接受同一信息的基础上都开动脑筋，相互交流，共同探讨，提高学习理论的参与性、主动性、积极性和创造性。

二是试行主流引导式和自由选择式相结合的教育方式。我们过去的理论教育，往往是把人们的思想束缚在某种结论上，好像正确解决问题的办法和途径只有一种，这是不全面的。例如一个人的目的是要过河，而过河完全可以选择多种途径，可以游泳过去，可以搭桥过去，可以坐船过去，还可以乘飞机过去，当然还有许多途径。而我们不应该束缚人们的想象力和创造性。所以，我们今天要采取主流引导式和自由选择式相结合的教育方式，允许争鸣、允许选择，尊重人们的创造，尊重人们的选择。相信不同思维、不同方法、不同手段都有可能达到胜利的彼岸。

三是试行理论阐述式和宣讲政策式相结合的教育方式。我们现在的理论教育，注重学习基础理论是很好的，但是这还远远不够，我们不仅要通过学习理论，掌握经济、社会、政治、文化发展的一般规律，更重要的是我们还必须通过学习理论，厘清我们当前的工作思路，制定出符合当前实际的政策和措施，找到解决当前问题的办法和途径，这就需要我们把讲理论和讲政策结合起来，要把找出问题、分析问题和解决问题结合起来，要把构划远景目标、宏伟蓝图和现实的实施方案结合起来。要像邓小平同志说的那样，学习理论要精、要管用。把学习理论建立在指导实践、解决问题的基础上。

三 运用现代化传媒开展理论教育，是提高干部理论教育水平的重要途径

现代科学技术的发展日新月异，让人类社会进入到一个信息共享的时代，其中电脑的普遍和互联网就是一个重要的标志。

首先，运用多媒体进行干部理论教育，已经成为提高干部理论教育水平的重要途径。我们一些地方人才资源贫乏，干部理论教育工作步履艰难，现在开展的远程电视教育等，就可以解决教育力量不足的问题，而且从根本上保证了教学质量。遗憾的是我们一些地方对这方面的发展和利用很不够，除了投入少，教育设备的硬软件不够以外，最重要的还是人的思想观念落后，不重视运用现代传媒手段来开展干部理论教育工作。当前如何重视运用现代传媒手段，开展远程教育、实现知识资源、信息资源共享，仍然是我们必须下决心解决的问题。

其次，互联网对干部理论教育工作提出了新的严峻挑战。任何事物都是“一分为二”的，互联网一方面可以给人们一个信息市场，许多信息都可以共享；另一方面互联网又是一个崭新的思想交流平台，什么思想都可以冲撞，是一个各种思想相互激荡的场所。现在我们每个单位、每个干部、每个家庭都拥有电脑，都可以上网，对这种局面，我们如何应对，这是一个新的课题。应该看到我们在应对中小学生成为网迷的问题上，举措是不力的，甚至是失败的，出现一些家庭学校联合抗网的行为。没有引导好，没有运用好，没有处理好互联网的问题，值得人们深思。那么，互联网对我们干部理论教育工作又会带来什么样的冲击和怎样的后果呢？这应该尽早引起主管干部理论教育工作部门的高度重视，及时研究，寻到正确的对策。

最后，我们如何更加有效地利用现代传媒推动干部理论教育工作的蓬勃开展。应该看到现在中国的电脑普及量是位列世界前茅的，但平心而论，相当多的中小学生还停留在游戏和欣赏音乐等娱乐项目上，而成年人

或者我们的干部主要停留在上网看新闻、打字、储存信息等方面。电脑等现代传媒工具还没有真正发挥其推动社会主义市场经济建设、民主政治建设、先进文化建设以及和谐社会建设的作用，也就是说，投入和产出尚未成正比，甚至浪费还很大，这是与电脑的普及和现代传媒的发展方向不相称的。我们的干部理论教育工作要根据这种情况和发展趋势，在拓展运用现代传媒为干部理论教育服务方面下功夫，走出一条新时期干部理论教育工作的新路子。

（本文发表于《肇庆论丛》2005 年第 5 期）

正确认识和全面把握社会主义核心价值体系的基本内容和科学内涵

党的十六届六中全会，把社会主义核心价值体系基本内容概括为四个方面：马克思主义指导思想、中国特色社会主义共同理想、以爱国主义为核心的民族精神和以改革创新为核心的时代精神、社会主义荣辱观。社会主义核心价值体系这四个方面的内容，相互联系、相互贯通、相互促进，是有机统一的整体。

一　马克思主义指导思想是社会主义核心价值体系的灵魂

建设社会主义核心价值体系，最根本的是坚持马克思主义的指导地位，这是因为：一是马克思主义是科学是真理，马克思主义所倡导的分析问题的立场、观点和方法至今没有过时，人类社会的发展趋势也还在一步一步地印证马克思主义揭示人类社会发展的一般规律，实践证明马克思是千百年来最伟大的思想家。二是中国共产党是马克思主义政党，马克思主义是我们立党立国的根本指导思想。建党八十多年来，为什么我们党能够从小到大、从弱到强、从革命党到执政党、成为中国革命和建设的领导核心，最根本的一条，就是我们始终坚持以马克思主义为指导思想。三是马克思主义始终严格地以客观事实为依据，总是随着时代、实践和科学的发展而不断发展，我们坚持的马克思主义是发展的马克思主义，是中国化的马克思主义。

二　中国特色社会主义共同理想是社会主义核心价值体系的主题

理想是一个国家和民族奋勇向前的精神动力，是中国特色社会主义文化建设的根本。正像胡锦涛总书记指出的那样："理想信念，是一个政党治国理政的旗帜，是一个民族奋力前进的向导。"理想是有层次的。对于共产党人来说，最高理想是实现共产主义。在现阶段，建设中国特色社会主义是我们全社会的共同理想。这是因为：第一，提出建设中国特色社会主义的共同理想符合国情。我国旧社会是一个半封建半殖民地的国家，我们的社会主义制度是在一个比较落后的生产力水平基础上建立起来的，虽然新中国成立以来，特别是改革开放近 30 年来，我们有较快的发展，但总体来说我们还处在发展中国家，所以我们党提出的现代化建设分三步走的目标，以及在 21 世纪头 20 年，集中力量全面建设小康社会，再继续奋斗几十年，到 21 世纪中叶基本实现现代化的目标，反映了中国现代化建设的历史进程和发展规律。第二，提出建设中国特色社会主义的共同理想反映民意。这个共同理想，集中代表了我国工人、农民、知识分子和其他劳动者、建设者、爱国者的利益和愿望，具有很强的广泛性和包容性，为社会各个阶层所广泛认可和接受，能有效凝聚各个方面的智慧和力量。第三，提出建设中国特色社会主义共同理想，既体现了现阶段党的奋斗目标，又体现了党的最终奋斗目标，要求共产党员要把为最高理想而奋斗同为现阶段共同理想而奋斗统一于建设中国特色社会主义的实践。

三　民族精神和时代精神是社会主义核心价值体系的精髓

中华民族的精神是丰富多样的，在五千多年的发展中，中华民族形成了以爱国主义为核心的团结统一、爱好和平、勤劳勇敢、自强不息的伟大民族精神。在改革开放新时期中华民族又形成了以改革创新为核心的时代精神。为什么说以爱国主义为核心的民族精神和以改革创新为核心的时代精神是社会主义核心价值体系的精髓，这是因为中国是一个由56个民族组成的大家庭，占有世界五分之一人口的13亿之众分布在世界的各个角落，靠什么来凝聚人民，靠什么来生存和发展，靠的就是民族精神和时代精神。历史实践证明，以爱国主义为核心的民族精神和以改革创新为核心的时代精神，是中华民族五千多年来生生不息、发展壮大的强大精神动力，也是中国人民在未来岁月里薪火相传、继往开来的强大精神动力。

四 社会主义荣辱观是社会主义核心价值体系的基础

胡锦涛总书记提出的以“八荣八耻”为主要内容的社会主义荣辱观，集中体现爱国主义、集体主义、社会主义思想，体现了社会主义基本道德规范的本质要求，体现了社会主义世界观、人生观、价值观，体现了中华民族传统美德、优秀革命道德与时代精神的完美结合，是社会主义核心价值体系的基础。

（本文发表于《西江日报》2007年2月13日）

创新方法深入推进理论武装工作

思想理论建设是党的根本性建设。只有坚持中国特色社会主义理论体系，才能够最大限度地凝聚不同社会阶层、不同利益群体的智慧和力量，在发展中国特色社会主义的征程上实现中华民族伟大复兴。用中国特色社会主义理论体系武装全党、教育人民，这是历史赋予理论工作者的政治使命，需要我们不断探索。

一 要全面准确地把握中国特色社会主义理论体系

总结新时期30年，我们党在实践上的每一个重大发展，在理论上的每一个重大突破，在工作上的每一个重大进步，都是坚定不移地坚持中国特色社会主义理论体系，不断解放思想的结果。在新的历史起点上，我们坚持和发展中国特色社会主义理论体系，必须深入贯彻落实科学发展观，必须坚定不移地继续解放思想，必须坚定不移地推进改革开放，必须准确把握社会主义初级阶段基本国情，坚持党的基本路线不动摇，必须以改革创新精神全面推进党的建设新的伟大工程。全面把握中国特色社会主义理论体系，要科学把握这一理论体系的理论地位、现实基础和实践价值，要掌握中国特色社会主义理论体系的精髓。

二　要认真查摆中国特色社会主义理论体系武装工作中存在的问题，提高理论教育的吸引力、感召力和渗透力

目前存在的问题主要有三个：一是我们在开展理论武装工作时没有区别对待，忽略了不同地区、不同部门、不同领域的干部和群众，其思想活动的特点和要求也会有所不同，在理论教育过程中缺乏有效引导、学习内容过于枯燥单调；还有就是没有考虑到广大群众的实际理解能力、思维方式及生活习惯，使得我们的宣传多局限于外在灌输，不能真正为广大群众理解和接受，导致大家不愿看，不愿学。二是理论宣传教育内容不能很好地满足人们的需要。在改革开放、发展社会主义市场经济过程中出现了不少的社会现象，使广大干部群众感到很疑惑，但由于多种原因，我们对热点、难点问题没有或没有很好地予以回答，让大家产生理论不能指导实践的错觉，严重影响了大家理论学习的积极性。三是理论宣传形式没有适应干部群众要求。理论教育照本宣科、空洞说教的现象依然存在，没有充分利用现代教育形式手段去融会贯通，成效不大。

三　要以新举措，全面推进中国特色社会主义理论体系的理论武装工作深入、持久、健康发展

这就需要我们理论工作者把学习宣传中国特色社会主义理论体系作为理论武装的重要内容，以新举措新方式推动理论武装工作开展。主要从以下三个方面着手：

一是建立和完善学习制度，以制度建设推动用中国特色社会主义理论体系武装全党教育人民的工作。中国特色社会主义理论体系武装教育工作，领导干部是重点。各级党委（党组）要根据新的情况，进一步加强制度建设。一要建立健全中心组学习制度。各级党委（党组）中心组要着眼新的学习实践，以中国特色社会主义理论体系为主要学习内容，在建

立完善学习计划、个人自学、调查研究、集体研讨、学习档案、学习通报、学习秘书等制度的基础上，进一步加强对党委中心组成员学习情况和成效进行全面考核。二要进一步健全党员干部学习制度。广泛开展中国特色社会主义理论体系特别是科学发展观的学习活动，营造良好的学习氛围，构建个人自学、集体学习、岗位培训、学历教育、网络教育等互相融合的全方位的学习教育机制。三要探索各项制度创新。如进一步健全调查研究制度，进一步建立健全考核制度，进一步建立学习成果转化评价考核制度，进一步建立干部学习激励约束机制等。

二是适应新形势、新时期、新任务要求，拓展中国特色社会主义理论武装全党教育人民工作的手段方法。首先，要注重宣传教育形式的创新和多样化，通过学习论坛、电视政论节目、网络引导群众喜闻乐见的形式，不断扩大学习的覆盖面。推动中国特色社会主义理论体系进机关、进企业、进农村、进社区、进学校，建设全民学习、终身学习的学习型社会。其次，必须注重研究不同社会群体的思想心理、兴趣爱好、接受习惯，把中国特色社会主义理论体系的教育与不同社会群体的关注点、兴趣点结合起来。将理论融会到解决实际问题当中去，增强吸引力和生命力，使人民群众真信、真学、真用中国特色社会主义理论体系。再次，充分利用互联网、手机短信等现代信息工具，建立全方位、立体式的理论传播体系，组织丰富生动的宣传教育活动。

三是用中国特色社会主义理论体系武装全党教育人民工作最终要落在推动科学发展、构建和谐社会上来。新形势下，用中国特色社会主义理论体系武装全党教育人民工作要努力贴近实际、贴近生活、贴近群众，把学习成效体现到指导实践上来，不断增强针对性、实效性和针对性，为全面推动科学发展、和谐社会建设提供理论支撑，引导党员领导干部高举旗帜，围绕大局，服务人民，改革创新，坚决破除消极情绪，以敢想、敢闯、敢干的勇气和魄力，以昂扬向上的精神状态积极破解各种难题。

（本文发表于《西江日报》2008 年 11 月 24 日）

理论光辉照亮中国

新中国成立60周年举国欢庆，60年来我们取得了举世瞩目的巨大成就，这一切成就是在党的正确理论、路线、方针政策指导下取得的。中国共产党不仅在新民主主义革命时期把马克思主义同中国的具体实践相结合，走出了一条与众不同的农村包围城市的革命道路，而且在新中国成立时期，特别是改革开放和现代化建设时期，成功走出了一条建设中国特色社会主义道路。今天我们正处在改革开放和社会主义现代化建设的关键时期，学习和掌握当代马克思主义中国化的最新理论成果——全面贯彻落实科学发展观，具有十分重大的历史意义。

一　以毛泽东同志为核心的党的第一代中央领导集体把马克思列宁主义的建设理论与中国建设的实际相结合，为我们确立社会主义基本制度，在一穷二白的基础上建立起独立的比较完整的工业体系和国民经济体系，使古老的中国以崭新的姿态屹立在世界的东方

1. 新中国成立之初，以毛泽东同志为核心的党的第一代中央领导集体开辟了我国社会主义建设的新篇章

在经历了北伐战争、土地革命、抗日战争和解放战争后，中国革命取得了伟大胜利，但成立之初的共和国一穷二白、百废待兴，面临严峻的考

验。在这样的背景下建设社会主义的确是前无古人的创举。在中国共产党的领导下，中国人民同心同德，克服重重困难，在应对西方资本主义的政治经济封锁，进行抗美援朝、保家卫国的同时，迅速恢复了在旧中国遭到严重破坏的国民经济，开辟了一条适合中国特点的社会主义改造道路。毛泽东同志根据中国的实际情况，创造性地提出一系列指导思想和理论原则，创立了中国社会主义建设的理论，极大丰富了毛泽东思想，这是马克思列宁主义基本原理和中国革命具体实践相结合所实现的第一次理论飞跃。毛泽东思想显示出的巨大威力，给予革命和建设者们无穷的思想力量，已为反复的实践所证明，它所阐述的基本原理至今仍放射着光芒。如关于理论与实际相结合、实事求是，中国共产党是全国人民的领导核心，只有社会主义才能救中国，建立和巩固人民民主专政的共和国，正确处理人民内部矛盾，建立和发展爱国统一战线，独立自主、自力更生、艰苦奋斗，全心全意为人民服务，全面加强党的建设和关于人民军队和人民战争的思想，等等，都是中国共产党和全国各族人民极为宝贵的理论财富。

2. 从中国实际出发，走出了一条与苏联东欧不尽相同的社会主义道路

新中国成立初期我国从苏联那里学来的高度集中的计划经济体制，在恢复国民经济、夺取抗美援朝战争的胜利以及保证重点建设方面发挥过积极作用。但是随着经济发展的变化，这种体制愈来愈不适应日趋复杂的社会生产力发展的需要。一切从实际出发，实事求是，勇于和善于独立思考是中国共产党的历史传统，毛泽东等人很快就从新中国成立初期照搬照抄苏联经验的教条主义束缚中摆脱了出来，发现苏联的社会主义建设并不完全成功，就是苏联的成功经验也不都适合中国国情；苏联的成功经验，只有同中国实际相结合，才有借鉴的价值和意义。因此，中国的社会主义建设道路，同民主革命一样，必须从中国的实际出发，由中国人民自己来寻找，自己来探索。1956 年 4 月 25 日，毛泽东在广泛调查研究，听取了 34 个部委和地方党委汇报之后，做了《论十大关系》的著名讲话，他以苏联的经验为鉴戒，总结了新中国成立初期的经验特别是优先发展重工业的经验，提出了调动一切积极因素为社会主义事业服务的方针。毛泽东在这

篇文章中讲的原则和精神，至今对我国社会主义建设有重要指导意义。

3. 1956 年的三大改造确立的社会主义基本制度和建立起初步完善的社会主义工业体系，为我们的现代化建设打下了坚实的基础

1956 年，对个体农业、手工业和私人资本主义工商业等生产资料私有制进行大规模的社会主义改造后，社会主义基本制度在我国建立起来。但由于缺乏社会主义经济建设的经验和复杂的国际环境影响，先后发生了"大跃进""人民公社化运动"和"文化大革命"等严重失误，我国社会主义建设事业遭受了严重挫折，造成了重大损失。但是，新中国的前 30 年党中央领导全国各族人民完成三大改造、迅速恢复了国民经济，确立了人民代表大会制度、共产党领导的多党合作和政治协商制度、民族区域自治制度，这是中国历史上深刻的社会变革，这个过程中，我们积累了社会主义建设的宝贵经验，取得了重要的理论成果，为我国的经济建设和发展奠定了根本的政治前提和制度基础，提供了建设现代化国家的根本保证。

二　以邓小平同志为核心的党的第二代中央领导集体开创了中国特色社会主义道路，坚持以经济建设为中心，坚持四项基本原则，坚持改革开放，初步建立起社会主义市场经济体制，大幅度提高了我国的综合国力和人民生活水平，为全面建设小康社会、基本实现社会主义现代化开辟了广阔的前景

1. 1978 年 12 月召开的党的十一届三中全会做出了把全党工作重点转移到社会主义建设上来的重大战略决策

1978 年 12 月召开的十一届三中全会，是新中国成立以来我党历史上具有深远意义的伟大转折。全会全面认真地纠正了"左"倾错误，坚决批判了"两个凡是"，充分肯定必须完整地、准确地掌握毛泽东思想的科学体系；高度评价关于真理标准问题的讨论，确定解放思想、开动脑筋、实事求是、团结一致向前看的指导方针；果断地停止使用"以阶级斗争为纲"的口号，做出把工作重点转移到社会主义现代化建设上来的战略

决策。这次全会揭开了中国改革开放的序幕，开辟了建设有中国特色社会主义的新道路。当代中国的马克思主义的又一成果——邓小平理论，就是在这次全会前后开始逐步形成和发展起来的。从此，中国进入社会主义事业发展的新时期，改革开放开始起步。

2. 邓小平理论着重解决了什么是社会主义、怎样建设社会主义的重大理论和实践问题，并创造性地提出了社会主义市场经济的理论

随着20世纪70年代末至90年代初市场和价格的逐步放开、国有企业自主权的扩大、非公有制经济的发展，整个国民经济迅速活跃起来，经济增速加快，并迅速解决了广大群众的温饱问题。在党的十二大上，邓小平同志提出“走自己的道路，建设有中国特色的社会主义”，向全世界宣告了新时期中国的根本走向。党的十二届三中全会突破了把计划经济与商品经济对立起来的传统观念，提出我国的社会主义经济是在公有制基础上的有计划的商品经济，为经济体制改革提供了新的理论指导。1992年邓小平南方谈话做出关于社会主义本质的科学论断，指出社会主义的本质是解放生产力，发展生产力，消灭剥削，消除两极分化，最终达到共同富裕，指出计划经济不等于社会主义，市场经济不等于资本主义，计划与市场都是调节手段。在邓小平南方谈话精神鼓舞下，党的十四大确认社会主义市场经济体制为经济改革的目标模式，使中国的改革开放进入了一个新的阶段，改革掀起了一个又一个热潮。邓小平关于社会主义本质的科学论断，在社会主义思想史上第一次把对社会主义的认识深入到本质层面。

3. 改革开放30多年的实践证明，建设中国特色社会主义理论是完全正确的

改革开放30多年来，我国成功实现了从高度集中的计划经济体制到充满活力的社会主义市场经济体制、从封闭半封闭到全方位开放的伟大历史转折，以世界上少有的速度持续快速发展起来，人民生活从温饱不足发展到总体小康，政治建设、文化建设、社会建设也取得举世瞩目的成就，综合国力显著增强，国际地位不断提升，社会主义现代化建设进入一个新的发展阶段。改革开放30多年实践证明，我们建设中国特色社会主义理论是完全正确的。党的十七大报告指出：“改革开放是决定当代中国命运

的关键抉择，是发展中国特色社会主义、实现中华民族伟大复兴的必由之路；只有社会主义才能救中国，只有改革开放才能发展中国、发展社会主义、发展马克思主义。”这一重要论断，高度概括了改革开放的重大理论意义和实践意义。

三 以江泽民同志为核心的党的第三代中央领导集体创立了“三个代表”重要思想，在党的指导思想与时俱进过程中将改革开放沿着正确的方向推进到了21世纪

1. “三个代表”重要思想是对马克思列宁主义、毛泽东思想和邓小平理论的继承和发展

以江泽民同志为核心的党的第三代领导人在邓小平理论的指导下，创立了“三个代表”重要思想。“三个代表”重要思想创造性地运用马克思列宁主义、毛泽东思想特别是邓小平理论，紧密结合新的实践，科学总结我们党成立以来的历史经验特别是改革开放以来的新鲜经验，用一系列紧密联系、相互贯通的新思想、新观点、新论断，创造性地回答了建设什么样的党、怎样建设党的问题，它反映了当代世界和中国的发展变化对党和国家工作的新要求，是加强和改进党的建设、推进我国社会主义自我完善和发展的强大理论武器，是全党集体智慧的结晶，是党必须长期坚持的指导思想。始终做到“三个代表”，是我们党的立党之本、执政之基、力量之源。

2. 中国共产党要始终代表中国先进生产力的发展要求，始终代表中国先进文化的前进方向，始终代表中国最广大人民的根本利益是“三个代表”重要思想的核心内容

“三个代表”重要思想把马克思主义基本原理同当代中国的具体实践结合起来，根据新的历史条件和新的实践要求，从保持党的先进性的角度出发，着重从三个基本方面对马克思主义的立场、观点、方法进行概括和阐发，并赋予了新的含义。这样的概括和阐发抓住了当代中国和当代世界发展变化的

本质，更为鲜明、集中地反映了这一发展变化对党和国家工作的根本要求。它把党的建设同当今世界生产力和当代人类文明的发展趋势结合起来，把生产力标准、社会全面进步标准和人民利益高于一切的标准统一起来，揭示了中国特色社会主义经济、政治、文化之间的内在的辩证关系，从而深化了对三大规律的认识。“三个代表”重要思想关键在坚持与时俱进，核心在坚持党的先进性，本质在坚持执政为民，为我们党提供了观察当代中国和当代世界、思考国家前途命运的一个新的认识角度、认识工具。

3. “三个代表”重要思想指导我们夺取改革开放取得了丰硕成果。在“三个代表”重要思想的指引下，改革开放的一个显著特点是整体推进，配套完善

按照建立社会主义市场经济体制的要求，不断推进财政、税收、金融、外贸、外汇、投资、价格、流通、住房和社会保障等一系列改革，初步形成了社会主义市场经济体制的基本框架。政治体制改革也取得重要进展，进行了力度较大的政府机构改革，逐步加快了基层民主建设的步伐，对外经济技术合作交流规模也继续扩大，并抓住经济全球化的发展机遇，完成了加入 WTO 的过程，由此建立起一个全方位、多层次的对外开放格局，改革开放取得了丰硕成果。

四　以胡锦涛同志为总书记的党中央针对经济社会发展中呈现出来的新阶段特征，顺应国内外形势的发展变化，站在新的历史起点，指出要树立和落实科学发展观，着力推动科学发展，促进社会和谐，为夺取全面建设小康社会的胜利而奋斗

1. 2003 年，党的十六届三中全会提出了以人为本，全面协调可持续的科学发展观

党的十六大以来，以胡锦涛同志为总书记的党中央明确提出以人为本、全面协调可持续的科学发展观，是根据马克思主义的立场、观点和方法，总结国内外发展的经验教训而来的，创造性地回答了新世纪新阶段我国为什

么发展、怎样发展的根本问题，是马克思主义基本原理与当今时代特征和中国具体实际相结合而形成的马克思主义中国化的最新理论成果，是我国经济社会发展的重要指导方针，是发展中国特色社会主义必须坚持和贯彻的重大战略思想。

2. 学习贯彻落实科学发展观，夺取全面建设小康社会的新胜利

科学发展观创造性地运用马克思主义回答中国特色社会主义实践中的重大问题，创造性地回答了实现什么样的发展、怎样发展的问题，提出了发展是科学发展观第一要义的思想，党的十七大报告指出："科学发展观，第一要义是发展，核心是以人为本，基本要求是全面协调可持续，根本方法是统筹兼顾。"这四句话是对科学发展观的内涵所做的最全面、最深刻而又最鲜明的新概括，四个方面相互联系，有机统一，实质就是要实现经济社会又好又快发展。科学发展观是随着时代、实践的发展而不断发展着的科学理论，其内涵在指导改革开放和现代化建设新的实践中不断得到丰富、完善和发展。科学发展观作为一种创新理论，涉及生产力和生产关系、经济基础与上层建筑的各个环节，涵盖经济建设、政治建设、文化建设、社会建设各个领域，贯通中国特色社会主义伟大事业和党的建设新的伟大工程的各个方面，逐步成为一个指导发展的世界观和方法论的集中体现和对经济社会发展全局起着统领作用的科学理论。

3. 科学发展观与邓小平理论和"三个代表"重要思想构成中国特色社会主义理论体系

十七大在总结改革开放 30 多年历史进程和宝贵经验的基础上，把我们党在新时期以来建设和发展中国特色社会主义创新实践中相继形成的马克思主义创新理论成果——邓小平理论、"三个代表"重要思想以及科学发展观等重大战略思想整合为一个统一的整体，统称为"中国特色社会主义理论体系"。这一理论体系各个重要成果"一脉相承"：它们有共同的理论源泉——马克思列宁主义、毛泽东思想，同处于一个历史时期——社会主义初级阶段，同有一个时代主题——和平与发展，共同推进一个事业——改革开放和社会主义现代化，完成同一个历史任务——实现社会主义现代化。邓小平理论回答了"什么是社会主义、怎样建设社会主义"；

“三个代表”重要思想回答了“建设什么样的党、怎样建设党”；科学发展观回答了“实现什么样的发展、怎样发展”这一关系到中国未来前途和命运的重大问题。围绕上述问题，它们形成了各自相对独立的理论，但这三个科学理论紧密联系，相互融合，共同构成中国特色社会主义理论体系，实现了马克思主义中国化的第二次历史性飞跃，指导我们走中国特色社会主义道路。中国特色社会主义理论体系是不断发展的开放的理论体系，随着今后改革开放和现代化建设实践的发展，中国特色社会主义理论体系还将得到进一步完善和发展。

党的理论创新是无止境的，今天坚持党的创新理论主要体现在三大方面，即坚持马克思主义在意识形态的指导地位，坚持中国特色社会主义的发展方向和坚持中国特色社会主义根本制度。在新中国成立60周年之际，党的十七届四中全会对当前和今后一个时期加强和改进党的建设做出了六大部署：其中第一个部署就是建设马克思主义学习型政党。党的成长壮大的过程，就是学习、研究马克思主义和发展马克思主义并用以解决中国的实际问题，领导人民不断推进革命、建设、改革的过程。世界在变化，形势在发展，中国特色社会主义实践在深入，我们要不断学习、善于学习，努力掌握和运用一切科学的新思想、新知识、新经验，使党始终走在时代前列引领中国发展进步。

（本文发表于《西江日报》2009年10月3日）

深入学习“三个代表”重要思想的重要辅助材料

“三个代表”重要思想是马克思主义基本原理同当代中国具体实际相结合的产物，是对马克思列宁主义、毛泽东思想和邓小平理论的继承和发展，反映了当代世界和中国的发展变化对党和国家工作的新要求，是加强和改进党的建设、推进我国社会主义自我完善和发展的强大思想武器。始终做到“三个代表”，是我们党的立党之本、执政之基、力量之源。

一　充分认识中央印发《纲要》的重大意义

党的十六大把“三个代表”重要思想同马克思主义、毛泽东思想、邓小平理论一道，确立为党必须长期坚持的指导思想，这是一个历史性决策、一个历史性贡献。十六大提出在全党兴起学习贯彻“三个代表”重要思想新高潮，这是一项关系党的事业继往开来、与时俱进的战略任务，落实这一战略任务必须下大力气用“三个代表”重要思想武装全党、教育人民，使“三个代表”重要思想深入人心，成为广大干部群众的行动指南，成为我们各项工作的根本指针。

学习贯彻“三个代表”重要思想，需要有一本全面准确系统阐述“三个代表”重要思想基本精神的权威的辅助材料。中央印发《“三个代表”重要思想学习纲要》，将有助于我们深刻理解“三个代表”重要思想是系统的科学理论，是与马克思列宁主义、毛泽东思想、邓小平理论一脉相承的科学体系，是党必须长期坚持的指导思想；印发《纲要》，将有助于我们准确把握马克思主义的立场观点与“三个代表”重要思想的精髓和灵魂，准确把握贯彻“三个代表”重要思想的关键在坚持与时俱进、核心在坚持党的先进性、本质在坚持立党为公、执政为民这个根本要求；印发《纲要》，将有助于我们进一步把思想统一到“三个代表”重要思想和十六大精神上来，自觉实践“三个代表”，身体力行“三个代表”，用“三个代表”重要思想统领各项工作，把“三个代表”重要思想贯彻到现代化建设各个领域，体现在党的建设各个方面。

二 《纲要》完整准确、科学地阐述“三个代表”重要思想

中央认为《纲要》比较全面、准确地反映了“三个代表”重要思想。《纲要》包括绪论和结束语在内分为十八个部分，重点阐述了中国特色社会主义的16个基本问题，共由100个理论观点组成，约68000字。学习《纲要》要着重把握好以下六个方面的问题。

一是准确把握“三个代表”重要思想是一个系统的科学理论。“三个代表”重要思想是十三届四中全会以来逐步形成的，这一重要思想反映了党的基本理论、基本路线、基本纲领、基本经验，涵盖了中国特色社会主义的各个领域，体现在改革发展稳定、内政外交国防、治党治国治军各个方面，组成一个科学的理论体系。我们不能简单地认为“三个代表”重要思想，就是三句话。

二是准确把握中国特色社会主义的这一主线。中国特色社会主义，是当代中国共产党全部理论和全部实践的中心内容。“三个代表”重要思想在邓小平理论的基础上，进一步回答了什么是社会主义、怎么样建设社会主义的问题，创造性地回答了建设什么样的党、怎么样建设党的问题，集中起来就是深化了我们对中国特色社会主义的认识。这一重要思想，在建设中国特色社会主义的思想路线、发展道路、发展阶段和发展战略、改革开放、根本任务、根本目的等各个方面各个领域，都提出了一系列新的思

想理论观点，使我们对中国特色社会主义的认识达到了一个新的水平。

三是准确把握坚持与时俱进是实践“三个代表”重要思想的关键。解放思想、实事求是、与时俱进，是马克思列宁主义、毛泽东思想、邓小平理论的思想精髓和品质，也是“三个代表”重要思想的精髓和品质，是贯穿于马列主义、毛泽东思想、邓小平理论和“三个代表”重要思想之中的基本的立场、观点和方法论，是我们党永葆指导思想的生机和活力、永葆自身的先进性和创造性的决定性因素，是我们贯彻“三个代表”要求、执政为民的关键。坚持解放思想、实事求是、与时俱进的精神，是坚持“三个代表”重要思想的前提和加强全党理论武装创新的必由之路；是团结全党领导全国人民不断夺取建设中国特色社会主义事业新胜利的保证。

四是准确把握发展是贯穿“三个代表”重要思想的主题。“三个代表”重要思想是以发展这一主题来贯穿。党要承担起推动中国社会进步的历史重任，必须始终紧紧抓住发展这个执政兴国的第一要务，把坚持党的先进性和发挥社会主义制度的优越性，落实到最广大人民的根本利益上来，推动社会全面进步，促进人的全面发展。紧紧把握了这一点，就从根本上把握了人民的愿望，把握了社会主义现代化建设的本质，就能使“三个代表”重要思想不断落实，使党的执政地位不断巩固，使强国富民的要求不断得到落实。

五是准确把握促进社会主义物质文明、政治文明、精神文明的协调发展是贯彻“三个代表”重要思想的必然要求。在社会主义条件下，物质文明、政治文明和精神文明彼此紧密联系而又有各自的发展规律，互为条件、互为目的、相辅相成。物质文明处于基础地位。物质文明不断发展，政治文明和精神文明的发展才有必要的物质条件，政治文明为物质文明的发展提供政治保证和法律保证，精神文明为物质文明提供思想保证、精神动力和智力支持，它们对物质文明的发展能够产生巨大的促进作用。建设中国特色社会主义，是经济、政治、文化全面发展的进程，是物质文明、政治文明和精神文明全面建设的进程。

六是准确把握坚持党的先进性是贯穿“三个代表”重要思想的核心。

时代在发展，形势在变化，我们党要不断巩固自己的执政地位，紧跟世界发展进步的潮流，就要始终坚持党的先进性。坚持党的先进性，要用时代发展的要求审视自己，以改革的精神加强和完善自己，既善于总结成功的经验，又善于记取失败的教训；既善于通过提出和贯彻正确的理论路线带领群众前进，又善于从群众的实践创造和发展要求中获得前进动力；既善于认识和改造客观世界，又善于组织引导干部和党员在实践中加强主观世界的改造。实现坚持马克思主义基本原理和推进理论创新相统一，坚持党的优良传统和弘扬时代精神相统一，坚持增强党的阶级基础和扩大党的群众基础相统一，使党成为思想上政治上组织上完全巩固、始终站在时代前列带领人民团结奋进的坚强领导核心。

七是准确把握立党为公、执政为民是“三个代表”重要思想的本质。全心全意为人民服务，立党为公，执政为民，是我们党同一切剥削阶级的政党的根本区别。必须使立党为公、执政为民深深扎根在全党同志特别是领导干部的行动上，做到情为民所系，权为民所用，利为民所谋。在任何时候任何条件下，与人民群众同呼吸共命运的立场不能变，全心全意为人民服务的宗旨不能忘，坚持群众是真正英雄的历史唯物主义观点不能丢。

三　坚持用马克思主义态度学习好《纲要》

中央关于印发《纲要》的通知指出：《纲要》比较全面、准确地反映了“三个代表”重要思想这一系统的科学理论，是全党县处级以上领导干部学习“三个代表”重要思想的重要辅助材料。

我们要把学习《纲要》同学习原著结合起来，认真研读十六大报告、《江泽民论有中国特色社会主义》《论“三个代表”》《论党的建设》以及《胡锦涛总书记在“三个代表”重要思想理论研讨会上的重要讲话》等著作，以学习原著为主，《纲要》为辅；我们要把学习“三个代表”重要思想同学习马列著作、毛泽东著作和邓小平著作结合起来，同学习改革开放以来特别是十三届四中全会以来的重要文献结合起来，既从总体上全面把握，从各个领域深刻认识，又从历史与现实相结合的角度准确深入地加以理解；我们要把理论学习、研究和宣传紧密结合起来，用深入的理论研究、有说服力的理论宣传，推动《纲要》的学习不断向深度和广度发展。

我们必须发扬理论联系实际的马克思主义学风，在推动各项工作解决实际问题方面取得新成果。这就要求我们在深入学习的基础上，主动查找思想观念和精神状态上存在的差距，进一步树立与时俱进、开拓创新的良好精神状态；要求我们从促进改革发展、维护社会稳定的高度，着力解决本地区、本部门影响发展的突出矛盾和问题；要求我们始终关注群众的安危冷暖，切实解决群众生活中的困难问题；要求我们坚决落实“两个务必”，按照“八个坚持、八个反对”的要求，认真解决本地区本部门党的建设和干部作风方面存在的问题。

我们要把学习“三个代表”重要思想同全面建设小康社会的奋斗目标结合起来。深刻领会“三个代表”重要思想，就要为实现这个宏伟目标而奋斗。实现全面建设小康社会目标，需要我们以“三个代表”重要思想为指导，努力做到发展要有新思路，改革要有新突破，开放要有新局面，各项工作要有新举措。真正把“三个代表”重要思想落实到各项工作中去，体现到各级党组织和广大党员的行动中去，成为推动事业实现新发展、再创新局面的强大精神动力。

（本文发表于《肇庆宣传》2003 年第 8 期）

用科学发展观武装全党教育人民是当前继续解放思想的首要任务

当前，我国进入了发展的关键期、改革的攻坚期、矛盾的凸显期，机遇前所未有，挑战也前所未有，在新的历史起点上，继续解放思想，用科学发展观武装全党、教育人民，是全面推动广东科学发展、建设和谐社会的根本思想保证。

一　继续解放思想必须以学习贯彻落实科学发展观为先导

科学发展观是当代马克思主义中国化最新理论成果，是我们全面建设小康社会、加快推进社会主义现代化的根本指针。以科学发展观武装全党教育人民，是我们继续解放思想的前提和基础。

1. 科学发展观是当代马克思主义中国化最新理论成果

党的十六大以来，以胡锦涛同志为总书记的党中央提出以人为本、全面协调可持续的科学发展观，是根据马克思主义的立场、观点和方法，总结国内外发展的经验教训而来的，创造性地回答了新世纪新阶段我国为什么发展、怎样发展的根本问题，是马克思主义基本原理与当今时代特征和中国具体实际相结合而形成的马克思主义中国化的最新理论成果。实践证明，科学发展观是指导发展的世界观和方法论的集中体现，是全面建设小康社会、顺利实现社会主义现代化的根本指针，是推进社会主义经济建设、政治建设、文化建设、社会建设全面发展的指导方针，是解决复杂的国际国内矛盾、应对各种风险和挑战的强大理论武器。我们的党和国家，我们所从事的建设中国特色社会主义、实现中华民族伟大复兴的宏伟大业，亟须用科学发展观这一马克思主义中国化的最新理论成果武装全党、教育人民，巩固全党全国人民团结奋斗的思想基础和精神支柱。

2. 解放思想与科学发展观的关系

回顾改革开放30年的历史进程，邓小平同志带领我们从突出政治转向以经济为中心，从计划经济转向市场经济。现在，以胡锦涛同志为总书记的党中央将领导我们实现又一个伟大的转折，从不可持续的发展模式转向可持续的人类新文明——和谐社会。如果说第一次思想解放是挣脱思想枷锁面向过去反思型的，那么新一轮思想解放就是再上新水平，面向未来发展型的。因此，新一轮思想解放与科学发展观密切相连，科学发展观是当今建设中国特色社会主义必须解决的重大理论和实践课题。深入贯彻落实科学发展观的过程，就是不断解放思想的过程。十七大报告指出："解放思想是中国特色社会主义的一大法宝。"这个论断不但揭示了中国特色社会主义发展的真谛，而且也明确指出了中国共产党面对新的矛盾、新的问题时必须采取的唯一正确的方法，即无论遇到什么样的新问题、新矛盾，都要运用解放思想这个法宝来探索解决问题的途径与办法，都要用科学发展观来指导今天改革开放的伟大实践。国内发展的布局、产业结构的调整、区域经济的协调、社会各阶层的和谐等一系列问题都需要我们用新的思维才能解决，简单沿用过去哪怕是成功的经验来应对今日的新情况新问题，是难以解决问题的。因此，我们必须站在新的历史起点上，继续解放思想，切实增强贯彻落实科学发展观的自觉性和坚定性，以新的思维来分析问题，着力转变不适应不符合科学发展的思想观念，解决影响和制约科学发展的突出问题，构建充满活力、富有效率、更加开放、有利于科学发展的机制体制，把全社会发展的积极性引导到科学发展上来，把科学发展观贯彻落实到经济社会发展的各个方面，才可以使我们的发展再上一个新的台阶。

3. 广东省新一轮思想解放的主题是落实科学发展观

省委汪洋书记在省委十届二次全会中提出："要深入贯彻党的十七大精神，全面建设小康社会、率先基本实现社会主义现代化，必须坚定不移地深入贯彻落实科学发展观，把科学发展观真正落实到工作中，体现在行动上，做科学发展观的忠实实践者和执行者。"可见，继续解放思想、坚持改革开放，是落实十七大精神，落实科学发展观的具体行动。改革开放以来，广东发展取得了举世瞩目的伟大成就，但是，站在新的历史起点上，以"排头兵"标准审视自己，必须清醒地看到我们在深入贯彻落实科学发展观中的困难和不足，广东只有争当解放思想的排头兵，才能解决长期快速发展积累下来的一些深层次矛盾和问题。今年是改革开放 30 周年，省委开展解放思想学习讨论活动，为争当实践科学发展观的排头兵提供思想保障，全省广大党员、干部和群众要积极开展解放思想学习讨论活动，立足当前，着眼长远，紧紧围绕贯彻落实党的十七大精神，结合省委的工作部署，努力查找深入贯彻落实科学发展观中有待进一步解放的思想空间，积极探索推进科学发展的新途径、新举措，以新一轮的思想大解放促进广东新一轮发展。

二 当前学习贯彻落实科学发展观遇到的新情况、新问题

新形势下，学习贯彻落实科学发展观的理论武装工作虽然取得显著成效，但总体看来，学习进展和效果还不均衡，有些领导干部特别是一把手，还存在着说起来重视，抓起来不重视，有计划、有制度，但不贯彻、不落实，学习流于形式，脱离实际，不能解决问题。我们认为这些问题的存在虽然有多方面的原因，但最根本的原因是对科学发展观缺乏政治认同、理论认同和感情认同。

1. 对以科学发展观为主要内容的理论武装工作缺乏政治认同，学习缺乏动机

当前，相当一部分干部群众轻视理论工作，没有认识到理论武装的重

要性，甚至有些领导干部对科学发展观的学习和宣传还缺乏认同感，认为科学发展观没有什么新意，学习的热情不高，乃至停留在口号上，并不想下功夫去掌握科学发展观的精神本质。我们党是一个有 7000 多万党员的大党，领导着 13 亿多人口的大国，面临国际国内更为激烈的竞争和更为严峻的挑战，这个时候加强思想理论建设尤为重要，对于学习科学发展观的重要性，我们要放到关系到国家的前途、党的前途、社会主义的前途这样的高度去认识，科学发展观是帮助我们认清形势、分析问题、指导实践的，是解决方向路线问题的，决不能因为形势发展很快，日常工作紧张繁忙，深化改革的任务艰巨繁重，而放松学习。我们只有继续解放思想，真正用科学发展观的理论武装起来，在贯彻执行党的基本路线和方针政策时，才能保持思想上、政治上的高度一致。同时世界的发展变化很快，新科学、新技术、新知识不断涌现。我们的领导干部要提高执政水平和领导水平，需要学习或重新学习的东西很多，用科学发展观武装全党教育人民，使广大党员和干部大大提高对中国国情的认识和对社会主义现代化建设规律的认识，增强贯彻执行党的基本路线的自觉性和坚定性，全党将会更加团结、坚强和富有战斗力。

2. 对以科学发展观为主要内容的理论武装工作缺乏理论认同，学习缺乏动力

我们的干部群众在学习科学发展观的过程中，没有做到认知—认同—践行的有机统一。认知是前提，就是学习、了解、掌握理论；认同是关键，就是结合实际思考和消化理论，把科学理论变为理性认识；践行是目的，就是运用理论分析和解决问题。有的干部群众学习起来死记硬背，整天把科学发展观挂在嘴上，或者并不准备付诸实施；有的在实际工作生活中信奉经验至上，重干轻学；还有的虚学假用，满足于用会议落实会议、用文件落实文件、用讲话落实讲话，这其中就是缺乏对科学发展观的理论认同，导致“学习链”脱节。主要原因有三方面：一是没有正确把握干与学的辩证关系，只学不干，就会陷入夸夸其谈、纸上谈兵的歧途；或者只干不学，同样会陷入思想僵化、墨守成规的泥潭，没有把学习贯彻科学发展观和实际联系起来。二是在科学发展观理论武装过程中没有考虑到广

大群众的实际理解能力。虽然强调了科学发展观意义，对应用科学发展观取得新成果进行了大力宣传，却一定程度上忽视了广大老百姓的实际理解能力、思维方式及生活习惯，使得我们的宣传多局限于外在灌输，不能真正为广大群众理解和接受。三是开展科学发展观理论武装工作时没有区别对待。忽略了不同地区、不同部门、不同领域的干部和群众，所处的环境、承担的任务、面临的问题不同，其思想活动的特点和要求也会有所不同。如何通过不同的途径对不同层次的党员干部进行理论武装工作，如何提高科学发展观的感召力和渗透力，有待我们在实际工作中探索。

3. 对以科学发展观为主要内容的理论武装工作缺乏感情认同，学习缺乏热情

在新形势下，经济社会等方面出现了很多新问题新情况，使群众感到疑惑，加上改革开放中产生的一些社会负面影响，使部分群众对理论产生了疏远感，最终对科学发展观这个当代马克思主义中国化最新理论成果缺乏感情认同，其中原因之一是我们许多理论工作者和从事党务工作的同志不能结合发展了的实践，从群众关心的热点难点出发，仍然教条式地对广大群众进行理论灌输，没有注意对象和运用适当的方式方法，引导广大干部群众用科学发展观这个理论工具去看待问题，解释问题。在实际的社会生活中，广大人民群众对我们的理论信与不信，用与不用，关键是看社会政治经济发展和社会文化价值观的变化符不符合他们的社会期望和价值取向。因此，我们要针对干部群众关心的理论和实际问题，通过通俗易懂的方式，对群众进行释疑解惑，使大家用科学发展的眼光看待问题，使大家坚定不移地走中国特色社会主义道路，把思想和行动统一到科学发展、构建社会主义和谐社会上来。

三　要以新举措推进用科学发展观武装全党教育人民的工作

理论的生命力，很大程度上取决于它能否成为一个时代的思想旗帜，能否成为社会成员的价值取向，能否成为人民群众的行为方式。用科学发

展观武装全党、教育人民，需要我们解放思想，以世界眼光看待当今世界的深刻变化和当代中国的深刻变革，密切联系改革开放和社会主义现代化建设的实践，密切联系各地区各部门的工作实际和干部群众的思想实际，以学习的收获推动工作的创造。这就需要我们把学习贯彻落实科学发展观作为理论武装的重要内容，摆在突出位置，以新举措新方式推动理论武装工作开展，使广大干部群众更加坚定自觉地用科学发展观指导新的实践。当前，我们继续解放思想，大力推进贯彻落实科学发展观，主要从以下三个方面着手：

1. 建立和完善学习制度，以制度建设推动用科学发展观武装全党教育人民的工作

各级党委（党组）要根据新的情况，进一步加强制度建设，努力把学习贯彻落实科学发展观一些成功的做法转化为制度措施，把好的经验转化为长效机制。一是要建立健全中心组学习制度。各级党委（党组）中心组要着眼新的学习实践，以科学发展观为主要学习内容，在建立完善学习计划、个人自学、调查研究、集体研讨、学习档案、学习通报、学习秘书等制度的基础上，进一步建立健全读书成果交流会制度和检查考核制度。要采取听取汇报、座谈了解、述学考学、民主评议等形式，加强对党委中心组成员学习贯彻落实科学发展观的情况和成效进行全面考核。二是要进一步健全党员干部学习制度。广泛开展科学发展观学习活动，营造良好的学习氛围，构建个人自学、集体学习、岗位培训、学历教育、网络教育等互相融合的全方位的学习教育机制，加强对党员经常性学习教育的管理考核，确保广大党员干部真学、真懂、真用科学发展观。三是要探索学习贯彻科学发展观的各项制度创新。如进一步健全调查研究制度，每年抓住本地本部门经济社会发展和党的建设中需要解决的重大问题，深入开展调查研究，把学习贯彻落实科学发展观、调查研究与科学决策更加紧密地结合起来；进一步建立健全考核制度，把学习贯彻落实科学发展观作为领导班子民主生活会的重要内容，作为领导干部考察的重要项目；进一步建立学习成果转化评价考核制度，将科学发展观学习成效体现到解决问题上来；进一步建立干部学习激励约束机制；等等。通过建立健全常抓不懈的

学习教育机制，把学习贯彻落实科学发展观引向深入。

2. 适应新形势、新时期、新任务要求，拓展用科学发展观武装全党教育人民工作的手段方法

加强和改进科学发展观的理论武装工作，过去行之有效的好传统、好办法要坚持，更重要的是要适应新情况不断探索新的方式、手段、机制。首先，以创建学习型社会为目标，开展形式多样的学习科学发展观活动，营造科学发展大环境。当前，人们思想活动的独立性、选择性、多变性、差异性明显增强，价值取向日益多元，生活方式存在很大差异。我们要注重科学发展观宣传教育形式的创新和多样化，以增强吸引力。我们要利用党委中心组学习、研讨会、座谈会、上党课、专家授课等多种形式进行学习，以点带面，在基层采取灵活的形式开展科学发展观的教育，通过学习论坛、“百课下基层”等形式的宣讲、电视政论节目、编写下发理论普及资料、网络引导等多途径，不断扩大学习贯彻科学发展观的覆盖面，推动科学发展观进机关、进企业、进农村、进社区、进学校，形成解放思想、贯彻落实科学发展观的浓厚氛围，让人民群众在学习、工作、生活中潜移默化地接受科学发展观，建设全民学习、终身学习的学习型社会。其次，科学发展观的教育工作要区别对待，分类施教，针对不同的群体采取不同的方式和重点。科学发展观的理论武装重点是领导干部，同时也要兼顾其他社会群体。人民群众对党的科学发展观理论的认识和了解，不仅关系当前各项任务的顺利完成，而且关系中国特色社会主义事业的长远发展。因此，要让人民群众接受并掌握这个马克思主义中国化最新成果，就要注重研究不同社会群体的思想心理、兴趣爱好、接受习惯，把科学发展观的理论教育与不同社会群体的关注点、兴趣点结合起来，深入了解不同阶层所关注的理论热点难点问题，将科学发展观融会到解决实际问题当中去，力求语言生动活泼，说理深入浅出，举例生动鲜明，增强科学发展观的吸引力和生命力，使人民群众真信、真学、真用科学发展观。再次，要充分利用网络媒体和远程教育网络。当今社会，现代通信手段特别是互联网的产生和发展极大地改变了信息传播方式和人类交往方式，互联网、手机等正在成为传播信息的重要手段。推动科学发展观理论武装工作，必须充分利

用互联网、手机等现代信息工具，拓宽原有的宣传教育阵地，建立全方位、立体式的理论传播体系，组织丰富生动的宣传教育活动，快捷、覆盖面广的新兴信息传播方式，及时、准确地传播党的理论创新成果、重大方针政策、重要工作举措，使之为广大人民群众所了解和掌握，从而较好地凝聚人心和力量，推动工作和事业的发展。

3. 用科学发展观武装全党教育人民工作最终要落在推动科学发展、构建和谐社会上来

我们各级党员领导干部要高举旗帜，围绕大局，服务人民，改革创新，以开展解放思想大讨论活动为契机，紧紧围绕争当科学发展排头兵的目标，坚决破除消极情绪，以敢想、敢闯、敢干的勇气和魄力，以昂扬向上的精神状态，积极破解各种难题，切实推动广东新一轮大发展。要进一步解放思想，增强大局观念，把思想和行动统一到中央和省委的工作要求和部署上来，及时用新的思路指导工作，做到边学习，边调研，边改进，切实把解放思想活动的过程变为科学发展、促进工作的过程。新形势下，用科学发展观武装全党教育人民工作要努力贴近实际、贴近生活、贴近群众，要与解决当前急需解决的问题结合起来，把学习科学发展观的成效体现到指导实践、推动工作上，体现到自身世界观和人生观的改造上，体现到解决群众实际问题上来，不断增强针对性、实效性和针对性，为全面推动广东科学发展、和谐社会建设提供理论支撑，才能取得实实在在的效果。

（本文为广东省2008年5月“解放思想与广东科学发展理论研讨会”论文）

哲学社会科学是推进中国特色社会主义事业的重要理论武器

今年是我国改革开放总设计师邓小平同志100周年诞辰。邓小平同志在领导全国人民进行改革开放的伟大实践中，集全国人民的智慧，逐步创立了内涵丰富、体系完整的建设中国特色社会主义的理论。邓小平关于走中国特色社会主义道路的科学理论，着眼于社会主义新的实践和新的发展，深刻揭示、反映了当代社会主义运动的基本规律，对于实现中华民族的伟大复兴和和平崛起，具有历史性的指导意义。在新世纪全面建设小康社会的今日，我们更加怀念邓小平同志的丰功伟绩，更深切地感受到中国特色社会主义道路是光明的大道，是胜利的大道。

一 走中国特色社会主义道路符合中国历史发展进程的客观规律

党的十一届三中全会以后，党和国家的工作重心转移到社会主义现代化建设上来，根本任务就是大力发展生产力，实现社会主义现代化，逐步改善人民的物质文化生活。1979年，邓小平指出：过去搞民主革命，要适合中国的情况走毛泽东同志开辟的农村包围城市的道路。现在搞建设，也要适合中国情况走出一条中国式的现代化道路。1982年9月，在党的十二大开幕词中，邓小平强调指出：我们的现代化建设，必须从中国的实际出发……把马克思主义的普遍真理同我国的具体实际结合起来，走自己的道路，建设有中国特色的社会主义，这就是我们总结长期历史经验得出的基本结论。这一基本理论成为十二大的指导思想，也成为新时期改革开放和建设的指导思想。

改革开放之初，有人提出，中国可以不搞社会主义而应该搞资本主义，认为走资本主义道路中国人民也照样可以站起来，也能翻身。对此，邓小平明确指出，中国搞资本主义不行，必须搞社会主义。如果不搞社会主义而走资本主义，中国的混乱状态就不能结束，贫穷落后的状态就不能改变。

1. 我国将长期处在社会主义初级阶段，这是中国最大的基本国情

我党对社会主义社会发展阶段的认识，经历了曲折的过程。党的十一届六中全会第一次明确提出了“我们的社会主义制度还是处于初级的阶段”的论断。党的十三大报告阐述了中国社会主义初级阶段的理论。党的十五大对社会主义初级阶段的发展进程、基本纲领等重大的理论和实践问题做了进一步科学的论证，标志着我们党对社会主义发展阶段的认识达到了新的高度。

社会主义初级阶段是一个相当长的历史时期，至少历时上百年。主要原因在于，我国是在经济文化极端落后的半殖民地半封建社会的基础上，越过资本主义充分发展的历史阶段，经由新民主主义而进入社会主义，这是中国历史和革命发展的显著特点。因此，新中国成立时，国民经济的基础十分薄弱。1949 年，新中国的现代工业只占国民经济的 10% 左右，而农业和手工业占 90%。绝大部分是落后的农业和手工业，现代商品生产和交通运输微乎其微，生产社会化程度很低，科学技术几乎是一张白纸，文化教育事业十分落后，人口中文盲占绝大多数。新中国成立以来，我们在经济建设、民主政治建设、教育科学文化建设等方面，都取得了巨大的成就，社会生活的各个方面都有了长足的进步和发展。特别是改革开放以来，社会主义社会的生产力、国家的综合国力、人民的生活水平都得到了很大提高，社会生活面貌发生了日新月异的变化。但从根本上说，我国还没有摆脱生产力的不发达状态，社会主义的经济政治制度还不成熟不完善。我国人口多、底子薄、生产力不发达的状况还没有根本改变，我国正

处于并将长期处于社会主义初级阶段，人民日益增长的物质文化需要同落后的社会生产之间的矛盾仍然是社会的主要矛盾。因此，邓小平同志指出："我们搞社会主义才几十年，还处在初级阶段。巩固和发展社会主义制度，还需要一个很长的历史阶段，需要我们几代人、十几代人，甚至几十代人坚持不懈地努力奋斗，决不能掉以轻心。"

全面认识中国的基本国情，深刻理解社会主义初级阶段理论，将会使我们保持清醒的头脑，既树立持久战的长期奋斗的思想准备，又要建立起实现这个科学决策的必胜信念。

2. 我国的生产力水平发展状况需要我们进行改革开放

生产力是社会发展的最终决定力量，它是衡量一个社会发展程度的最重要内容。判断我国现在是否处在社会主义初级阶段，主要客观依据是我国比较落后的生产力发展状况有无根本改变，工业化和生产的商品化、社会化、现代化的任务是否实现，以及由此所决定的在生产关系方面和上层建筑领域，是不是改变了不完善不成熟的特征。

从生产力的角度看，我国的生产力虽然获得了很大发展，初步建立起了比较完整的工业体系和国民经济体系，但生产力发展水平仍比较落后。主要表现在四个方面。一是人口多，底子薄，人均国内生产总值和主要工农业产品人均产量仍居于世界后列。二是由于历史和地理的原因，我国地区生产力发展不平衡，一部分经济发达地区与广大经济不发达地区和贫困地区同时存在。三是我国目前尚未完成工业化的任务，农业人口比例过大。四是产业结构不合理，高新技术产业发展不足。

因此，我国社会今天仍然将长期处于社会主义初级阶段，必须实行改革开放，必须坚持中国特色社会主义道路不动摇。

3. 只有走社会主义道路，才符合最广大人民的根本利益

中国走社会主义道路是人民的选择，是历史的选择：从 1840 年鸦片战争开始，中国逐步沦为半殖民地半封建社会，中国人民遭受帝国主义和封建主义的压迫。中国社会向何处去，中国的前途和命运主要有三种可能，一是完全沦为帝国主义列强的殖民地，这是中国人民所不允许的，中国人民不断奋起抗争，避免了中国殖民地命运；二是学习西方，走资本主

义道路，这是近代许多先进的中国人曾经选择的道路，但一个又一个的救国方案伴随着无数仁人志士的鲜血而流产了；三是吸取俄国十月革命成功的经验，在中国建立社会主义。中国共产党从 1921 年成立之日起，就制定了民主革命纲领，领导全国人民经过大革命、十年内战、抗日战争和解放战争，完成了反帝反封建的民主革命的任务，建立了新中国，走上了社会主义道路。十一届三中全会后，中国进入了改革开放和现代化建设的新时期。对香港和澳门恢复行使主权，洗刷了一个半世纪以来的民族耻辱，印证了社会主义道路是救国之路，改革开放是强国之路。因此，走社会主义道路是历史对中国人民拼搏、抗争、探索所做的最后裁决，是符合历史进步的正确选择，符合全国人民的根本利益。

二　走中国特色社会主义道路符合世界历史发展进程的客观规律

邓小平同志依据人类社会发展所提供的历史经验，指明了社会主义发展进程的长期性和曲折性。他说："封建社会代替奴隶社会，资本主义代替封建主义，社会主义经历一个长过程发展后必然代替资本主义。这是社会历史发展不可逆转的总趋势，但道路是曲折的。资本主义代替封建主义的几百年间，发生过多少次王朝复辟？所以，从一定意义上说，某种暂时复辟也是难以完全避免的规律性现象。"

邓小平同志的这个结论正是在总结世界历史发展规律的基础上得出的。世界社会主义事业取得最终胜利是一个复杂而又漫长的历史过程，社会主义在一个国家或几个国家所遭到的失败不等于整个社会主义制度的失败，在人类历史的长河中，社会主义最终取代资本主义的历史结局是不会改变的。

1. 走社会主义道路符合人类社会的发展规律

人类社会是一个由低级阶段向高级阶段发展的历史进程，社会主义之所以能够替代资本主义，最终原因是它在继承资本主义生产力的基础上，能够比资本主义创造出更高的劳动生产率，同时又能避免资本主义社会的各种弊病。在中国这样一个经济文化比较落后的国家建设社会主义，首先要搞清楚什么是社会主义，怎样建设社会主义。这个首要和基本的问题，就是对规律的认识问题。新中国成立后，我们党曾试图探索一条符合中国特点的社会主义建设道路，也取得了一定的成果。十一届三中全会以后，我们党总结历史的经验，实行改革开放的大政策，集中力量进行社会主义现代化建设，取得了令世界瞩目的成就。党领导人民探索创新，不断揭示了改革开放和社会主义现代化建设的规律。邓小平提出的走中国特色社会主义道路的理论就是对这种规律的比较系统的揭示和概括。

20 世纪 90 年代，世界社会主义陷入了低潮。对社会主义的前途，邓小平始终充满信心。他说：一些国家出现严重挫折，社会主义好像被削弱了，但人民经受锻炼，从中吸取教训，将促使社会主义向着更加健康的方向发展。因此，不要惊慌失措，不要认为马克思主义就消失了，没用了，失败了，哪有这回事！世界社会主义运动如何发展，中国特色社会主义道路无疑提供了一个成功的经验。在新的历史时期，我们党坚定地站在时代潮流的前头，围绕实现推进现代化建设、完成祖国统一、维护世界和平与促进共同发展三大历史任务，领导全国人民在中国特色社会主义的道路上实现中华民族的伟大复兴。这对于世界社会主义运动的发展具有深远的历史意义。

2. 社会主义市场经济理论和民主政治建设理论是我们党在探索中国特色社会主义道路中的两大理论成果

在当今世界政治多极化和经济全球化的历史大背景之下，任何科学理论都必然是顺应人类社会发展客观规律，对政治、经济、文化和社会的发展产生重要指导意义的科学理论。邓小平关于走中国特色社会主义道路的理论也是如此。特别是邓小平关于社会主义市场经济理论和关于建设社会主义民主政治的理论集中地反映了人类社会发展的文明成果，是在社会主义制度下经济建设和政治建设成功经验的总结。

我国建立社会主义市场经济体制，是我们党领导人民经过艰辛探索而取得的极为重要的理论和实践成果，也是我们党的一个伟大创举。在社会主义条件下，市场经济是和社会主义基本制度结合在一起运行的。社会主义的基本制度，从经济上说，是以公有制为主体；从政治上说，是以共产党为领导。它们两者都以追求社会公正，实现共同富裕为社会目标。从第一个社会主义国家苏联建立之日起，社会主义应选择什么样的经济体制，才能发挥社会主义制度的优越性，才能发展社会主义，从列宁到斯大林，到毛泽东，经历了一个曲折的认识过程。总是不能跳出计划经济等于社会主义，市场经济等于资本主义的思想框框。

早在十一届三中全会前夕，邓小平就提出了建立具有中国特色的，充满生机和活力的社会主义新型经济体制的伟大任务。十一届三中全会后，邓小平开始了在中国建立社会主义市场经济的伟大实践。十二届三中全会以后，改革的重点转移到城市。从传统体制向建立社会主义市场经济过渡，是一个艰难的过程，也是一个长期的过程。1992 年邓小平在南方谈话中明确指出计划经济不等于社会主义，因为资本主义也有计划，市场经济不等于资本主义，社会主义也有市场，计划和市场都是经济手段。同年 10 月党的十四大明确提出："我国经济体制改革的目标模式是建立社会主义市场经济体制。"

社会主义市场经济体制目标的确立，是我党历史上又一次伟大的思想解放运动。从这个意义上说，我国进行的市场取向改革是一个伟大的创举，是前人没有做过的事情，也是对马克思主义理论的新发展。

建设社会主义民主政治，是邓小平的一贯思想，是中国特色社会主义理论的重要内容。

由于我国有两千多年封建专制统治的历史，缺乏民主制度的传统，而且新中国成立后，我们又基本上照搬了苏联缺乏民主的、权力过度集中的政治模式，加上从 50 年代后半期起我们的指导思想越来越"左"，终于导致了反"右"扩大化直至十年"文革"浩劫，严重妨碍了社会主义民主政治的发展。十一届三中全会后，邓小平及时总结我国民主政治建设中的经验教训。在《党和国家领导制度的改革》一文中，邓小平指出我国民主政治中存在着较大的弊端，如：官僚主义现象、权力过分集中、家长制、特权制、领导干部职务终身制等。他认为这些弊病的存在，影响了各方面的积极性，妨碍了社会主义优越性的发挥。因此，他提出在加快经济建设的同时，还要发展社会主义民主政治。20 世纪 80 年代中期，邓小平把推进政治体制改革，加强民主政治建设看作建设社会主义现代化极其重要的内容，进行了大量论述，在一些重要方面发展了社会主义民主理论，形成了一个完整的体系，成为我党制定新时期路线、方针、政策的基本依据。在邓小平理论的指导下，从党的十二大、十三大、十四大直至十五大都提出了建设社会主义民主政治的重要任务，并使它成为新时期党的基本理论、基本路线和基本纲领的不可分割的重要组成部分。党的十六大明确提出要建设社会主义政治文明的奋斗目标，更是邓小平民主政治理论的进一步发展和深化。

从党的十四届三中全会提出建立社会主义市场经济体制到十六届三中全会提出完善社会主义市场经济体制，从邓小平明确提出“没有民主就没有社会主义，就没有社会主义的现代化”到党的十六大提出建设社会主义政治文明，都证明了中国的改革开放和现代化建设符合世界文明发展的趋势，符合人类社会发展的客观规律。同时，中国的发展也为人类文明的进步和世界和平的发展做出了自己的贡献。

3. 改革开放的历史证明，走中国特色社会主义道路是强国富民之路

改革开放 25 年来，我国坚定不移地推进改革开放，社会主义市场经济体制初步建立，开放型经济已经形成，社会生产力和综合国力不断增强，各项社会事业全面发展，人民生活总体上实现了由温饱到小康的历史性跨越。从 1978 年至 2003 年的 25 年间，中国经济年均增长 9.4%。年国内生产总值从 1978 年的 1473 亿美元增长到 2003 年的 14000 多亿美元。年进出口贸易总额从 1978 年的 206 亿美元增长到 2003 年的 8512 亿美元。外汇储备从 1978 年的 1.67 亿美元增长到 2003 年的 4033 亿美元。中国经济总量已位居世界第六，进出口贸易总额位居世界第四。

改革开放的 25 年也是我省和我市国民经济和社会各项事业取得辉煌成就的历史时期。从 1978 年到 2002 年，我市国内生产总值增长了 51 倍，财政收入增长了 37 倍，传统农业大市正在发展成为新兴工业城市。我市从高度集中的计划经济向较为完善的市场经济迈进，基本形成了国有集体经济、外商投资经济、民营经济三分天下的新格局。肇庆从传统小城市向

新型城市迈进，城区规模由小变大，以园林和生态为特色的旅游名城基本建成，城乡面貌日新月异，一批小城市和中心镇正在崛起。肇庆人民的生活从基本温饱进入总体小康并向全面小康迈进，城乡居民的收入水平不断提高，物质文化生活日益丰富。

所有这些巨大的变化，明确而深刻地反映了我们始终坚持走中国特色社会主义道路，始终坚持改革开放方针、政策的英明和正确。

三 开创建设中国特色社会主义道路的新局面

进入21世纪，我国进入了全面建设小康社会和加快推进社会主义现代化进程的新阶段，党的十六大选举产生了以胡锦涛为总书记的新一届领导集体，中国特色社会主义事业进入了一个新时期。要使党和国家的事业不停顿，首先是理论创新不停顿。党的第三代领导集体坚持与时俱进，坚持理论创新，提出了“三个代表”重要思想。极大地推进了党和国家各项事业的创新和发展。只要我们始终保持与时俱进的精神状态，就一定能不断开拓马克思主义发展的新境界。

1. 新一届党中央领导集体丰富和发展邓小平理论和“三个代表”重要思想，确定了科学发展观

十六届三中全会明确提出的以人为本，全面、协调、可持续的科学发展观，是以胡锦涛同志为总书记的新一届中央领导集体，以邓小平理论和“三个代表”重要思想为指导，在总结25年来我国改革开放和现代化建设成功经验的基础上，吸取世界各国在发展进程中的经验教训，吸收人类文明进步的新成果，遵循经济社会发展的客观规律，以实现全面建设小康社会的目标为要求，站在历史和时代的高度，提出的新世纪新阶段建设中国特色社会主义的重大战略思想。

科学发展观进一步指明了新世纪新阶段我国现代化建设的发展道路、发展模式和发展战略，进一步明确了我国要发展、为什么发展和怎样发展的重大问题，是我们党对社会主义市场经济体制下经济社会发展规律在认识上的重要升华，是我们党执政理念的新飞跃，是我们党社会主义现代化

建设指导思想的新发展。科学发展观概括起来主要有五个方面的内容，也就是“五观”：一是以“权为民所用、情为民所系、利为民所谋”为核心的执政观；二是坚持以人为本，树立全面、协调、可持续的科学发展观；三是办实事、务实效、求实绩的政绩观；四是人才资源是第一资源、人人皆可成才、人才存在于人民群众之中的人才观；五是一切相信群众、一切为了群众、一切依靠群众的群众观。这“五观”，思想内涵深刻，时代特征鲜明，同时，又相互联系、相互渗透、相辅相成。它们紧紧围绕着一个宏伟目标，就是全面建设小康社会；牢牢把握着一个鲜明指向，就是提高党的执政能力和领导水平；始终贯穿着一个基本理念，就是以人为本；集中体现了一个重要思想，就是“三个代表”重要思想。

科学发展观的确立，标志着党对社会主义现代化建设规律的认识更加深入、更加全面，对于我国实现全面建设小康社会进而实现现代化的宏伟目标，具有重大而深远的意义。

2. 新世纪走中国特色社会主义道路的根本要求

在新世纪全面建设小康社会的伟大事业中，必须坚定不移坚持中国特色社会主义道路不动摇，坚定不移贯彻落实科学发展观。

首先要坚持以经济建设为中心。我们党执政兴国的第一要务是发展，首先是要发展经济。只有不断解放和发展生产力，才能为社会全面进步和人的全面发展提供物质基础。因此，以经济建设为中心任何时候都不能动摇、不能放松。

不进则退，慢进也是退，我们必须紧紧抓住机遇，加快肇庆经济发展，保持较快的发展速度，不断缩小我市与发达地区的差距。在加快发展的同时，坚持走新型工业化道路。坚持以改革为动力，充分利用 CEPA 的实施和泛珠三角发展战略带来的发展机遇，充分发挥科学技术的重要作用，注重依靠科技进步和提高劳动者素质，加快推进经济结构战略性调整，显著提高经济增长的质量和效益。

其次要做到“五个统筹”，落实科学发展观。十六届三中全会提出要统筹城乡发展、统筹区域发展、统筹经济社会发展、统筹人与自然和谐发展、统筹国内发展和对外开放。毫不动摇地做到“五个统筹”，最大限度地兼顾到各个方面，就能保证全面、协调、可持续的发展。做到“五个统筹”，既重视当前的跨越发展，又要考虑长远的目标。既维护全局利益，又要照顾局部利益。既保护通过辛勤劳动和合法经营先富起来人们的利益，又关心普通群众，特别是农民、低收入人群和困难群众的利益。通过统筹兼顾，实现我市各项工作的良性互动。

再次要坚持以人为本。这是科学发展观的本质和核心。以人为本，体现了马克思主义的基本观点。坚持以人为本，就是要把人民的利益作为一切工作的出发点和落脚点，不断满足人们的多方面需求和促进人的全面发展。在经济发展的基础上，不断提高人民群众物质文化生活水平和健康水平；就是要不断提高人们的思想道德素质、科学文化素质和健康素质；坚持以人为本是贯彻“三个代表”重要思想，坚持立党为公、执政为民的本质要求，也是进一步发扬党的优良传统和作风的具体体现。

3. 以中国特色社会主义理论为指导，实现肇庆的跨越发展

去年 6 月，在市九次党代会上，新一届市领导班子描绘了肇庆跨越发展的宏伟蓝图，极大地鼓舞了全市人民全面建设小康社会的信心。

市委以求真务实的精神，围绕建设花园式生态型现代化大城市的目标，确立了工业立市、交通先行、三大经济板块、招商引资、数字肇庆、教育强市和文化名市建设、可持续发展等一系列发展战略，这些战略部署符合科学发展观的要求，符合全市 390 万人民的加快发展的强烈愿望，在全市上下、在各行各业激起热烈的呼应。九次党代会以后，全市人民在市委的领导下，形成了心齐实干、上下同心的良好局面。全市掀起了招商引资高潮，先后举办的两次大型招商成效显著，肇庆出现历史上少有的大发展的良好局面。从今年第一季度的我市各项经济指标的统计数据分析，已经实现了九次党代会提出的一年打基础的奋斗目标。

实践证明，走中国特色社会主义道路，是指导中国人民在改革开放中胜利实现社会主义现代化的正确理论。邓小平理论是当代中国的马克思主义，是马克思主义在中国发展的新阶段。

（本文发表于《肇庆宣传》2004 年第 7 期）

关于走中国特色社会主义道路的再认识

中共中央最近发出《关于进一步繁荣发展哲学社会科学的意见》，充分表明我们党对哲学社会科学工作的高度重视和殷切期望，这是我国哲学社会科学界的一大喜事，也是我国社会政治生活的一件大事。历史证明，我们的事业需要科学理论作指导，今天在我国全面建设小康社会、开创中国特色社会主义事业新局面，实现中华民族伟大复兴的历史进程中，哲学社会科学具有不可替代的作用。当前我市各级领导干部，特别是从事哲学社会科学的理论工作者，一定要认真学习和贯彻中央《关于进一步繁荣发展哲学社会科学的意见》，推动我市哲学社会科学事业的发展，为实现我市加快、跨越、协调发展做出积极的贡献。

一　充分认识哲学社会科学在现代化建设中的指导作用

哲学社会科学是人类认识世界、改造世界的重要工具，是建设社会主义物质文明、政治文明、精神文明的重要理论武器。也就是说，哲学社会科学，主要是帮助人们解决世界观、人生观、价值观，解决理论认识和科学思维，解决对社会发展、社会管理规律的认识和运用的科学。掌握必备的哲学社会科学知识，对于人们正确认识纷繁复杂的社会现象，提高道德素养和精神境界是十分重要的，对于领导干部学会讲政治、掌握大局，懂得驾驭复杂形势、研究战略策略，提高领导水平和执政能力具有十分重要的意义。

当前在一些地方和某些领导干部中存在的“一手硬、一手软”的现象，即重视自然科学轻视社会科学的现象，甚至把这两者对立起来的现象和做法是十分错误的。实践证明，在人类历史发展的长河中，哲学社会科学和自然科学犹如车之两轮、鸟之两翼，共同推动着社会的发展。当今世界，各种学科的综合化趋势日益深入，使得自然科学、技术与社会科学之间互相影响、渗透，自然科学与社会科学相互结合、相互促进明显加强。可以说，在认识和改造世界的过程中，哲学社会科学与自然科学同样重要；培养高水平的哲学社会科学家，与培养高水平的自然科学家同样重要；提高全民族的哲学社会科学素质，与提高全民族的自然科学素质同样重要；任用好哲学社会科学人才并发挥他们的作用，与任用好自然科学人才并发挥他们的作用同样重要。

由此可见，加强哲学社会科学研究，对党和人民事业的发展极为重要。我们要始终高度重视哲学社会科学在治党治国和建设中国特色社会主义事业中的巨大作用，高度重视哲学社会科学领域高等教育改革和发展，高度重视改善哲学社会科学研究和人才培养的条件，高度重视哲学社会科学研究领域重大课题的攻关，高度重视为哲学社会科学发展做出杰出贡献的学者的成就和作用。总之，我们要积极营造有利于哲学社会科学繁荣发展的社会氛围和舆论环境，让全社会都来关心、尊重、热爱哲学社会科学事业。

二　当前哲学社会科学要研究和解决的重大理论实践课题

中共中央《关于进一步繁荣发展哲学社会科学的意见》，已经十分明确地提出了我国今后繁荣发展哲学社会科学的指导方针、目标任务和根本要求。通过学习，笔者认为当前繁荣发展哲学社会科学要着重解决以下几个重大的理论实践问题。

一是回答和解决马克思主义在哲学社会科学中的指导地位问题。党章规定：中国共产党以马克思列宁主义、毛泽东思想、邓小平理论和“三个代表”重要思想作为自己的行动指南。新通过的宪法（修正案），也明确规定：中国各族人民将继续在中国共产党的领导下，在马克思列宁主义、毛泽东思想、邓小平理论和“三个代表”重要思想指引下，……把我国建设成为富强、民主、文明的社会主义国家。本来坚持马克思主义的指导地位是不成问题的。但是有两个问题我们必须回答和解释清楚，一个是我们为什么要始终强调马克思主义在哲学社会科学的指导地位；一个是我们今天怎样才能更好地坚持马克思主义在哲学社会科学中的指导地位。当前我们要用马克思列宁主义、毛泽东思想、邓小平理论和“三个代表”重要思想统领哲学社会科学工作，决不能搞指导思想多元化。同时，又要坚持为人民服务，为社会主义服务的方向和百花齐放、百家争鸣的方针，努力营造生动活泼、求真务实的学术环境，提倡不同学术观点、学术流派的争鸣和切磋，提倡说理充分的批评与反批评。

二是回答和解决走中国特色社会主义道路的问题。应该说中国特色社会主义道路，是我们党在新中国成立以来领导中国人民进行艰苦探索和成功开辟的社会主义道路。毛泽东思想、邓小平理论和“三个代表”重要思想都是对中国特色社会主义道路的理论总结。今天以胡锦涛同志为总书记的党中央实事求是、与时俱进、求真务实地丰富和发展了马克思列宁主义、毛泽东思想、邓小平理论和“三个代表”重要思想，提出了新时期共产党的执政观、科学的发展观、科学的人才观、正确的政绩观和正确的群众观等一系列新的理论和观点，更是标志着我们党对中国特色社会主义道路认识有了一个新的飞跃，标志着我国的社会主义现代化建设进入了一个新的历史时期。但我们又必须清醒地认识到，社会主义是一场伟大的运动，中国特色社会主义还在发展的进程当中，关于什么是社会主义？怎样建设社会主义？建设一个什么样的党？怎样建设这个党？等等，这些首要的和基本的问题还需要我们继续做出全面、深刻和系统的回答。

三是进一步认识和阐述共产党执政规律、社会主义建设规律和人类社会发展规律。要进一步阐述三大规律的内容和本质要求，特别是深入研究三大规律之间的关系，以及怎样才能更好地掌握并运用三大规律来指导我们的社会主义现代化建设。

四是要构建和阐述中国特色社会主义的理论体系。毛泽东思想、邓小平理论和“三个代表”重要思想，都是中国特色社会主义理论的重要组成部分，是全党智慧的结晶，是对我们党八十多年历史的经验总结，是当代中国的马克思列宁主义。当前我们要在加强对马列著作编译和研究，准确阐述其基本观点的同时，深入研究毛泽东思想、邓小平理论和“三个代表”重要思想，要组织编写全面反映毛泽东思想、邓小平理论和“三个代表”重要思想的哲学、政治经济学、科学社会主义以及政治学、社会学、法学、史学、新闻学和文学等学科的教材，努力构建中国特色社会主义的理论体系。

三　加强哲学社会科学工作，促进肇庆加快、跨越、协调发展

近年来肇庆市委、市政府及各级党组织是重视我市哲学社会科学工作的，特别是在加强用科学理论武装人的工作方面，在加强理论调研方面，在理论人才开发和队伍建设方面，在运用理论成果指导实践方面等都取得了显著的成绩。新一届市委、市政府提出的努力把肇庆建设成为花园式、生态型、现代化大城市的目标和任务，以及所采取的发展“三大经济板块”“文化名市建设”等一系列重大举措，都充分体现了求真务实的态度和开拓创新的精神，是运用科学理论指导肇庆现代化建设的具体体现。

但是，我们还要看到当前我市哲学社会科学工作尚处在弱势阶段，还存在着不少的薄弱环节和一些亟待解决的问题。笔者认为，主要有以下几个方面的问题：一是对哲学社会科学工作重要意义认识还不够充分。现在没有哪一个领导会公然宣称社会科学工作不重要，但在实际工作中一条腿长、一条腿短是比较常见的，认为经济工作是务实、有成效，而抓哲学社会科学是务虚、是软任务，成效不大。在中央和省委越来越重视哲学社会科学工作的今天，这些思想认识和态度显然是十分落后和错误的。二是肇庆哲学社会科学队伍建设和制度建设还相对落后。人员少、投入少固然是

一个重要方面，但是没有能够很好地组织和充分利用好现有人才资源也是一个十分重要的方面。三是有组织、有计划、有针对性地开展哲学社会科学工作，但其发挥应有的作用方面还有欠缺。很显然，哲学社会科学工作也是一项系统的工程，是需要各级领导精心组织和认真筹划的，不能只停留在一般号召上，而应该亲力亲为，方有作为。四是繁荣发展哲学社会科学工作，绝非仅仅是从事哲学社会科学工作者的事，它是中国特色社会主义事业的重要组成部分，是全党全民的事，这项工作的好坏取决于党的领导和全民的参与。五是当前我们在调动大家的积极性和创造性方面还做得不够，还没有很好的激励机制，没有制度、体制和机制的保障。

为此，笔者建议，为了进一步繁荣发展我市的哲学社会科学工作，当前我们应该努力在以下几个方面下功夫：一是各级领导一定要提高认识，把这项工作当作重大事情来抓。二是制定我市哲学社会科学的发展规划，尤其在机构、队伍建设、投入方面要落实。三是要加强我市理论课题的招标和研讨工作。动员社会力量为我市加快、跨越、协调发展出谋献策。四是要充分整合和利用我市社科工作的人才资源，发挥联动作用和组合优势，推进我市社科工作向广度和深度发展。五是充分调动我市哲学社会科学工作者的主动性和创造性，充分调动广大干部和人民群众积极参与哲学社会科学的工作热情，努力营造有利于哲学社会科学繁荣发展的社会氛围和条件，开创我市哲学社会科学工作的新局面。

（本文发表于《肇庆论丛》2004 年第 2 期）

运用科学发展观　指导现代化建设

党的十六届三中全会第一次明确提出要坚持以人为本，树立全面协调可持续的发展观，这是我们党对现代化建设指导思想的重大发展，必将对我们全面建设小康社会和现代化建设，实现中华民族的伟大复兴产生巨大的推动作用。

一　确立科学发展观的重大意义

确立科学发展观的实践意义。我国经过 50 多年的经济建设，特别是改革开放 20 多年来的现代化建设，已经取得了世人瞩目、举世公认的巨大成就。2003 年全国 GDP 已达 11 万亿元，稳居世界第 6 位，人均 GDP 也首次实现 1000 美元，税收收入突破 2 万亿元，外汇储备已达 4000 多亿美元。综观全球，中国经济发展一枝独秀，态势良好。但是我们又十分清醒地看到，目前我们前进的道路上还面临着许多困难和新的挑战，有些困难和问题是改革发展中出现的新矛盾新问题，例如城市职工的下岗规模问题，社会保障问题；如农村劳动力大量转移的问题，农业现代化的道路问题；如政府职能转变的问题等，这些都是大势所趋的问题。而有些矛盾的出现和问题的产生，又是跟我们的指导思想、工作方法和工作作风密切相关的。例如在现代化建设中，顾此失彼，单打一，强调经济建设为中心，但又忽视政治文明和精神文明；如强调发展经济，但又不尊重经济发展规律，造成产业、行业比例失调，低水平扩张和重复建设造成的浪费极为严重；如没有可行性的开发区建设问题，1992 年、1993 年已十分严重，复耕整治已出现开而不发的境况，而如今某些地方又要重蹈覆辙；如某些地方经济发展了，但教育、卫生、文化、体育等各项事业以及社会的道德水平与之极不相称，甚至出现严重不满社会的情绪和严重的治安问题。如此种种，都说明我们工作的指导思想必须端正。可喜的是在我国社会主义发展的关键时刻，以胡锦涛同志为总书记的党中央，不是回避矛盾，而是清醒地把握全局，分析矛盾，不失时机地提出了科学的发展观。不管是老问题还是新问题都必须靠科学的发展观去解决。

确立科学发展观的理论意义。我们共产党人一贯以马克思主义的辩证唯物主义和历史唯物主义作为自己的世界观和方法论。应该说无论是战争革命年代还是和平建设年代，我们党都始终坚持以马克思主义的发展观为指导。例如，指导中国革命取得胜利的“三大法宝”中（武装斗争理论、统一战线理论和党的建设理论）无一不是马克思主义发展观的体现。进入社会主义建设年代，特别是改革开放以来，我们党更是注重坚持发展和运用马克思主义的发展观，例如我们明确提出“抓住机遇、深化改革、扩大开放、促进发展、保持稳定”的方针，这就是马克思主义的发展观。现阶段随着社会主义市场经济体制的建立和完善，随着改革深化和多方面经济结构调整的推进，面对的社会利益主体更多，领域更广，利益关系也更加复杂，因而对科学发展观的要求也更高更全面，我们要与时俱进，赋予科学发展观更多的时代内容。因此，党的十六届三中全会确立的科学发展观，反映我们党认识和把握改革开放和现代化建设客观规律达到一个新的高度。

确立科学发展观的政治意义。21 世纪头二十年我们党的目标和任务是，带领全国人民全面建设小康社会。全面建设小康社会的目标是使经济更加发展，民主更加健全，科技更加进步，文化更加繁荣，社会更加和谐，人民生活更加殷实。要实现这样一个目标任务，离开科学的发展观为指导是不可能实现的。总结中国革命和建设的发展历史，总结世界各国的发展历史，从当今世界时代特征和中国的实际出发，我们党提出了坚持以人为本，树立全面发展、协调发展、可持续发展的发展观，促进经济社会和人的全面发展，这是全面建设小康社会的必然要求，也是实现现代化建设第三步战略目标的必然要求。这标志着我们党政治上的成熟和执政能力的提高。

二　全面把握科学发展观的内涵

科学发展观是全面的发展观。全面发展包括经济发展，也包括社会发展；包括物质文明建设和精神文明建设。促进全面发展，要正确处理经济发展和社会发展的关系。经济发展是社会发展的基础和条件，而社会发展是经济发展的目的和保障。促进全面发展，还要正确处理物质文明与政治文明和精神文明的关系。三个文明中每个文明既是相对独立的，又是相互作用、相互贯通、相互渗透的。物质文明为政治文明和精神文明提供物质基础，物质文明程度的提高可以推动政治制度的变革和思想道德及科学文化水平的提高；政治文明决定精神文明的性质和物质文明发展的方向，进而推动物质文明和精神文明的进程；精神文明可以为物质文明、政治文明提供科学引导、精神动力和智力支持。人类文明的进步主要体现物质文明、政治文明和精神文明的协调发展。

科学发展观是协调的发展观。协调发展，就是要在发展中实现速度与结构、质量与效益的有机统一，促进发展的良性循环。我国还处在社会主义的初级阶段，生产力水平、人均 GDP 还不高，特别是一些经济欠发达地区保持一定的经济增长速度是必要的，因为保持一定的经济增长速度，是推动经济发展的基础，是实现结构、质量、效益目标的重要前提。但是增长并不等于发展，只有调整结构，提高质量，增加效益，才能保证经济的持续、快速发展。

科学发展观是可持续的发展观。可持续发展，就是要在发展经济的同时，充分考虑环境、资源和生态的承受能力，保持人与自然的和谐发展，实现自然资源的永续利用，实现社会的永续发展。现阶段我们在全面建设小康社会当中，不仅要关注经济指标，而且要关注人文指标、资源指标和环境指标；不仅要增加促进经济增长的投入，而且要增强促进社会发展的投入，增加保护资源和环境的投入，要进一步加强环境保护和生态建设，使经济发展与人口、资源、环境相适应，实现可持续发展。应当指出，这是迄今为止人类对发展内涵认识所达到的较高境界，是世界各国普遍认同的发展理念，也是科学发展观的重点所在。

全面发展观、协调发展观、可持续发展观都不是十六届三中全会的首创，但是把三者有机地统一起来，概括为新的科学发展观，并赋予新的时代内涵，则是这次十六届三中全会的一大理论贡献。新的科学发展观涵盖了经济发展与社会发展、经济发展与人的发展、经济发展与政治发展、经济发展与文化发展、经济发展与自然发展、人和自然和谐等多重关系，构成一个新型的综合发展理念，体现了以胡锦涛同志为总书记的党中央领导集体对发展内涵的深刻理解和科学把握，对发展思路、发展规模的不断探索和创新。

三　运用科学发展观指导肇庆经济社会的全面发展

肇庆经济社会发展中亟待解决的主要矛盾和问题。市委林雄书记指出：当前我们面临的困难和挑战：一是经济发展速度还不够快，经济效益和质量还不够高，工业化和城市化水平还比较低。二是区域发展不平衡，发展山区县域经济的任务艰巨，农村“三化”步伐不够快，农民增收的难度较大。三是新形势下人民内部矛盾增多，社会上还存在一些不安定因素，维护稳定和加强民主法制建设还有许多工作要做。四是人民群众对机关作风建设仍然不太满意，加强各级各部门的服务意识和消除经济生活中诸多体制障碍的改革任务仍然繁重。对这些问题我们在今后的工作中要引起高度的重视，要看到这些问题的存在，有些是多年遗留积累下来的，有些是我们现在工作不力新出现的；有些是过去的体制造成的，有些是今天改革滞后带来的；有些是思想认识、工作方法问题，有些则是深层次的理论和制度建设的问题。为此，我们要认真地分析和研究，寻找出解决的办法和途径。

科学发展观是我们解决矛盾、战胜困难、胜利前进的指导思想。笔者认为：从肇庆的实际出发，我们各级领导干部应该努力做到：第一，牢固树立以人为本全面协调可持续的发展观，自觉地把促进经济社会发展和推进改革开放的各项工作统一到科学发展观的要求上来。第二，要解放思想，锐意改革。当前尤其要加快政治体制改革，加快政府职能的转变，全面履行政府经济调节、市场监管、社会管理和公共服务的职能。我市更要按照建立和完善社会主义市场经济体制的要求，加快政府职能的转变，特别是要正确履行政府经济调节的职能，改变过去那种政府大包大揽的做法，把经济调节的重点从具体的管理项目、资金转到为投资和发展创造良好的环境上来。第三，要提高统筹兼顾和协调发展的能力，特别是增强承受和抵御风险的能力。当前尤其要“统筹城乡发展、统筹区域发展、统筹经济社会发展、统筹人与自然和谐发展、统筹国内发展和对外开放”。当前我市重点要处理好经济建设与发展旅游的关系；发展旅游和文化建设的关系；文化建设和城市改造的关系。认真做好林雄书记提出的“山、湖、城、江”这四个字相映生辉的文章。第四，要认真学习和掌握现代市场经济知识和现代管理知识，积极探索当代世界发展趋势和中国特色社会主义相结合的发展规律，提高驾驭经济社会发展的能力。特别是要加强对我国经济增长方式的研究和最大限度地通过对外开放、提高我国在国际市场上的竞争地位。当前我市要继续推进经济结构的战略性调整，切实把经济工作的重点转到主要靠科技进步和提高劳动者素质上来，转到注重提高经济增长的质量和效益上来，在努力解决劳动力就业和农村富余劳动力转移问题的同时，努力提高劳动者的科学文化素质，促进科技教育与经济社会的紧密结合，促进集约化的经营、改变粗放型的经营方式，走科技含量高、经济效益好、资源消耗低、环境污染少、人力资源得到充分发挥的新型工业化道路。第五，坚持立党为公、执政为民的本质要求，努力实现好人民群众的根本利益。我们要牢固树立全心全意为人民服务的思想和对人民群众高度负责的精神，把权为民所用、情为民所系、利为民所谋的原则，落实到经济社会发展和城乡建设的各项任务中去。当前我市各级党委和政府重要的是要认真落实好市委、市政府部署的十项民心工程，真正维护人民群众的根本利益。

始终做到“三个代表”是衡量我们运用科学发展观好坏的根本标准。我们强调运用科学发展观指导现代化建设，一方面发展是党执政兴国的第一要务，是解决中国所有问题的关键；另一方面发展的最终目的还是为满足人民群众的需要和促进人的全面发展。代表中国先进生产力的发展要求，讲的是发展；代表中国先进文化的前进方向，讲的也是发展；代表中国最广大人民的根本利益，讲的还是发展。由此可见，运用科学发展观指导现代化建设，是我们贯彻“三个代表”重要思想的本质要求，而能不能始终做到“三个代表”又是检验我们运用科学发展观好坏的根本标准。

（本文发表于《肇庆宣传》2004 年第 1 期）

发展是贯穿于马列主义、毛泽东思想、邓小平理论和“三个代表”重要思想的一条主线

一 发展是马克思主义最注重的问题

人类社会的发展，就是先进生产力不断取代落后生产力的历史进程，生产力是社会发展的最终决定力量。马克思主义最注重发展生产力，马克思、恩格斯在《共产党宣言》中明确指出：无产阶级在取得政治统治并夺取资产阶级全部资本，把一切生产力具体集中在国家及组织或成为统治阶级的无产阶级手里以后，要“尽可能快地增加生产力的总量”。列宁坚持这一指导思想，第一次明确提出社会主义的根本任务是发展生产力的思想。他在《苏维埃政权的当前任务》中明确指出：“在任何社会主义革命中，当无产阶级夺取政权的任务解决以后，随着剥夺剥夺者及镇压他们反抗的任务大体上和基本上解决，必然要把创造高于资本主义的社会结构的根本任务提到首要地位；这个根本任务就是提高劳动生产率。”“劳动生产率，归根到底是使新社会制度取得胜利的最重要的东西。”“共产主义就是利用先进技术的、自愿自觉的、联合起来的工人所创造的比较资本主义更高的劳动生产率。”中国共产党人继承和发展了马克思列宁主义。

毛泽东同志在七大报告中指出：“中国一切政党的政策及其实践在中国人民中所表现的作用的好坏、大小，归根到底，看它对于中国人民的生

产力的发展及其帮助之大小，看它是束缚生产力的，还是解放生产力的。”“如果我们在生产工作上无知，不能很快地学会生产工作，不能使生产事业尽可能迅速地恢复和发展，获得确实的成绩，首先使工人生活有所改善，并使一般人民的生活有所改善，那我们就不能维持政权，我们就会站不住脚，我们就会失败。”

在我国改革开放的新时期，邓小平继承和发展了马克思主义关于发展生产力的基本观点，把马克思主义基本理论与新时期我国社会主义现代化建设结合起来，紧紧抓住发展生产力这个根本，提出了“发展才是硬道理”这个著名的论断。他指出：“马克思主义的最高目的就是要实现共产主义，而共产主义是建立在生产力高度发展的基础上的。社会主义是共产主义的第一阶段，是一个很长的历史阶段，社会主义的首要任务是发展生产力，逐步提高人民的物质和文化生活水平。”

二 发展是执政兴国的第一要务

江泽民同志一向非常重视发展问题。早在《正确处理社会主义现代化建设中若干重大关系》的重要讲话中就对发展问题有过重要的论述。他说：“发展是硬道理。中国解决所有问题的关键要靠自己的发展。增强综合国力，改善人民生活；巩固和完善社会主义制度，保持稳定局面；顶住霸权主义和强权政治的压力，维护国家主权和独立；从根本上摆脱经济落后状况，跻身于世界现代化国家之林，都离不开发展。”他在党的十五届五中全会上再次重申：“发展是硬道理，这是我们必须始终坚持的一个战略思想。对这个问题，不仅要从经济上看，而且要从政治上看。”他在十六大报告中又指出：“贯彻‘三个代表’重要思想，必须把发展作为党执政兴国的第一要务。”“紧紧把握住这一点，就从根本上把握了人民的愿望，把握了社会主义现代化的本质，就能使‘三个代表’重要思想不断落实，使党的执政地位不断巩固，使强国富民的要求不断得到实现。”

把发展作为执政兴国的第一要务，是对马克思列宁主义、毛泽东思想和邓小平理论的继承和发展，是对共产党执政的规律、社会主义建设的规律、人类社会发展规律认识的深化。马克思主义认为，生产力与生产关系的矛盾运动，是推动人类社会不断发展的根本原因。物质资料的生产是一切社会赖以生存和发展的基础。以生产力为基础的发展是推动社会前进的最终决定力量。社会主义的基本任务就是发展，只有不断推进社会全面发展，才能充分显示社会主义制度的优越性。

把发展作为执政兴国的第一要务，是对党的先进性本质的深刻揭示。党的先进性是具体的、历史的，必须放到推动当代中国先进生产力和先进文化的发展中去考察，放到维护和实现最广大人民根本利益的奋斗中去考察，归根到底要看党在推动历史前进中的作用。

把发展作为执政兴国的第一要务，是我们党从几十年执政的正反两面经验教训中得出的宝贵经验和总结。新中国成立 50 多年来，经济建设和社会发展取得历史性的进步，但也经历了许多重大的曲折和挫折。改革开放的短短二十几年，我们国家从短缺经济走到社会商品富足时代，呈现出经济较快增长，社会稳定，人民安居乐业的良好局面。

把发展作为执政兴国的第一要务，是我们党对国际形势变化的分析与判断所做出的首选国策。进入 21 世纪，国际局势正在发生深刻的变化，世界多极化和经济全球化的趋势在曲折中发展，科技进步日新月异，综合国力竞争日趋激烈。形势逼人，不进则退。只有抓住机会发展，我国才能在国际事务中发挥更大的作用和影响力，才能在发展中提升我国的国际地位。

三　发展的关键是集中力量把经济建设搞上去

经济是基础，解决中国的所有问题，归根到底要靠经济的发展。国家的昌盛，人民的富裕，说到底是经济实力问题；国际竞争，说到底也是经济实力的竞争。一个国家没有一定的经济实力，不仅谈不上到国际舞台去竞争，而且往往要被人家欺负。我国近代的历史和当今世界的现实都清楚地表明，经济落后就会非常被动，就会受制于人。落后就要挨打，财大才能气粗。集中力量把经济搞上去，实现中国的现代化，本身就是最大的政治。

加快经济发展就要善于抓住机遇，珍惜机遇，用好机遇。能不能抓住机遇、加快发展，是一个国家、一个民族赢得主动、赢得优势的关键所在。对于中国这样的发展中大国来说，发展的机遇不是很多。错失机遇，经济发展就会受到阻滞；抓住机遇，就能赢得发展空间。

江泽民同志深刻分析了我们党和国家面临的新形势，敏锐地指出：综观全局，21 世纪头二十年，对我国来说，是一个必须紧紧抓住并且可以大有作为的重要战略机遇期。一定要有主动精神和忧患意识，抓住机遇而不可丧失机遇，开拓进取而不可因循守旧，一切妨碍发展的思想观念全都要坚决冲破，一切束缚发展的做法和规定都要坚决改变，一切影响发展的体制弊端都要坚决革除。要集中全国人民的智慧和力量，聚精会神搞建设，一心一意谋发展，在不断地增强我国的经济实力的基础上，增强我国的科技实力、国防实力、民族凝聚力和综合国力，为实现中华民族的伟大复兴奠定坚实的物质基础。

四　发展的最终目的是促进人的全面发展，这也是马克思主义关于建设社会主义新社会的本质要求

建设中国特色社会主义的各项事业，我们进行的一切工作，既要着眼于人民现实的物质文化生活需要，又要着眼于素质的提高，也就是要努力促进人的全面发展。促进人的全面发展，就要尽快使全国人民都过上殷实的小康生活并不断向更高水平前进，就要保证人民群众依法管理好自己的事情，实现人民思想道德和精神生活的全面发展；就要不断改善人民生存发展的条件，使人们在优美的生态环境中工作和生活。

促进人的全面发展，同推进经济、政治、文化的发展和改善人民物质文化生活，是互为前提和基础的。人越全面发展，社会的物质文化条件越充分，又越能促进人的全面发展。社会生产力和经济文化的发展水平是逐

步提高、永无止境的历史过程，人的全面发展程度也是逐步提高、永无止境的历史过程。这两个历史过程相互结合、相互促进。

（肇庆市委讲师团理论教育辅导材料，2003 年 11 月 28 日）

中国特色社会主义是当代中国共产党人的旗帜

一　充分认识胡锦涛总书记重要讲话的重大意义

一是胡锦涛总书记的重要讲话为即将召开的党的十七大奠定了政治、思想和理论基础。党中央决定今年下半年召开党的十七大。在这个关键而敏感的时期，国内国外、党内党外都十分关注中国共产党未来举什么旗、走什么路，胡锦涛总书记的6·25讲话，实质上就是为十七大定调，为十七大奠定了政治、思想和理论基础。

二是胡锦涛总书记的重要讲话对进一步统一全党的认识意义十分重大。大家已经注意到，公开的报告是胡锦涛总书记在中央党校省部级干部进修班发表的重要讲话。但从参加听报告的人员来看，所有的政治局常委、政治局委员、中央委员、中央候补委员、中央纪律检查委员会常委，各省、自治区、直辖市党政主要负责同志，中央和国家机关以及人民团体有关单位主要负责同志，军队各大单位和武警部队主要负责同志都参加了会议。由此可见，讲话是对全党的主要高级干部而讲的。这也是党中央多年来形成的一种政治习惯。

三是胡锦涛总书记的重要讲话深刻阐述了事关党和国家工作全局的若干重大问题，是指导当前党和国家各项工作的纲领性文件。胡锦涛总书记的重要讲话及重大意义主要体现在，讲话不仅具有很高的理论意义和很强的实践意义，而且具有现实指导意义和深远的历史意义。因为讲话既是对新时期改革开放29年的经验总结，又是对邓小平理论和“三个代表”重要思想的继承和发展；讲话不仅回答了解决当前党和国家面临的重大政治问题和社会问题，而且对党的执政理论进行了系统的创新和概括，形成了胡锦涛同志为总书记的党中央新的战略思想和部署。

二　全面把握领会胡锦涛总书记重要讲话的精神实质

一是全面认识、深刻领会一面旗帜。胡锦涛总书记在讲话中指出：中国特色社会主义，是当代中国发展进步的旗帜，是全党全国各族人民团结奋斗的旗帜。这种概括还是第一次。中国特色社会主义，是改革开放以来我们党带领人民开辟的社会主义发展的崭新道路，实现了中国社会主义发展的历史性飞跃，是科学社会主义与中国国情结合的产物，是马克思主义中国化的科学成果，是我国进一步实现民族振兴、国家富强、人民幸福、社会和谐的必由之路、成功之路、胜利之路，是历史的选择、人民的选择、时代的选择。

二是全面认识、深刻领会一个根本性要求。矢志不渝地坚持以邓小平理论和“三个代表”重要思想为指导，深入贯彻落实科学发展观，坚定不移地坚持解放思想，坚定不移地推进改革开放，坚定不移地促进科学发展、社会和谐，坚定不移地为全面建设小康社会奋斗，这是胡锦涛总书记重要讲话中向全党提出的根本要求。解放思想，是全党的思想路线的本质要求，是我们应对前进道路上各种新情况新问题、不断开创事业新局面的一大法宝，必须坚定不移地加以坚持；改革开放，是解放和发展社会生产力、不断创新充满活力的体制机制的必然要求，是发展中国特色社会主义的强大动力，必须坚定不移地加以推进；科学发展，社会和谐，是发展中国特色社会主义的基本要求，是实现经济社会又好又快发展的内在需要，必须坚定不移地加以落实；全面建设小康社会，是我们党和国家到2020

年的奋斗目标，是全国各族人民根本利益所在，必须坚定不移地为之奋斗。“四个坚定不移”，指明了当代中国发展前进的思想保证、强大动力、基本要求和奋斗目标，是我们坚持走中国特色社会主义道路的关键所在，是保持党和国家事业顺利发展的根本所在。

三是全面把握、深刻领会一个新的指导思想。科学发展观是党的十六大以来，以胡锦涛同志为总书记的党中央继承和发展三代中央领导集体关于发展的重要思想、在准确把握世界发展趋势、认真总结我国发展经验、深入分析我国发展阶段特征的基础上提出来的，是我们党的指导思想在继毛泽东思想、邓小平理论和“三个代表”重要思想之后的又一次与时俱进，是当代中国化马克思主义的最新理论成果。科学发展观，第一要义是发展，核心是以人为本，基本要求是全面协调可持续，根本方法是统筹兼顾。深刻领会科学发展观的丰富内涵和实践要求，进一步增强贯彻落实科学发展观的自觉性和坚定性，这是我们学习胡锦涛总书记重要讲话的一个重要内容。

四是全面把握、深刻领会我国社会主义初级阶段的基本国情。牢记社会主义初级阶段基本国情，清醒认识新世纪新阶段面临的新课题新矛盾，这是胡锦涛总书记重要讲话的一个重要思想。我国处于并将长期处于社会主义初级阶段，这是一个具有重大理论意义和实践意义的科学论断。新世纪新阶段，我国发展站在了新的历史起点上，我们面临的机遇前所未有，面对的挑战也前所未有。我们必须清醒认识当今世界和当代中国发展的大势，毫不动摇地坚持党的基本路线，牢牢扭住经济建设这个中心，坚持把一个中心两个基本点统一于发展中国特色社会主义的伟大实践，任何时候都不能动摇。

五是全面把握、深刻领会建设中国特色社会主义的总体布局。胡锦涛总书记的重要讲话，进一步阐述了中国特色社会主义事业的总体布局，对经济、政治、文化、社会建设提出了重要要求。在中国特色社会主义建设中，经济建设提供物质基础，政治建设提供政治保障，文化建设提供精神动力和智力支持，社会建设提供有力的社会环境和条件。我们必须全面落实中央关于推进经济建设、政治建设、文化建设、社会建设的一系列重大部署。

六是全面把握、深刻领会新时期加强党的建设的新要求。胡锦涛总书记指出：我们党要带领人民夺取全面建设小康社会新胜利，开创中国特色社会主义事业新局面，关键是要抓好党的自身建设。胡锦涛总书记对党的思想建设、组织建设、制度建设、作风建设提出了新的要求，强调当前要把反腐倡廉建设放在更加突出的位置。要求全党同志一定要居安思危、增强忧患意识，一定要戒骄戒躁、艰苦奋斗，一定要加强学习、勤奋工作，一定要加强团结、顾全大局，做到思想上始终清醒、政治上始终坚定、作风上始终务实。

三 学习贯彻胡锦涛总书记的重要讲话精神，是当前各级党组织的一项重要政治任务

一是要高度重视、精心组织、认真抓好学习胡锦涛总书记的重要讲话精神。学习贯彻胡锦涛总书记的重要讲话精神，用胡锦涛总书记的重要讲话精神武装全党、教育人民，是当前各级党组织的一项重要任务。各级党委中心组必须带头学习，并且要采取各种形式和手段加强宣传和教育，形成全党全社会的思想共识。

二是学习胡锦涛总书记的重要讲话，要突出重点，把握难点，深刻领会其精神实质。胡锦涛总书记的重要讲话，内容十分丰富，有很强的思想性、理论性和实践性。我们学习既要务虚，也要务实；既要掌握其理论的全面性系统性和指导性，又要注重把握其鲜明的时代性和很强的针对性；特别是要全面把握和深刻领会十六大以来以胡锦涛同志为总书记的党中央提出的一系列新的战略思想，矢志不渝地用当代中国化马克思主义的最新理论成果武装全党、教育人民。

三是学习胡锦涛总书记的重要讲话要联系实际、指导实践、推动工作。当前我们要联系建设繁荣活力、文明法治、和谐安康、生态环保肇庆的实际，要联系本地区、本部门、本单位的实际，要联系个人的思想实际，有目的、有计划地加强学习。要把思想统一到党中央的战略部署上

来，统一到贯彻落实省、市十次党代会精神上来，统一到推进肇庆的加快发展、协调发展、全面发展上来。

（本文发表于《肇庆宣传》2007 年第 7 期）

中国特色社会主义道路是强国富民之路

胡锦涛总书记在十八大报告中指出，“中国特色社会主义是当代中国发展进步的根本方向，只有中国特色社会主义才能发展中国”。中国特色社会主义道路，就是在中国共产党领导下，立足基本国情，以经济建设为中心，坚持四项基本原则，坚持改革开放，解放和发展社会生产力，建设社会主义市场经济、社会主义民主政治、社会主义先进文化、社会主义和谐社会、社会主义生态文明，促进人的全面发展，逐步实现全体人民共同富裕，建设富强民主和谐的社会主义现代化国家。只有走中国特色社会主义道路才是我国强国富民之路。

一　我党为什么要强调坚持走中国特色社会主义道路

中国特色社会主义道路是中华民族的复兴之路、富民强国之路、实现全面小康之路，因为它既体现了人民群众追求美好生活的期望、反映了谋求现代化的世界趋势和时代特征，又是从中国实际出发、符合中国国情的发展道路。

开创、坚持、发展中国特色社会主义道路，并不是一帆风顺的。为了找到建设社会主义的正确道路，从建党开始到社会主义制度在我国建立之初，我们党就进行了艰辛的探索。毛泽东同志的《论十大关系》《关于正确处理人民内部矛盾的问题》等著作，中央其他领导人的一系列重要论述，党的八大文献等重要文件，提出了许多关于中国社会主义建设的重要观点，涉及经济、政治、文化、国防、外交等各个方面，是我们党独立自主地探索适合我国国情的社会主义建设道路的重要成果。在党和毛泽东同志领导下，我国逐步建立了独立的、比较完整的工业体系和国民经济体系，积累了进行社会主义建设的重要经验。由于在中国这样一个落后的东方大国建设社会主义，是马克思主义和社会主义发展史上从未遇到的新课题，人们对如何走适合中国国情的社会主义道路还缺少规律性认识，加上当时严峻复杂的国际环境的影响，我们党在探索社会主义道路的过程中发生了失误，付出了沉重代价，留下了深刻的历史教训。以党的十一届三中全会为起点，我们党开始了建设社会主义的新探索。在党的十二大开幕式上，邓小平同志第一次提出“把马克思主义的普遍真理同我国的具体实际结合起来，走自己的道路，建设有中国特色的社会主义”的重大命题，指明了新时期我们党理论和实践探索的主题和方向。“走中国特色社会主义道路”，这是我们党从长期探索中得出的基本结论。

30多年来，走中国特色社会主义道路的伟大实践，给我国带来了历史性的重大变化：我国人民冲破了长期禁锢的思想障碍和陈旧观念，思想得到了前所未有的大解放，激发出空前的积极性、主动性、创造性；我们国家彻底改变了经济社会比较落后的状况，转变成一个朝气蓬勃、欣欣向荣，初步走向繁荣、富裕、强大的国家，展现了崭新的形象，散发着无穷的魅力；我们党重新确立了马克思主义的思想路线、政治路线、组织路线，进一步实现了从领导革命的党到领导建设和改革的党的历史转变，党的执政方式更加科学、民主，党的执政能力得到增强、提高，党的执政基础更加坚实、巩固，党的胸襟和眼光更加开阔、深邃，成为走在时代前列、保持和发展着自身先进性的党，成为中国特色社会主义事业的坚强领导核心。

坚持走中国特色社会主义道路，我国获得了自近代以来从未有过的长期快速稳定发展，经济保持了年均9.8%的快速增长，远高于世界经济年均3.3%的增速，一大批重要工农业产品产量跃居世界首位，经济总量跃居世界第二；精神文明建设不断加强，文化事业和文化产业日益繁荣，科学教育水平不断提高，人们的精神面貌发生深刻变化；社会主义法律体系基本形成，法治建设不断加强，依法治国基本方略切实贯彻；人民的生活水平实现了从温饱不足到总体小康的历史性跨越，农村贫困人口数量不断减少，医疗、就业、社会保障等民生问题日益受到重视，并在逐步解决。

中国特色社会主义道路，不但得到了中国人民的高度认同，而且受到世界各国人民越来越广泛的关注。一位美国学者说："中国令人震惊的经济增长史无前例，中国以独特的方式在政治、经济、文化等各领域改变了世界。"一些西方舆论认为，中国的发展道路提供了一种新的启示，正在颠覆西方的传统理论，探索"中国成功之谜"非常有意义。特别是 2008 年中国政府和中国人民的一系列惊人表现，使许多外国政治家、学者看到了中国特色社会主义的优越性，认为它"凸显了中国的制度优势"。当前，国际金融危机席卷全球，不断扩散蔓延，中国以其"独有的竞争力、高效率和适应性"吸引着世人目光，许多人从国际金融危机给世界带来的灾难中，看到了中国特色社会主义对世界的重要贡献，深入研究中国经验成为当今世界新的热点。

二 凝聚力量、攻坚克难坚持走中国特色社会主义道路

党的十八大报告指出："世情、国情、党情继续发生深刻变化，我们面临的发展机遇和风险挑战前所未有。"这是我们党科学把握国际国内大势做出的正确判断，是党的十八大召开的大背景，也是党的十八大做出一系列重大战略决策的现实依据。从世情看，当今世界正在发生深刻复杂变化，和平与发展仍然是时代主题。一方面，世界多极化、经济全球化深入发展，文化多样化、社会信息化继续推进，科技革命孕育新突破，各国相互依存达到前所未有的程度，全球合作向多层次全方位拓展，新兴市场国家和发展中国家整体实力增强，世界力量对比有利于保持国际形势总体稳定。另一方面，世界格局进入深度调整期，国际金融危机影响深远，发达

国家经济增长乏力，保护主义抬头，霸权主义、强权政治和新干涉主义有所上升，局部动荡频繁发生，传统安全威胁和非传统安全威胁相互交织，世界政治、经济、社会等领域不稳定不确定因素增多，世界仍然很不安宁。从国情看，我国仍处于并将长期处于社会主义初级阶段的基本国情没有变，人民日益增长的物质文化需要同落后的社会生产之间的矛盾这一社会主要矛盾没有变，我国作为世界最大发展中国家的国际地位没有变，我们在工作中还存在这样那样的不足，与人民期待还有不小差距，前进道路上还有不少困难和问题，最突出的是发展中不平衡、不协调、不可持续问题依然突出，资源环境约束加剧，城乡区域发展差距和居民收入差距依然较大，民生领域一系列突出问题尚待解决，制约经济社会发展的体制机制难题亟须破解。从党情看，这些年来，我们党坚持不懈加强和改进自身建设，紧紧围绕提高党的执政能力、保持党的先进性和纯洁性，全面推进党的建设新的伟大工程，着力提高党依法执政、民主执政、科学执政水平，党的建设为党和国家事业发展提供了根本政治和组织保障。同时，与国内外形势发展变化相比，与党所承担的历史任务相比，与人民群众的殷切期待相比，党的领导水平和执政水平、党组织建设状况和党员干部素质、能力、作风都还有不小差距。特别是新形势下加强和改进党的建设面临许多新情况、新问题、新挑战，执政考验、改革开放考验、市场经济考验、外部环境考验是长期的、复杂的、严峻的。

三　万众一心、众志成城坚持走中国特色社会主义道路，夺取全面建成小康社会的伟大胜利

当前我们的首要任务就是要深入学习、全面把握党的十八大精神，自觉把思想和行动统一到十八大精神上来，把智慧和力量凝聚到实现十八大确定的目标任务上来。全面准确学习贯彻党的十八大精神，要深刻领会党的十八大的鲜明主题；深刻领会过去 5 年和 10 年党和国家事业取得的历史性成就；深刻领会科学发展观的历史地位和指导意义；深刻领会中国特色社会主义的基本内涵和夺取中国特色社会主义新胜利的基本要求；深刻

领会全面建成小康社会和全面深化改革开放的奋斗目标；深刻领会社会主义经济建设、政治建设、文化建设、社会建设、生态文明建设等方面的重大部署；深刻领会全面提高党的建设科学化水平的任务要求。

我们要以十八大精神为动力，加快推进肇庆改革开放的脚步，加快转型升级，建设幸福肇庆。要在思想上更加与时俱进，进一步解放思想，转变观念，切实把思想统一到十八大的一系列新观点、新论断、新部署上来，坚持中国特色社会主义道路，在坚持科学发展观上与时俱进，在坚持深化改革开放上与时俱进，破除一切不适应科学发展的思想观念、体制机制和习惯做法，走出一条符合时代潮流、符合人民愿望、符合肇庆实际的科学发展新路子。要在工作上攻坚克难，以更高的眼界和要求谋划思路举措，把十八大报告中与本地区本部门工作实际密切相关的精神和政策学懂吃透，提出改革发展的新办法新举措；以更强的决心和勇气全面推进改革，着力在行政审批制度改革、商事登记制度改革、社会管理创新、简政放权工作、农村综合改革等关键环节取得新突破，从而使党的建设更有活力，只有这样我们党才能带领人民取得建成小康社会的伟大胜利。

（本文发表于《肇庆论丛》2013 年第 1 期）

今天中国人民怎样才能当好家做好主

人民民主是社会主义的生命，没有人民民主就没有社会主义，中国特色社会主义，人民必然是国家的主人。在当代中国，人民怎样才能当好家做好主，关键是要从理论和实践上处理好坚持党的领导、人民当家做主和依法治国三者之间的辩证关系。今天我们党的执政理念、执政方式为人民当家做主提供了坚实的理论和实践基础以及广阔的发展空间，但同时我们也面临新形势下的严峻挑战。

一　人民当家做主是中国特色社会主义的本质特征

人民是国家的主人。马克思主义历史唯物主义认为："人民，只有人民，才是创造世界历史的动力。"在不同的历史时期、不同的国家，人民群众有着不同的具体内容，但劳动群众始终是人民的主体。在我国现阶段，人民群众包括社会主义劳动者、社会主义事业的建设者、拥护社会主义、拥护祖国统一的爱国者，他们是国家的主人。

人民群众是物质财富和精神财富的创造者。广大劳动群众作为物质生产的承担者和社会生产力的体现者，创造了吃、穿、住、用、行等必需的生活资料。他们的生产活动是社会存在和发展的基础。从事物质资料生产，推动物质生产发展的人民群众，是推动历史发展的决定力量。同时我们也要看到，人民群众的生活和实践活动是一切精神财富、精神产品形成和发展的源泉。人民群众的实践不仅创造了丰富的物质财富，而且还直接创造了丰硕的社会精神财富。在中国共产党的领导下，中国人民的伟大实践，不仅把一个一穷二白的落后大国建设成一个初步繁荣富强的社会主义现代化国家，而且还培育和创造了以爱国主义为核心的民族精神和以改革创新为核心的时代精神。这些都充分证明了人民群众才是社会物质文明和精神文明的创造者。

人民当家做主是中国特色社会主义的本质属性。中国共产党的创建和她的宗旨，就是为中华民族独立，为广大人民谋利益、谋幸福的，党的事业就是人民的事业，建党 90 多年的历史证实，人民群众是我们党的力量之源、胜利之源。在任何时候、任何情况下，与人民群众同呼吸共命运的立场不能改变，全心全意为人民服务的宗旨不能忘，坚信群众是真正英雄的历史唯物主义观点不能丢。现阶段我们坚持走中国特色社会主义道路，就必须始终坚持人民当家做主，这是中国特色社会主义的性质所决定的。

二　在当代中国，坚持中国共产党的领导是实现人民当家做主的历史选择

党的领导和人民当家做主两者是一致的，是相互联系、不可分割的整体。人民当家做主，是指全体人民在共同享有对生产资料的不同形式的所有权、支配权的基础上，享有管理国家的最高权力，说到底，是指人民群众作为统治者来维护自己的利益。而党的领导，从根本上说，是指党教育人民认识自己的利益，并组织和支持人民为自己的利益而奋斗。党的领导是人民当家做主的根本保证。没有党的领导，人民当家做主就是一句空话。邓小平同志曾深刻指出“在中国这样一个大国，没有共产党的领导，必然四分五裂，一事无成”。党的领导就是要代表中国最广大人民的根本利益，组织和支持人民依照宪法和法律管理国家事务和社会事务、管理经济和文化事业，实现人民当家做主。反之，人民当家做主是党的领导的本质内容，离开了人民当家做主，党的领导也就失去了意义。

要做到党的领导和人民当家做主的统一。坚持党的领导必须改善党的

领导。我们党原有的领导方式和执政方式孕育于革命战争年代，形成于计划经济时期。改革开放以来，围绕建立社会主义市场经济体制和发展民主、健全法制，我们党对原有的领导方式和领导体制做了很大程度的调整和改革，但党的领导方式和执政方式的现状与社会主义现代化建设新的要求，仍存在一些不适应的地方。例如，在如何处理党的领导和一切权力属于人民的关系，如何处理党委和人大常委会的关系，如何处理政府权力和大多数人民意志的关系等问题，仍需进一步探索、厘清和规范化制度化。所以，必须通过深化政治体制改革，以不断改革和完善党的领导方式和执政方式，保证党领导人民有效治理国家。这对于推进中国特色社会主义民主政治建设具有全局性的意义。要从制度上进一步保证人民当家做主。一是支持和保证人民通过人民代表大会行使国家权力，人民代表大会制度是保证人民当家做主的根本政治制度，要充分发挥国家权力机关作用，健全国家权力机关组织制度。二是健全社会主义协商民主制度，社会主义协商民主是我们人民民主的重要形式，要完善协商民主制度和工作机制，推进协商民主广泛、多层、制度化发展。三是完善基层民主制度，在城乡社会治理、基层公共事务和公益事业中实行群众自我管理、自我服务、自我教育、自我监督，是人民依法行使民主权利的重要方式。

新形势下实现人民当家做主是对中国共产党执政的严峻考验。我们党担负着团结带领人民全面建成小康社会、推进社会主义现代化、实现中华民族伟大复兴的重任。在世情、国情、党情发生深刻变化的新形势下，提高党的领导水平和执政水平、提高拒腐防变和抵御风险能力，加强党的执政能力建设和先进性建设，面临许多前所未有的新情况、新问题、新挑战。执政考验、改革开放考验、市场经济考验、外部环境考验是长期的、复杂的、严峻的。精神懈怠的危险，能力不足的危险，脱离群众的危险，消极腐败的危险，更加尖锐地摆在全党面前。不断提高党的领导水平和执政水平、提高预防腐败和抵御风险的能力，是党巩固执政地位、实现执政使命必须解决好的重大课题。就当前来说，我们党要坚持和维护好人民当好家做好主，就必须教育全体党员，特别是党员领导干部，一定要坚定理想信念，坚守共产党人精神追求。对马克思主义的信仰，对社会主义和共产主义的信仰，是共产党人的政治灵魂，是共产党人经受任何考验的精神支柱。要抓好思想理论教育这个根本，学习中国特色社会主义理论体系，深入学习实践科学发展观，推进学习型党组织建设，教育引导党员、干部为中国特色社会主义共同理想而奋斗。共产党的领导要始终坚持以人为本、执政为民思想，始终保持党同人民群众的血肉联系。为人民服务是党的根本宗旨，以人为本、执政为民是检验党一切执政活动的最高标准。任何时候都要把人民的利益放在第一位，始终与人民心连心、同呼吸、共命运，始终依靠人民推动历史前进。坚持问政于民、问需于民、问计于民，从人民伟大实践中汲取智慧和力量；坚持实干富民，实干兴邦，勇于开拓，勇于担当，多干让人民满意的好事实事。同时要积极发展党内民主，增强党的创造活力。党内民主是党的生命，要坚持民主集中制，健全党内民主制度体系，以党内民主带动人民民主。要完善党的代表大会制度、党内选举制度、强化全委会决策和监督作用等制度，增强党内生活的原则性和透明性。从根本上讲，党的领导为我国法治建设提供了政治保证、思想保证和组织保证，只能加强不能削弱。

三 依法治国是实现人民当家做主的根本保障

科学执政、民主执政、依法执政是我党最根本的治国方略。中国共产党确立并坚持了我国社会主义司法制度的人民性。在中国共产党的领导下，我国社会主义司法制度从设计之初，就把人民当家做主作为核心价值追求，这是与一切剥削阶级司法制度最本质的区别，也是中国共产党提出并推行了依法治国的基本方略。新中国成立以来特别是改革开放以来，作为执政党的中国共产党是社会主义法治建设的设计者和推动者。1997 年，党的十五大报告将依法治国确立为党领导人民治理国家的基本方略，强调“有法可依、有法必依、执法必严、违法必究”的方针。明确指出，依法治国是发展社会主义市场经济的客观需要，是社会文明进步的重要标志，是国家长治久安的重要保障。1999 年修改宪法时，又把“依法治国，建设社会主义法治国家”载入宪法。十六大报告再次强调，“依法治国是党领导人民治理国家的基本方略”，这是我们党总结探索执政规律，改革和完善党的领导方式和执政方式，发展社会主义民主政治，确保人民当家做主作出的重大决策。这是实现人民当家做主，体现人民意志的根本标志，也是中国特色社会主义的本质特征。

人民当家做主最根本体现在制定法律、维护法律、执行法律、落实法律。依法治国中保障广大人民群众充分行使民主权利，就是使社会主义民主制度化、法律化。社会主义民主的本质和核心就是人民当家做主，国家的一切权力属于人民，国家和社会事务以及经济文化各项事业，都由人民通过各种途径和形式进行管理。通过法律、制度、规章来确定人民的民主权利及其通过的途径、程序和采用的方式方法，使人民的民主权利落到实处。社会主义民主与社会主义法制是紧密联系，相辅相成的。民主是法制的内容和基础，法制是民主的体现和保障，民主只有以法制为依托，才具有可靠的保障。人民取得了权利，如果不上升为制度和法律，并使这种制度和法律具有稳定性、连续性和权威性，人民的民主权利就没有保障。所以为了保障人民民主，必须加强法治，必须使民主制度化、法律化，做到有法可依，坚持法律面前人人平等。

把依法治国作为实现人民当家做主的重要目标。十八大报告指出，更加注重发挥法治在国家治理和社会管理中的重要作用，要推进科学立法、严格执法、公正司法、全民守法，维护国家法制统一、尊严、权威，保证人民依法享有广泛权益和自由。习近平同志在纪念现行宪法公布施行 30 周年大会上的讲话中指出，依法治国首先是依宪治国，依法执政关键是依宪执政。要坚持依法治国、依法执政、依法行政共同推进，坚持法制国家、法制政府、法制社会一体化建设。要让人民群众在每一个司法案件中都能感受到公平正义。这些都是我们对建设社会主义法治国家理论的最新贡献和实践的最深刻总结。党的领导和依法治国作为人民当家做主的两个重要保障，它们之间的关系也是相互保障的关系。全面推进依法治国是中国共产党治国理政的基本方式。要增强全社会学法尊法守法用法意识，要提高广大党员和领导干部运用法治思维和法治方式深化改革、推动发展、化解矛盾、维护稳定的能力。党领导人民制定宪法和法律，党必须在宪法和法律范围内活动，任何组织或者个人都不得有超越宪法和法律的特权，决不允许以言代法、以权压法、徇私枉法，这是当前政治体制改革的难点和重点，也是提高党的建设科学化水平的难点和重点。

（本文为参加肇庆市2013年10月人大制度研究会第19次研讨会论文）

党宣传理论的与时俱进

深入贯彻学习习近平总书记在党的新闻舆论工作座谈会上的重要讲话精神，牢牢抓好48字方针，是我们舆论工作者当前和今后一个时期的首要政治任务，必须联系实际抓好落实。

一　“48字”职责和使命为党的宣传工作指明了方向

自古往今，舆论一直是影响社会发展的重要力量。在新常态下，做好党的新闻舆论工作，事关旗帜和道路，事关贯彻落实党的理论和路线方针政策，事关顺利推进党和国家各项事业，事关全党全国各族人民凝聚力和向心力，事关党和国家前途命运。紧握着五个“事关”的极端重要性，习近平总书记着眼于党和国家的事业发展和长治久安，围绕党的工作全局，以“48字”箴言高度精练的概括性语言，提出党的新闻舆论工作职责和使命，涉及党的新闻舆论工作的方方面面，既抓紧党的新闻舆论工作姓党的宗旨，又不离以人民为中心的工作导向，更是保持面对世界的姿态，为推动新闻舆论工作适应形势发展、积极改革创新、全面提高工作能力和水平做出重要部署、指明发展方向、注入新的动力，给做好新形势下新闻舆论工作提供了强大思想武器和根本遵循，把当前新闻舆论的重要性地位提升到前所未有的高度，是对马克思主义新闻观的继承与发展，同时也是对一直以来默默耕耘的宣传舆论工作者的一种肯定与鼓舞。

二 "48 字"职责和使命对社科理论工作提出了更高、更新、更严、更实的要求

社科理论工作作为党的宣传舆论重要表现形式之一，"48 字" 职责和使命的提出，将把社科理论工作的发展引领至新的高度。一是充分发挥社科界智囊团作用，争当正面宣传的"排头兵"，要严格坚持"高举旗帜、引领导向"的价值指导，履行"围绕中心、服务大局"的基本职责。以抓好社科课题研究为例，必须坚持调研工作的党性意识，大力发挥社科界自身的研究优势、人才优势，胸怀大局、把握大势、着眼大事，找准课题立项的切入点和着力点，紧密围绕经济社会发展大局开展基础研究和应用对策性研究，引领社科工作者把科研方向、科研重点引导到为市委市政府科学决策服务上来，转移到为我市全面建成小康社会提供理论指导和智力支持上来，最大限度地实现社科研究成果的社会价值和经济价值。二是大力发挥社科界传道解惑作用，争当舆论导向的"主力军"，要以"团结人民、鼓舞士气"为使命，达到"成风化人、凝心聚力"的局面。以办好社科普及周为例，社科普及作为公共文化服务的重要内容，是推动社科优秀成果更多更及时地应用于实际，不断提高全民族思想道德素质和科学文化素质的重要途径，更是目前社科界改进工作作风、密切联系群众、服务群众最直接、最有效、最受欢迎的重要举措。因此，充分发挥社科普及效应，必须要主动适应分众化、差异化传播趋势，创新方法手段，贯彻"三贴近"原则，面向基层、面向群众、面向青少年，多运用群众喜闻乐见的方式、多搭建群众便于参与的平台，多开辟群众乐于接受的渠道，营造"春风化雨，润物无声"的舆论氛围。三是充分发挥社科界舆论引导作用，争当舆情监控的"先行队"，要严格落实"澄清谬误、明辨是非"的职责，做好"联结中外、沟通世界"的准备。以《肇庆论丛》、学术肇庆网的建设为例，充分利用现代传媒直观、高效、快捷的特点，准确把握舆论引导的时、度、效，增强主动性、掌握话语权，遵循"及时发声、据理发声、有效发声"的原则，借助报纸杂志、互联网数据大平台的作

用，让社科的传播更具针对性，以社科的舆论引导保持党的主阵地。

三 用“48字”职责和使命推动全市社科工作的健康发展

理论创新每推进一步，理论武装就要跟进一步。“48字”职责和使命是当前做好宣传舆论工作的新遵循新指引，作为宣传系统单位，我们必须把学习贯彻习近平总书记重要讲话精神作为重要政治任务，学深学透，用讲话精神武装头脑、指导工作。一是自觉加强学习，强化责任意识。通过中心组理论学习、传达文件学习、专题讲座、讨论交流等方式，结合工作实际，加强对习近平总书记讲话中强调的“五个事关”“48字职责使命”“四个牢牢坚持”“八个方向导向”等重要论断要求的理解，进一步强化政治意识、大局意识、核心意识、看齐意识。二是牢记宣传使命，推动社科前行。以“48字职责使命”为准，细化落实措施，创新工作理念、搭建工作平台、增添工作活力、抓好工作载体，围绕市委战略，紧贴政府中心任务、优秀传统文化以及人民群众普遍关注的热点难点问题，选择合适的主题内容和形式，深入展开宣讲解读、挖掘研究，以丰硕的社科普及成果展示新作为、服务新常态、促进新发展。三是锻造职业品格，打造一流队伍。针对社科工作特点，把干部思想政治建设放在首位，通过深入开展“学系列讲话、学党章党规，做合格党员”学习教育和马克思主义新闻观教育，切实抓好党性原则与品行修养的锤炼，培养造就一支具有铁一般信仰、铁一般信念、铁一般纪律、铁一般担当的宣传工作队伍。四是严格履行职责，提升作风建设。认真履行宣传思想文化工作的政治责任、文化责任、社会责任，确保工作的政治导向、价值导向和社会影响，进一步推进“严作风促实干”的工作环境。

（发表于《西江日报》2016年3月8日）

如何准确把握"四个全面"战略布局

党的十八大以来，以习近平总书记为核心的党中央从坚持和发展中国特色社会主义全局出发，提出并形成了全面建成小康社会、全面深化改革、全面依法治国、全面从严治党的重大战略布局。"四个全面"战略布局的提出是中国特色社会主义理论体系的最新成果，是马克思主义中国化的新飞跃，是全面建成小康社会的行动纲领和实现中华民族伟大复兴的理论指导和实践指南。

一 "四个全面"战略布局是当代中国马克思主义的最新理论成果

习近平总书记强调，要"协调推进全面建成小康社会、全面深化改革、全面推进依法治国、全面从严治党，推动改革开放和社会主义现代化建设迈上新台阶"。"四个全面"战略布局是引领中华民族伟大复兴、实现中国梦的重大战略布局，更是马克思主义中国化的最新理论成果，"四个全面"是以习近平同志为总书记的党中央根据新的时代特点和形势任务，基于党的领导是中国特色社会主义最本质的特征和特有优势，从我们党应当构建什么样的治国理政布局、怎样治国理政这一视角来分析思考，提出的一系列紧密联系、相互贯通的创造性思想理论观点，丰富和发展了中国特色社会主义理论体系。治国理政这一新视角，与我们党推进理论创新的所有重大理论成果都紧密联系，是在继承中国特色社会主义理论体系已有成果基础上，面向治国理政新情况新问题的重大创新，是新形势下党推进马克思主义中国化的又一次飞跃。"四个全面"战略布局，是引领十三亿中国人民奋发有为实现中国梦的科学指南和行动纲领。

二 "四个全面"战略布局的科学内涵及其辩证关系

习近平总书记指出，"四个全面""这个战略布局，既有战略目标，也有战略举措，每一个'全面'都具有重大战略意义。全面建成小康社会是我们的战略目标，全面深化改革、全面依法治国、全面从严治党是三大战略举措。要把全面依法治国放在'四个全面'的战略布局中来把握，深刻认识全面依法治国同其他 3 个'全面'的关系，努力做到'四个全面'相辅相成、相互促进、相得益彰"。这就是说在"四个全面"战略布局中全面建成小康社会是我们的战略目标，到 2020 年实现这个目标，我们国家的发展水平就会迈上一个大台阶，我们所有奋斗都要聚焦于这个目标。三大战略举措对实现全面建成小康社会战略目标一个都不能缺。不全面深化改革，发展就缺少动力，社会就没有活力；不全面依法治国，国家生活和社会生活就不能有序进行，就难以实现社会和谐稳定；不全面从严治党，党就做不到"打铁还需自身硬"，也就难以发挥好领导核心作用。

从习总书记这段重要论述可以看出，"四个全面"战略布局是目标与举措的辩证统一，全局与重点的有机结合，"四个全面"之间具有内在逻辑关系。

首先，全面建成小康社会是重要目标。无论是全面深化改革、全面依法治国，还是全面从严治党，都要有一个统一的奋斗目标来统领，这个奋斗目标就是全面建成小康社会。全面深化改革和全面依法治国都是全面建成小康社会的重要内容；无论是全面深化改革、全面依法治国，还是全面从严治党，其目的都是实现全面建成小康社会和富强、民主、文明、和谐的社会主义现代化国家这一战略目标。

其次，全面深化改革是强大动力。改革开放是党和人民事业大踏步赶上时代的重要法宝，也是发展中国特色社会主义、实现中华民族伟大复兴的必由之路。改革开放为社会主义现代化建设提供了强大动力和有力保障。在新的历史条件下，只有全面深化改革，才能进一步解放和发展社会生产力、解放和增强社会活力，努力开拓中国特色社会主义事业更加广阔的前景；只有全面深化改革，才能坚决破除束缚全面推进依法治国的体制机制障碍，彻底解决法治领域的突出问题；只有全面深化改革，才能进一步加强和改善党的领导，在发展中国特色社会主义伟大实践中全面推进从严治党。改革开放是决定当代中国命运的关键抉择，也是全面建成小康社会、全面推进依法治国和从严治党的强大动力。

再次，全面依法治国是基本方略。全面推进依法治国是党中央治国理政的基本方略。用法治手段来巩固改革成果，引导改革创新，推动改革深化，是全面深化改革的必然要求。十八大提出全面建成小康社会的新目标和新要求无论哪一条都离不开社会主义法治来提供保障。依法治国是解决党和国家事业发展面临的一系列重大问题，确保全面深化改革和从严治党顺利进行，不断解放和增强社会活力、促进社会公平正义、维护社会和谐稳定、确保党和国家长治久安的根本要求。

最后，全面从严治党是重要保障。实现全面建成小康社会奋斗目标，需要全面推进从严治党，因为党是中国特色社会主义事业的坚强领导核心，没有党的坚强领导就根本不可能实现全面建成小康社会目标；全面深化改革需要全面推进从严治党，因为改革开放事业是在党的领导下进行的，只有全面加强党的领导并不断加强党的自身建设，才能确保改革开放事业的正确方向；全面推进依法治国同样需要全面推进从严治党，因为“社会主义法治必须坚持党的领导，党的领导必须依靠社会主义法治”。

总之，“四个全面”表面看来是四项不同的战略任务，但从根本上来说它们有机统一于建设富强、民主、文明、和谐的社会主义现代化国家全过程，统一于实现中华民族伟大复兴中国梦的全过程。

三　深入学习和领会“四个全面”战略布局

“四个全面”的战略布局，是在党的十六大提出全面建设小康社会奋斗目标、十七大要求“为夺取全面建设小康社会新胜利而奋斗”基础上，党的十八大进一步提出到2020年“全面建成小康社会”并由此开启的新的伟大实践中逐步提出并形成的。“四个全面战略”布局，既有战略目标，也有战略举措，每一个“全面”都具有重大战略意义。全面建成小康社会是我们的战略目标，全面深化改革、全面依法治国、全面从严治党是三大战略举措，三大战略举措对实现全面建成小康社会战略目标一个都不能缺。

全面建成小康社会，全面小康，核心是“全面”。首先，覆盖的人群是全面的。它是不分地域的全面小康，是不让一个人掉队的全面小康。其次，涉及的领域是全面的。不仅包括经济、政治、文化、社会和生态文明在内的五位一体协调发展，而且把全面建成小康社会奋斗目标提升为完善和发展中国特色社会主义、推动中国特色社会主义制度更加成熟更加定型。全面小康，从根本上讲是发展问题。

全面深化改革，全面深化改革的重点在“全面”。首先是改革总目标之全面。党的十八届三中全会提出了“完善和发展中国特色社会主义制度，推进国家治理体系和治理能力现代化”的总目标，与其紧密相连提出了一系列重大改革措施。其次是覆盖领域之全面。全面深化改革覆盖经济、政治、文化、社会、生态文明和党的建设制度改革，以及国防和军队改革，覆盖面之广，任务之多，在世界改革史上都是罕见的。

全面依法治国，是着眼于实现中华民族伟大复兴中国梦、实现党和国家长治久安的长远考虑，归根结底是为子孙万代计、为长远发展谋。全面依法治国之“全面”，指的是总目标之全面，就是建设中国特色社会主义法治体系，建设社会主义法治国家。工作布局之全面，就是坚持依法治国、依法执政、依法行政共同推进，坚持法治国家、法治政府、法治社会一体化建设。

全面从严治党，核心是保持党同人民群众的血肉联系。全面从严治党的“全面”，从内容上体现无死角，就是要覆盖党的思想建设、组织建设、作风建设、反腐倡廉建设和制度建设各个领域。全面从严治党，就要“严”字当头，毫不含糊。思想上要把好“总开关”，制度落实强调“抓铁有痕、踏石留印”，反腐败斗争强调“不立指标、上不封顶，凡腐必反，除恶务尽”，做到教育要严、标准要严、执纪要严、惩治要严、制度要严。

（本文发表于《肇庆论丛》2016 年增刊）

科学发展观是当代中华民族发展进步的一面爱国主义旗帜

我们庆祝新中国成立60周年，最重要的就是要弘扬爱国主义精神。特别是我们面对当前国际形势风云变幻，敌对势力的挑衅与国际金融危机的挑战，以及实现中华民族伟大复兴的历史使命，爱国主义无疑成为我们时代的热门话题。中华民族的爱国富于时代特征，今天，爱国就是要全面贯彻落实科学发展观，爱国就是要高举科学发展观的旗帜。

一　爱国主义当代的基本内涵和时代特征

爱国主义精神宛如长河，从古代社会发源到近代社会，它的内涵不断地丰富和升华，始终滋养着中华民族。

1. 爱国主义是中华民族生生不息的强大精神支柱

中国是世界上文明史延续最长、地域最广、人口最多、民族最多的国家之一，纵观世界上五千年的古国，到现在多成了历史的陈迹，唯有我们中国独存，而且几十个民族数千年来一直能稳定地结合在一起，其中很重要的一个原因，就是在历史的演进中，我们形成了具有中华民族特色的爱国主义信念。党的十六大报告中把爱国主义定位为中华民族伟大民族精神的核心，正是这一核心支撑中华民族几千年的延续和发展，正是这一核心在中华民族历史上起着一种凝聚力、向心力的作用，正是这一核心推动中国的社会不断发展进步。作为一种民族精神，爱国主义伴随着中华民族漫长发展的历史，已根深蒂固地植根于广大民众心中，并代代相传。可以说，爱国是中华民族历来最为重视的传统道德理念，同时也是最基本的道德准则。

2. 爱国主义在不同时代有不同的要求和表现

千百年来，中华儿女为民族独立、国家富强、人民幸福做出了艰苦卓绝的努力，支撑人们的爱国主义精神是一种对自己祖国最深厚、最纯洁的情感。历史在不断演变，爱国主义在社会发展的不同阶段和不同时期，有着不同的内容。在远古和封建社会，我国各族人民团结奋斗、自强不息，创造了灿烂的中华文明，这个时期爱国主要表现在反对分裂、反对异族入侵和维护国家统一上。在近代鸦片战争以后，中国逐步沦为半殖民地半封建社会，西方列强为了从中国攫取经济利益，以洋枪大炮开路，纷纷入侵中国，这个时候反对帝国主义外来侵略、维护祖国独立，促进中华民族的振兴和进步，奋起推翻腐朽落后封建王朝，争取民族的生存和解放，成为近代爱国主义的中心主题。在新民主主义革命时期，尤其在反抗日本侵略者、争取民族独立的战争中，爱国主义再一次在民族危亡的关头最广泛地唤起了全民族的觉醒，在中国共产党的倡导下，各阶层爱国人士结成了空前广泛的爱国统一战线，全体中华儿女万众一心、众志成城，不怕牺牲，前赴后继，粉碎了日本帝国主义者妄图灭亡中国的迷梦，推翻帝国主义、封建主义、官僚资本主义三座大山，建立独立的人民共和国，这个时期的爱国表现在抵抗帝国主义的侵略，争取中华民族的独立，寻求解放之路上。在新中国成立初期，一穷二白、积贫积弱，中国共产党团结带领全国各族人民自力更生、艰苦奋斗，克服各种艰难险阻，仅仅用了三年时间，就把国民经济恢复到旧中国历史的最高水平，新中国成立 60 年特别是改革开放 30 多年来，我国各族人民以强烈的爱国热情和高度的奉献精神，在中国共产党的领导下奋力推进国家富强和民族振兴，逐步把我们的祖国变成一个生机勃勃、奋发前进的社会主义国家。由此可见，爱国主义精神在我们新中国发展中是不可缺少的强大动力。在全面建设小康社会的今天，我们的爱国又被赋予新的时代内涵，具体表现为发扬以爱国主义为核心的民族精神和以改革创新为核心的时代精神，深入贯彻落实科学发展观，为实现中华民族的伟大复兴奋斗拼搏。

3. 新时期的爱国，就是在科学发展观统领下不断把国家建设成为富强、民主、文明、和谐的现代化国家

从一代又一代人的奋斗中，我们得出这样一个结论：没有共产党，就没有社会主义新中国，也就没有我们今天国家的强盛与民族的振兴。因此，今天我们要弘扬的爱国主义，其最本质、最重要的表现是爱国、爱党、爱社会主义的统一。最近，胡锦涛同志在同中国农业大学师生代表座谈时强调指出："在当代中国，爱国主义最鲜明的主题就是不断发展中国特色社会主义，在改革开放中加快推进社会主义现代化，全面建设小康社会，把中华民族伟大复兴的宏伟蓝图变成美好现实。"中国特色社会主义，是我们党把马克思主义基本原理同中国实际紧密结合的创造性成果。它深深扎根于中国的国情和实践之中，取得了举世瞩目的成就，得到了广大人民群众的认同、拥护和支持。当前，在西方敌对势力的煽动和支持下，"台独""藏独""疆独"反动势力活动猖獗，但那只是逆时代潮流的小闹剧，根本无法改变我国民族大团结的历史大潮流，无法改变我们改革开放、建设中国特色社会主义的根本大局。新时期的爱国，要求我们团结一致，把在科学发展观的统领下坚持爱国主义与坚持中国特色社会主义道路有机统一起来，坚定不移地推进中国特色社会主义事业。

二　全面贯彻落实科学发展观是当代弘扬爱国主义的根本要求

1. 科学发展观是当代马克思主义的最新理论成果，中华民族振兴的战略思想

当今世界日益全球化，对于我们这样一个发展中国家而言，这既提供了经济快速发展的机遇，同时也对经济、政治、社会和文化发展提出了重重考验，作为参与全球化发展的中国不可避免地经历着全球化带来的困境与矛盾。另一方面，新中国成立 60 周年和改革开放 30 多年来，我们取得了前所未有的成就，我们面临改革发展新的难题也在不断增多。在这样一

个发展的关键时期，一个机遇与挑战、希望与风险并存的时期，举什么旗、走什么路、实现什么目标，具有极其重要的意义。党的十六大以来，以胡锦涛同志为总书记的党中央提出以人为本、全面协调可持续的科学发展观，是根据马克思主义的立场、观点和方法，总结国内外发展的经验教训而来的，创造性地回答了新世纪新阶段我国为什么发展、怎样发展的根本问题，是马克思主义基本原理与当今时代特征和中国具体实际相结合而形成的马克思主义中国化的最新理论成果，是振兴中华民族的战略思想和强大武器。

2. 贯彻科学发展观是当前弘扬爱国主义精神的具体表现

当前和今后一个时期，是我们实现全面建设小康社会宏伟目标的关键时期，谋求国家的繁荣富强，只有在贯彻落实科学发展观的实践中弘扬爱国主义精神，才能成为吸引千百万民众参与、共同推动民族复兴的伟大事业。当前国际金融危机仍在蔓延和深化，对我国经济的冲击日益显现，对国内发展的布局，产业结构的调整，区域经济的协调，社会各阶层的和谐等一系列问题提出了严峻的挑战，作为改革发展前沿的珠三角在发展中存在产业层次总体偏低、创新能力不足、整体竞争力不强、城乡和区域发展仍不平衡、能源资源保障能力较弱、环境污染问题比较突出等问题，肇庆作为珠三角 9 个主体城市之一，摆在我们面前的是经济欠发达、区域发展不平衡这个基本市情。中国、珠三角和肇庆要突破这些瓶颈实现新发展，简单沿用过去哪怕是成功的经验来应对今日的新情况新问题，都是难以解决问题的，我们要在科学发展观的指导下不断解决，也只有依靠科学发展观才能有效解决。因此，我们必须站在新的历史起点上，继续解放思想，切实增强贯彻落实科学发展观的自觉性和坚定性，以新的思维来分析问题，着力转变不适应不符合科学发展的思想观念，解决影响和制约科学发展的突出问题，把全社会发展的积极性引导到科学发展上来，把科学发展观贯彻落实到经济社会发展的各个方面，才可以使中华民族的发展再上一个新的台阶，这才是真正意义上的爱国。

3. 科学发展观是引领当代中华民族不断发展进步的旗帜

实践证明，科学发展观是指导发展的世界观和方法论的集中体现，是全面建设小康社会、顺利实现社会主义现代化的根本指针，是推进社会主义经济建设、政治建设、文化建设、社会建设全面发展的指导方针，是解决复杂的国际国内矛盾、应对各种风险和挑战的强大理论武器。我们的党和国家，我们所从事的建设中国特色社会主义、实现中华民族伟大复兴的宏伟大业，亟须用科学发展观这一马克思主义中国化的最新理论成果巩固全党全国人民团结奋斗的思想基础和精神支柱。作为执政党的中国共产党，担负着历史的重任，面对现实发展和将来，及时提出“科学发展观”的理念方法和激励中华民族走向振兴和辉煌的旗帜。在“科学发展观”这面旗帜的引领下，必定能最大限度地激发广大人民群众的发展热情和创造活力，实现中华民族的伟大复兴。

三　让科学发展观旗帜高高飘扬，焕发爱国主义时代光芒

1. 构建社会主义核心价值体系是全面落实科学发展观、热爱社会主义祖国的要求

实现科学发展、社会和谐，离不开社会主义核心价值体系的支撑和引领。社会主义核心价值体系的基本内容是“马克思主义指导思想，中国特色社会主义共同理想，以爱国主义为核心的民族精神和以改革创新为核心的时代精神，社会主义荣辱观”，它鲜明地回答了在新的历史条件下，我们党用什么样的精神团结带领全体人民开拓前进、中华民族以什么样的精神风貌屹立于世界民族之林的重大问题。社会主义核心价值体系是引领社会思潮、增强社会主义意识形态吸引力凝聚力的有效途径，努力为全面建设小康社会、加快推进社会主义现代化提供强有力的思想保证和精神支撑，是全党全国人民团结奋斗的共同思想基础。爱国主义，是社会主义核心价值体系同中国特色社会主义的统一，通过建设社会主义核心价值体系，来引导全社会树立中国特色社会主义的共同理想，把我国建设成为富强民主文明和谐的社会主义现代化强国；贯彻落实科学发展观，也要求我们建立社会主义核心价值体系，通过这个价值体系统一思想凝聚力量，在

中国共产党的带领下实现中华民族的伟大复兴。构建社会主义核心价值体系是全面贯彻落实科学发展观和热爱祖国的要求。

2. 用科学发展观武装全党教育人民是爱国主义教育的重要一环

在迎接和庆祝新中国成立60周年之际，深入开展群众性爱国主义教育活动，坚定中国特色社会主义理想信念、增强科学发展的信心、保持经济平稳较快发展，对于激发爱国热情，深入推进各项重点工作，开创改革开放和现代化建设新局面，对于形成共识、凝聚力量，实现科学发展，都具有特别重要的意义。通过用科学发展观武装全党、教育人民来加强爱国主义教育，需要我们密切联系改革开放和社会主义现代化建设的实践，密切联系各地区各部门的工作实际和干部群众的思想实际，以新举措新方式推动理论武装工作开展，使广大干部群众更加坚定自觉地用科学发展观指导新的实践。在爱国主义教育中用科学发展观武装全党，教育人民要取得成效，一是要创新宣传教育形式。我们可以利用党委中心组学习、研讨会、座谈会、上党课、专家授课等多种形式进行学习，以点带面，在基层采取灵活的形式开展理论教育，通过继续擦亮“肇庆论坛”“星湖论坛”等学习品牌，“百课下基层”等形式的宣讲、电视政论节目、编写下发理论普及资料、网络引导等多途径，不断扩大理论武装的覆盖面，在全社会形成良好的学习和读书氛围。二是要讲究教育方法。要变说教式教育为渗透式、感召式教育，适应经济社会生活的新变化和群众接受习惯的新特点，多运用群众喜闻乐见的形式，多搭建群众便于参与的平台，多开辟群众乐于接受的渠道。要把传统教育手段与现代教育手段结合起来，善于动员和运用各种宣传资源，重视发挥互联网、手机等新兴媒体作用，与报刊、广播、电视等媒体形成良性互动，营造浓厚氛围。要以正在开展的学习实践科学发展观活动为契机，不断研究探索把爱国主义教育贯穿于公民终身教育全过程的新路径。三是要突出重点，针对不同的群体采取不同的教育方式和教育重点。围绕学习实践科学发展观、构建社会主义核心价值体系，爱国主义教育要向各个群体延伸、向城乡基层渗透，覆盖各行各业、深入千家万户。特别是要紧密联系当前形势，着力加强对于领导干部的宣传教育，引导他们更新执政理念、提高执政能力、树立科学的发展观和正确的政绩观；着力加强大学毕业生、农民工、私营企业主等群体的宣传教育，引导他们树立科学发展的理念，提升信心、共渡难关；着力加强未成年人的思想道德建设和在校大学生的思想政治教育，引导他们把以社会主义核心价值体系和科学发展观为要求的爱国主义深深融入思想意识和精神世界；着力加强网民群体的宣传教育，针对网民关注的问题，在网络开辟专题专栏，开展互动讨论，引导他们坚持科学发展，共同构建社会主义核心价值体系，营造健康向上的网上教育环境。

3. 弘扬伟大的爱国主义精神，实现中华民族伟大复兴

伟大的爱国主义精神，始终是动员和鼓舞全国各族人民自强不息、团结奋斗的一面旗帜，为促进我国经济社会全面发展进步提供了强大的精神动力。弘扬爱国主义精神，要以科学发展观为旗帜；推进民族伟大复兴，要以科学发展观为指导。大力弘扬爱国主义，就是要倍加珍惜我国繁荣发展、安定团结的良好局面，精心维护改革发展稳定的大局，就是要坚定不移地巩固全国各族人民的大团结，坚定不移地巩固海内外中华儿女的大团结，在以胡锦涛同志为总书记的党中央领导下，全面建设小康社会，努力构建和谐社会，为实现中华民族的伟大复兴而共同奋斗。

（发表于《肇庆论丛》2009 年第 5 期）

实现科学发展是当代中国共产党人的政治使命

十七届五中全会于2010年10月15日至18日在北京举行，全会审议通过了《中共中央关于制定国民经济和社会发展第十二个五年规划的建议》，为我国当前和今后一个时期发展指明了方向，意义十分重大。学习领会全会精神，重要的是要准确把握科学发展这个主题。

一　科学发展是主题

全会突出了科学发展这个主题，丰富和深化了科学发展观的内涵。

发展是硬道理。发展是当代中国和世界的潮流，是解决我国所有问题的关键。1992年“发展才是硬道理”提出以来，这一表述就成为了党政工作的主线。“十二五”期间我国发展仍处于可以大有作为的重要战略机遇期，这是中央做出的一个重大判断，抓住和用好这个重要战略机遇，实现到2020年全面建成小康社会的宏伟目标，仍然需要坚持发展这个硬道理，充分利用各种有利条件，促进经济长期平稳较快发展。

发展是硬道理的本质要求是科学发展。发展不同于增长，发展绝不能求速度、求规模，我们所谋求的发展，是以人为本、全面协调可持续的发展。因此，全会指出在当代中国，坚持发展是硬道理的本质要求，就是坚持科学发展，这是我们全党工作的主题。

科学发展要做到四个“更加注重”。此前的十六届五中全会上，关于

“坚持发展是硬道理”的表述比较抽象：“坚持以经济建设为中心，坚持用发展和改革的办法解决前进中的问题。”十七届五中全会更进一步提出“四个更加注重”，即更加注重以人为本，更加注重全面协调可持续发展，更加注重统筹兼顾，更加注重保障和改善民生，促进社会公平正义。这既是我党执政能力提高、执政理念成熟的表现，也反映出共产党人对科学发展的深刻认识。

二　加快转变经济发展方式是科学发展的主线

怎样才能推动科学发展，最重要的是以加快转变经济发展方式为主线，这是当前刻不容缓的战略任务。

加快转变经济发展方式是我国经济社会领域的一场深刻变革。60年前新中国的成立，完成了由半殖民地半封建社会到新民主主义社会的历史性转变，为当代中国一切发展进步奠定了根本政治前提和制度基础。改革开放，实现从计划经济体制到市场经济体制的转变，使我们在落后世界现代化进程一个多世纪后，赶上了现代化的最新浪潮。

加快转变经济发展方式是实现科学发展的根本要求。经过30多年快速发展，我国经济总量显著增加，综合国力大幅提升，人民生活明显改善。但是，随着世界范围内经济发展面临的资源环境约束日趋强化和国际市场格局深刻调整，我国经济发展中的两个基本问题日渐突出，一是物质资源消耗过多，二是对投资和出口的依赖性过强。科学发展是全面协调可持续的发展，在这种背景下，我们只能通过加快转变经济增长方式来实现科学发展。

加快转变经济发展方式要做到“五个坚持”。全会提出，加快转变经济增长方式，必须坚持把经济结构战略性调整作为加快转变经济发展方式的主攻方向，坚持把科技进步和创新作为加快转变经济发展方式的重要支撑，坚持把保障和改善民生作为加快转变经济发展方式的根本出发点和落脚点，坚持把建设资源节约型、环境友好型社会作为加快转变经济发展方式的重要着力点，坚持把改革开放作为加快转变经济发展方式的强大动力，提高发展的全面性、协调性、可持续性，实现经济社会又好又快发展。“五个坚持”，为加快转变经济发展方式确定了明确的路径。

三 保障和改善民生促进公平正义是科学发展的根本出发点和落脚点

全会提出的制定“十二五”规划指导思想、工作重点和发展目标中，都突出强调了保障和改善民生的重要性，充分表明保障和改善民生在我国经济社会发展中的核心地位。

保障和改善民生要建立完善公共服务体系。“十二五”时期是我国全面建设小康社会的关键时期，人民群众对衣食住行、就业、教育、医疗卫生、环境等方面的质量要求会更高，多样化、多层次的公共服务需求将全面快速增长。着力保障和改善民生，需要加快建立健全基本公共服务体系，实现基本公共服务均等化。要加快转变政府职能，建设服务型政府，使为城乡居民提供均等化的基本公共服务成为政府重要职责，做到在不同阶段提供具有不同标准的、大致均等的公共服务。

保障和改善民生要构建和谐劳动关系与调整分配。着力保障和改善民生，需要更加注重社会公平正义。要合理调整收入分配结构，在经济发展的基础上努力提高居民收入在国民收入分配中的比重；要实施更加积极的就业政策、更加积极地支持创业，努力提高劳动报酬在初次分配中的比重；要强调政府在再分配中的调控作用，重视政府对初次分配的调节作用，加大规范市场行为的力度，促进劳动关系和谐。

保障和改善民生要创新社会管理体制和正确处理矛盾。着力保障和改善民生，需要进一步加快教育事业和医疗卫生事业改革发展，加强和创新社会管理。我们要继续加大力度推进“五大民生工程”，同时要更好地问计于民、问政于民、问需于民，依靠人民群众解决改革发展中的难题，健全覆盖城乡居民的社会保障体系，加强和创新社会管理，正确处理人民内部矛盾，切实维护社会和谐稳定。

四 改革是加快转变经济发展方式、实现科学发展的强大动力

党的十一届三中全会以来，中国特色社会主义各项事业在改革中稳步推进，在改革中不断发展。全会强调，改革是加快转变经济发展方式的强大动力，必须以更大决心和勇气全面推进各领域改革。

全面推进各项改革。经过30多年的风雨历程，改革已经到了攻坚阶段，一些改革的深层次问题、一些难点和关口，需要拿出切实有效的解决办法。正如胡锦涛总书记在深圳特区建立30周年庆祝大会上提出的那样，我们要全面推进经济体制、政治体制、文化体制、社会体制改革，努力在重要领域和关键环节改革上取得突破。“必须以更大决心和勇气全面推进各领域改革，大力推进经济体制改革，积极稳妥推进政治体制改革，加快推进文化体制、社会体制改革，使上层建筑更加适应经济基础发展变化，为科学发展提供有力保障”，全会提出“一揽子”改革方案，预示着在未来几年，中国社会各领域改革将得到协调、全面推进。

加快推进行政体制、金融体制改革。未来五年，我国将通过深化政府机构改革、转变政府职能、加强依法行政、强化社会管理和公共服务来进一步创新政府管理体制，为“到2020年建立起比较完善的中国特色社会主义行政管理体制”奠定坚实基础。改革是加快转变经济发展方式的强大动力，在金融体制改革方面，要“加快财税体制改革，深化金融体制改革，深化资源性产品价格和要素市场改革，加快社会事业体制改革”。

努力提高对外开放水平。对外开放是我国一项长远发展战略。新形势下的对外开放，要着眼于与世界各国互利共赢和积极参与全球经济治理，与国际社会共同应对全球性挑战、共同分享新的发展机遇。通过进一步提高对外开放水平，优化对外贸易结构，提高利用外资水平，加快实施“走出去”战略，积极参与全球经济治理和区域合作，以开放促发展、促改革、促创新，积极创造参与国际经济合作和竞争新优势。

五 文化是实现科学发展的强大力量

文化是一个民族的精神和灵魂，是国家发展和民族振兴的强大力量。国家发展、民族振兴，不仅需要强大的经济力量，更需要强大的文化力量。

文化建设是建设中国特色社会主义的重要组成部分。一个文明进步的社会必然是物质财富和精神文化共同进步的社会，一个现代化的强国必定是经济、政治、文化、社会、环境协同发展的国家。党的十七大深刻把握世界发展大势，明确将文化建设与经济建设、政治建设、社会建设一起纳入社会主义现代化建设总体布局，是建设中国特色社会主义的重要组成部分。

全会提出的文化建设重点。公报指出，文化建设要推动文化大发展大繁荣、提升国家文化软实力，坚持社会主义先进文化前进方向，提高全民族文明素质，推进文化创新，深化文化体制改革，增强文化发展活力，繁荣发展文化事业和文化产业，满足人民群众不断增长的精神文化需求，基本建成公共文化服务体系，推动文化产业成为国民经济支柱性产业，充分发挥文化引导社会、教育人民、推动发展的功能，建设中华民族共有精神家园，增强民族凝聚力和创造力。

要加快文化强省、文化强市步伐。我们要认真学习好省委十届七次全会、市委十届九次全会精神，贯彻落实好《肇庆市建设文化强市规划大纲（2011—2020 年）》，做好“大力培育提高全社会文化素养、大力构建公共文化服务体系、大力打响特色文化品牌、大力提升文化产业水平、大力培养引进人才、大力推进文化体制改革创新”六方面重点工作。

六 党的领导是实现科学发展的根本保证

历史和现实告诉我们，在中国，要实现民族独立国家富强和人民富裕，必须坚持中国共产党的领导。

加强党的执政能力和先进性是提高党的建设科学化水平的表现。提高党的建设科学化水平，是加强和改进新形势下党的建设的一项重大任务，也是需要在实践中不断探索、不断总结、不断推进的一个重大命题。加强和改进新形势下党的建设，必须着眼于继续解放思想、坚持改革开放、推动科学发展、促进社会和谐，着眼于提高党的执政能力、保持和发展党的先进性，全面推进思想建设、组织建设、作风建设、制度建设和反腐倡廉建设，提高党的建设科学化水平。当前，要深入开展好创先争优活动，切实加强党的基层组织建设，带领广大群众推动经济社会又好又快发展。

要坚持党的领导、人民当家做主和依法治国的有机统一。发展社会主义民主政治，加快建设社会主义法治国家，最根本的是要把坚持党的领导、人民当家做主和依法治国有机统一起来。这体现了我国社会主义依法治国方略的特色，是我们推进依法治国所必须坚持的根本原则。我们要在坚持党的领导的同时改善党的领导，从制度上进一步保证人民当家做主，用法治实现和保障党的领导与人民当家做主的统一。

党员干部要提高“五种意识”。全会指出，全党必须增强党的意识、宗旨意识、执政意识、大局意识、责任意识。党员干部要增强这“五个意识”，抓住机遇坚持聚精会神搞建设、一心一意谋发展，增强工作的原则性、系统性、预见性、创造性，大力发扬真抓实干精神，紧紧依靠广大人民群众，扎扎实实做好改革发展稳定各项工作。

党的十七届五中全会，是在我国即将迈入全面建设小康社会的关键时期和深化改革开放、加快转变经济发展方式的攻坚时期召开的一次十分重要的会议。我们要学习贯彻好全会精神，更好地完成“十一五”时期各项任务、开创“十二五”时期工作新局面，促进肇庆经济社会科学发展跨越发展。

（发表于《肇庆宣传》2010年第9、10期）

党性廉政教育篇

新时期保持共产党员先进性的根本要求

保持党的先进性是“三个代表”重要思想的核心。党的先进性主要包括三个层面，一是党组织的先进性；二是党的理论、路线、纲领的先进性；三是党员个人的先进性。这三个层面是一个相互联系的整体。本文重点探讨党员个人的先进性问题。

一　新时期共产党员思想上保持先进性的根本要求

1. 新时期共产党员要把思想统一到“三个代表”重要思想上来

“三个代表”重要思想是马克思主义根本原理同当代中国具体实际相结合的产物，是对马克思列宁主义、毛泽东思想和邓小平理论的继承和发展。反映了当代世界和中国的发展变化对党和国家工作的新要求，是加强和改进党的建设、推进我国社会主义自我完善和发展的强大思想武器，是我们党必须长期坚持的指导思想，是我们党的立党之本、执政之基、力量之源。因此，我们每一个产党员都必须要在思想、政治、理论上保持先进性，自觉地用“三个代表”武装我们的头脑。

2. 新时期共产党员要把思想统一到建设中国特色社会主义上来

中国特色社会主义是当代中国共产党全部理论和全部实践的中心内容。我们党在领导人民进行社会主义建设中，从理论和实践上着重回答和解决了两大问题，一是什么是社会主义，怎样建设社会主义；二是建设什么样的党，怎样建设党。这两个问题归结起来就是深化了中国特色社会主义的认识。然而，现在我们有的同志对这些重大问题的认识和把握还没有到位。有的人还顽固地坚持把马克思主义的原理教条化，把共产主义、社会主义当作一成不变的模式。面对今天国际局势和时代潮流对我们的挑战无所适从，甚至迷失方向；有的人对中国共产党的性质和宗旨产生了动摇，特别是面对市场经济给我们带来的新情况、新问题、新矛盾，缺少应对的心理和解决的办法。共产党要保持党的先进性，就必须要自觉地把思想认识从那些不合时宜的观念、做法和体制的束缚中解放出来，从主观主义和形而上学的桎梏中解放出来；就必须要在思想理论上进一步加深对共产党的执政规律、社会主义建设规律和人类社会发展规律的认识；就必须提高共产党员的理想信念，增强共产党员的政治责任感和历史使命感。

3. 新时期共产党员要把思想统一到全面建设小康社会上来

我们党21世纪头二十年的任务就是领导全国人民全面建设小康社会。21世纪头二十年是我们必须紧紧抓住并且大有作为的重要战略机遇期，全面建设小康社会，是实现现代化建设的第三步战略目标必经的承上启下的发展阶段，也是完善社会主义市场经济体制和扩大对外开放的关键阶段。全面建设小康社会的目标，是中国特色社会主义经济、政治、文化全面发展的目标，是加快推进现代化相统一的目标，这就要求我们在学习“三个代表”时，要把思想统一到全面建设小康社会上来。做到发展要有新思路，改革要有新突破，开放要有新局面，各项工作要有新举措。

4. 新时期共产党员要把思想统一到党的路线、方针、政策上来

我们党要始终做到“三个代表”，保持先进性，关键取决于党的理论和路线的正确性。我们应该看到新中国成立以来，特别是改革开放以来，我们党的路线、方针、政策越来越符合中国的实际，反映和代表了中国人民的利益和愿望，这是为历史和实践所证明的。那么，作为一个共产党员怎样才能体现先进性，最根本的一条就是要不折不扣地、坚定不移地贯彻执行党的路线、方针、政策。应该看到当前一些地方出现这样那样的矛盾和问题，虽然原因是多方面的，但是其中重要的一条，就是没有把党的路

线、方针、政策贯彻好、落实好。

二 新时期共产党作风上保持先进性的根本要求

1. 新时期共产党员要保持与时俱进的精神状态

贯彻“三个代表”重要思想，要求共产党员要始终保持与时俱进的精神状态，不断开拓马克思主义理论发展的新境界。我们要深刻认识到，解放思想、实事求是、与时俱进，是我们党坚持先进性和增强创造力的决定因素。与时俱进，就是党的全部理论和工作要体现时代性，把握规律性，富于创造性。

坚持解放思想、实事求是、与时俱进，就要不断根据实践的要求进行创新。创新是一个民族进步的灵魂，是一个国家兴旺发达的不竭动力，也是一个政党永葆生机的源泉。实践没有止境，创新也没有止境。当前我们处在改革开放和现代化建设的关键时刻，在前进的道路上还会出现各种各样的问题和困难，比如，如何切实发展这个执政兴国的第一要务，如何进一步完善公有制为主体、多种所有制经济共同发展的基本经济制度，如何建成完善的社会主义市场经济体制，如何走新型工业化道路、统筹城乡经济社会发展，如何扩大就业和促进再就业，如何进一步深化收入分配制度改革、健全社会保障体系，如何在更大范围、更广领域和更高层次上参与国际经济技术合作和竞争，如何推进整个社会走上生产发展、生活富裕、生态良好的文明发展道路，如何更好地实现坚持党的领导、人民当家做主和依法治国的有机统一，如何最广泛最充分地调动一切积极因素，不断为中华民族的伟大复兴增添力量，如何在新的历史条件下不断巩固马克思主义在意识形态领域的指导地位，如何弘扬和培养民族精神，如何改革和完善党的领导方式和执政方式，如何以加强党的执政能力建设为重点全面推进党的建设新的伟大工程，等等。所有这些问题都需要继续进行新的实践和新的探索。这是党要求我们每一个共产党员必须保持的工作态度和精神状态。

2. 新时期共产党员要保持与人民群众的血肉联系

要树立起立党为公、执政为民的思想。我们党来自于人民，植根于人民，服务于人民。我们全部工作的出发点和落脚点，就是不断实现好、维护好、发展好最广大人民的根本利益。我们要深刻认识到“人心向背，是决定一个政党、一个政权兴亡的根本性因素”。政治问题主要是对人民群众的态度问题。一切为了群众，一切相信群众，一切依靠群众，这就是我们党的力量之源。

今天我们要求共产党员特别是党的领导干部，要在政治作风上保持与人民的血肉联系。我们要牢固树立起立党为公、执政为民的思想，把立党为公执政为民落实到党和国家制定和实施方针政策的工作中去，落实到各级领导干部的思想行动中去，落实到关心群众生活的工作中去。

三　新时期共产党员实践上保持先进性的根本要求

1. 新时期共产党员要坚定共产主义的远大理想和中国特色社会主义的信念，脚踏实地地为实现党在现阶段的基本纲领而奋斗

不容否认20世纪的80年代末、90年代初东欧剧变、苏联解体给整个世界社会主义运动带来了严重的挫折。马克思主义还灵不灵？社会主义还符不符合人类社会发展的客观规律和历史进程？我们中国坚持走社会主义道路还能走多远等。这些关系中国的发展方向和前途的问题，人们都在进行思考。有的人在这个动荡的十字路口丧失了信念，失去了信心。虽然不敢公开喧嚷自己的观点，但在行动上则做出违背党纪国法的事情来。理想信念是一个人的总开关，一旦失灵，这个人就完了。我们强调坚定共产主义的理想信念，并不是泛泛地讲去追求那些虚无缥缈的东西，一个真正的马克思主义者，从来就是把最高理想和当前的任务结合起来的，共产主义的理想，只有在社会主义充分发展和高度发达的基础上才能实现。因此，我们要求共产党员在坚定信仰马克思主义的同时，一定要脚踏实地地为实现党在现阶段的基本纲领而奋斗。

2. 新时期共产党员要牢记“两个务必”，讲学习、讲政治、讲正气

树立正确的世界观、人生观、价值观，保持共产党员的蓬勃朝气、昂扬锐气和浩然正气。在新形势下强调牢记“两个务必”，是实现党的十六大确定的目标和任务的客观需要。贯彻“三个代表”重要思想，保持党的先进性，要求我们牢记和实践“两个务必”；全面建设小康社会、不断推进中国特色社会主义伟大事业，要求我们始终牢记“两个务必”；巩固党的执政地位，增强党的群众基础，要求我们牢记“两个务必”。坚持做到“两个务必”是党员干部代表中国最广大人民利益的本质要求。

3. 新时期共产党员要加强党性锻炼和品德修养，要做到表里如一，言行一致，用自己的言行实践“三个代表”重要思想

我们要深刻认识到，新的形势、新的任务对我们提出新的挑战，这就要求我们一切共产党员在复杂多变的条件下，在各种考验面前，更要加强党性修养，要以对党对人民高度负责的政治责任感和历史使命感，在工作和生活中努力做到“八个坚持、八个反对”，当前尤其要着力解决一部分党员干部存在的因循守旧、不思进取的问题；不讲科学、好大喜功、急躁冒进的问题；形式主义、弄虚作假，讲排场、摆阔气、铺张浪费的问题；耽于灯红酒绿、追逐声色犬马，生活糜烂、道德败坏的问题。

（发表于《西江日报》2003 年 9 月 8 日）

坚定理想信念　做新时期合格的共产党员

今天是建党83周年纪念日，我们以座谈的形式来纪念党的生日，很有意义。在这里我想就如何坚定共产主义理想信念，做新时期合格的共产党员谈点个人的学习体会。

一　正确认识和把握历史发展的趋势，坚定共产主义的理想信念

1. 理论成熟是政治成熟的基础和标志

理论素质是一个党员干部的灵魂，从2002年11月十六大召开以来一年多的时间里，中央政治局组织集中学习已经十三次。中央最近又颁发了《关于进一步繁荣发展哲学社会科学的意见》。

今年5月28日的中央政治局集体进行第十三次学习，学习的内容就是如何繁荣和发展我国的哲学社会科学，为中国特色社会主义事业提供强有力的思想保证、精神动力和智力支持。这充分说明理论武装工作的重要，充分表明我们党坚持高举马列主义、毛泽东思想、邓小平理论和“三个代表”重要思想的旗帜，并在实践中丰富和发展了马克思主义。

2. 当今世界各国的发展没有共同的理想模式，但马克思主义关于人类社会发展的学说并没有过时

当今世界是一个多样化的世界。有现代资本主义、有传统资本主义、有传统社会主义，也有现代特色的社会主义，短期内没有谁能吃掉谁，谁

能战胜谁，而是像十六大报告指出的“世界上的各种文明、不同的社会制度和发展道路应彼此尊重，在竞争比较中取长补短，在求同存异中共同发展”。

但人类社会的发展同自然界的发展一样是有规律的，社会演进的历史证明，马克思主义所揭示的人类社会发展的一般规律是科学的。当然今天我们要全面准确把握马克思主义，同时更加注重把马克思主义同本国的实践相结合。所以中央最近召开了实施马克思主义理论研究和建设工程工作会议。另外还组织全国200多名专家就18个理论课题进行研究。

3. 走中国特色社会主义道路是中国共产党和中国人民的必然选择，也是中国历史发展的必由之路

中国特色社会主义实践经验和巨大成就证明这条道路是强国富民之路。我们党对“三大规律”（共产党的执政规律、社会主义发展规律和人类社会发展规律）认识的深化，为中国特色社会主义奠定了坚定的理论基础和实践依据。而邓小平理论和“三个代表”重要思想就是中国特色社会主义理论的核心内容和本质反映。

什么是当代中国共产党的理想信念，理想就是坚持马克思主义、列宁主义、毛泽东思想、邓小平理论和“三个代表”重要思想信念，就是要坚定不移地走建设中国特色社会主义道路。

二　发挥共产党员的先锋模范作用，做新时期合格的共产党员

1. 把握新时期的时代特征

从国际上来看，要把握世界格局多极化、经济发展全球化、信息经济、知识经济的日新月异，同时要把握西方敌对势力对我国的西化和分化。

从国内来看，要把握我们国家全面完善市场经济体制，这是改革的目标又是对共产党执政能力的考验，特别是当前国家的四大矛盾在考验着我们党，考验着我们每一个共产党员。

（1）民族的和平统一。特别是台海局势，陈水扁的“台独”，实际上是与美国为首的敌对势力的斗争。一是美国派团参加陈水扁就职；二是出售先进武器给台并联合演习；三是推动台湾加入世卫组织，而且美最近又重新提人权议案。（2）城乡二元经济的矛盾。（3）社会治安情况不容乐观。（4）反腐败斗争形势严峻。

2. 认真学习和深刻领会以胡锦涛同志为总书记的党中央的执政理论、执政观点、执政理念

一是共产党的执政观，二是科学的发展观，三是科学的人才观，四是正确的政绩观，五是马克思主义的群众观。

3. 结合肇庆和自己的实际，做新时期合格的共产党员

第一，在生产工作中起先锋模范的作用，就要树立高尚的职业道德和高度的事业心、责任感，勤勤恳恳、扎扎实实工作并做出业绩。第二，在学习中起先锋模范作用，就要努力学习马克思主义、列宁主义、毛泽东思想、邓小平理论和“三个代表”重要思想，学习现代知识，创造学习型单位，做终身学习的人，当前肇庆更要进一步解放思想，更新观念，求真务实，团结奋进。第三，在社会生活中起先锋模范作用，就是要带头遵守国家纪律、法规，带头维护社会秩序、社会公德、职业道德、伦理道德。作为一名党员，要坚定理想信念，在党组织的正确领导下，以高度的政治责任感和求真务实的科学态度，力争做新时期合格党员，发挥先锋模范作用，为推进肇庆的经济社会的健康发展做出应有的贡献。

（本文发表于《肇直党建》2004年第1期）

大力加强党的执政能力建设
推进全面建设小康社会健康发展

十六届四中全会的重大意义：（1）胡锦涛同志的重要讲话，是对马克思主义党建理论的一次飞跃和创新；（2）全会审议通过的《中共中央关于加强党的执政能力建设的决定》，把党的建设提高到了一个新的水平；（3）胡锦涛同志任中共中央军委主席，有利于坚持党对军队的绝对领导的根本原则和制度。

一 什么是党的执政能力建设

执政，顾名思义，就是执掌政权的意思。所谓执政能力，就是执政党掌握和运用国家机器，综合运用经济、政治、法律、行政等各种手段，领导、管理国家和社会事务的本领和水平。中国共产党的执政能力是指：党按照宪法和法律的规定，正确掌握和运用国家政权，全心全意地代表、实现和维护最广大人民的根本利益，带领人民全面建设小康社会，为实现社会主义现代化而奋斗的能力和水平。具体来说，主要包括十个方面的能力：一是科学分析形势和任务、制定执政的纲领、路线的能力；二是掌握国家政权、保持执政党合法性和执政地位的能力；三是驾驭国家机构协调各种政权组织相互关系的能力；四是运用国家机器、推动经济和社会发展进步的能力；五是坚持执政为民、满足人民群众利益要求的能力；六是整合社会关系、解决社会矛盾、保持社会稳定的能力；七是坚持依法治国、依法执政、建设社会主义法治国家的能力；八是正确处理国际关系、维护国家主权、安全和利益的能力；九是应对复杂局面、抵御各种风险的能力；十是从严治党、拒腐防变、保持执政党自身先进性和生命力的能力。

执政是受执政理论指导的。因此加强党的执政能力建设，首先必须加强党的执政理论的建设。胡锦涛同志在今年6月29日的讲话中指出："党的执政理论建设是一项系统工程，包括执政理念、执政基础、执政方略、执政体制、执政方式、执政资源等主要方面。"他在8月22日邓小平诞辰100周年纪念大会的讲话中，又加了一个"执政环境"。这七个有关执政的基本范畴，就构成了执政理论的基本内容。执政理念是指执政的指导思想，包括价值取向；执政基础主要是指执政党的阶级基础、社会基础、群众基础和法律基础等；执政方略是指执政党的大政方针、战略策略；执政体制是指执政党的政治体制；执政方式是指执政党用什么样的形式、什么样的手段、什么样的方法来执政的问题；执政资源是指执政党在自然、社会、人文、历史的资源如何；执政环境是指执政党执政的国内环境和国际环境怎么样。这些都是我们在今后的学习中必须深刻领会和进一步研究的问题。

二　为什么要加强党的执政能力建设

加强党的执政能力建设，是时代的要求、人民的要求。这是因为我们党是在全球化的开放环境下执政的，这就要求我们党的自身建设必须符合现代政治文明的潮流和规律，其执政方式既要符合现代政党的要求，也要符合现代国家治国理政的普遍规律，其执政能力必须符合人民群众更高、更严格的要求。具体说来主要有以下六个方面的原因：

第一，我们刚刚加入世贸组织，说明我们国家同世界经济进一步接轨了，国门更加开放了。这样不仅在经济方面有一个适应全方位开放的问题，重要的是我们在经济接轨的同时，会使国外的政治和文化不可避免地渗透和冲击我们的政治和文化。特别是西方政治方面希望实行多党民主制、多党竞争；文化方面推行美国价值观。从美国这几十年来看，它是容不得其他国家强大起来，容不得与它不同的价值观和社会制度，它随时来给你捣乱，来跟你摩擦。因此，如何处理这些矛盾，有一个执政能力的问题。

第二，我国的人均 GDP 已经达到 1000 美元，1000 美元到 3000 美元这个阶段，可能是一个黄金发展的时期，也可能是一个社会动荡的时期。

第三，我们现在处在一个社会转轨、转型期。这个转轨过渡到现在不能说完成了，市场经济还有一个进一步完善的问题，政治上的任务可能就更重要了。改革开放 26 年来，我国的经济体制基本上实现了模式的转换，即从计划经济体制转到市场经济体制，然而政治上似乎不能这么讲，当前我们的政治体制改革如何与斯大林模式有明显的重大不同和进步，又避免走到苏联剧变的老路，这个任务应该说是很伤脑筋的。

第四，是执政党的重大决策问题。从总体上说，我们中央的以及下面很多省的决策能力是很强的。但是一些地方、一些部门的决策能力就有很多问题了。作为一个社会主义国家，决策的民主化是一个方向问题，现在我们主要的还是精英决策。

第五，关于公平和效率的问题。这是当今世界许多国家要解决的社会发展问题里的一个核心问题。拉美国家现在人均是 5000 多美元，城市化是 80%，但还有三分之一左右的人口在贫困线以下。而我们国家也有一个统计数字说，占中国银行存款 80% 的是 20% 的人群。甚至中国的基尼系数已经接近了国际的临界线。我们有几亿人在农村，社会保障制度就是实现社会公平的重要制度。可是谁有胆量说很快把社会保障制度的覆盖面提高到 80%—90%，现在看来短时期内也不可能。

第六，关于廉政建设的问题。反腐倡廉，中央的决心非常大，也抓了很多大案要案，但腐败问题还是屡禁不止，廉政建设的任务实在是非常艰巨繁重。

以上这些问题的认识和解决，对我们的执政能力建设提出了非常高的要求。执政能力建设是一个重大战略性课题，关系社会主义的兴衰成败，关系到中华民族的前途命运，关系到党和国家的长治久安。我们国家处在这个关键时期，中国的发展离开中国共产党是不行的，加强和改善党的领导，不加强党的执政能力建设也是不行的。

三　怎样加强党的执政能力建设

中国共产党执政55年来，团结带领全国各族人民，战胜各种风险和挑战，把四分五裂、贫穷落后的旧中国建设成为人民生活总体达到小康水平、正在蓬勃发展的新中国，取得了举世瞩目的成就。党经过艰辛探索和实践，积累了执政成功的成功经验：一是必须坚持党在指导思想上的与时俱进，用发展着的马克思主义指导新的实践；二是必须坚持推进社会主义的自我完善，增强社会主义的生机和活力；三是必须坚持抓好发展这个党执政兴国的第一要务，把发展作为解决中国一切问题的关键；四是必须坚持立党为公、执政为民，始终保持党同人民群众的血肉联系；五是必须坚持科学执政、民主执政、依法执政，不断完善党的领导方式和执政方式；六是必须坚持以改革的精神加强党的建设，不断增强党的创造力、凝聚力、战斗力。这些主要经验，也是加强党的执政能力建设的重要指导原则。

当前和今后一个时期，如何加强党的执政能力建设，主要做到以下五个坚持：一是要坚持把发展作为党执政兴国的第一要务，不断提高驾驭社会主义市场经济的能力，扭住经济建设这个中心不动摇，坚持科学发展观，坚持社会主义市场经济的改革方向，全面提高对外开放水平，完善党领导经济工作的体制机制和方式。二是要坚持党的领导、人民当家做主和依法治国的有机统一，不断提高发展社会主义民主政治的能力，推进社会主义民主的制度化、规范化和程序化，贯彻依法治国基本方略，推进决策的科学化、民主化，加强对权力运行的制约和监督，改革和完善党的领导方式。三是要坚持马克思主义在意识形态领域的指导地位，不断提高建设社会主义先进文化的能力，加强马克思主义理论研究和建设，深化文化体制改革，牢牢把握舆论导向，加强和改进思想政治工作，优先发展教育和科学事业。四是要坚持最广泛最充分地调动一切积极因素，不断提高构建社会主义和谐社会的能力，不断增强全社会的创造活力，妥善协调各方面的利益关系，推进社会管理体制创新，加强和改进新形势下的群众工作，维护社会稳定。五是要坚持独立自主的和平外交政策，不断提高应对国际局势和处理国际事务的能力，提高科学判断国际形势和进行战略思维的水平，掌握处理国际事务的主动权，增强同国际社会交往的本领，坚决维护国家安全。

（本文发表于《肇庆宣传》2004 年第 9 期）

加强党的执政能力建设的指导思想、总体目标和主要任务

党的十六届四中全会的《决定》共17000多字，分为9个部分，其中第三部分精辟阐述了加强党的执政能力建设的指导思想、总体目标和主要任务。这一部分虽然段落简短，文字较少，只有500多字，占全文不到三十分之一的篇幅，但是这部分是整个《决定》的灵魂，是《决定》的总纲，是贯穿《决定》精神的一条红线，也是我们学习和把握《决定》精神的关键所在。

一　加强党的执政能力建设的指导思想体现时代性、把握规律性、富于创造性

1. 用当代中国的马克思主义指导党的执政能力建设体现了时代性

《决定》明确指出，加强党的执政能力建设，必须坚持以马克思列宁主义、毛泽东思想、邓小平理论和“三个代表”重要思想为指导。这个指导思想，体现了时代性。中国共产党是一个马克思列宁主义政党，党的指导思想和理论基础是马克思列宁主义，这是毫无疑问的，但马克思主义本身就是一个强调一切从实际出发、实事求是的理论，是一个发展的理论，“具体地分析具体问题”这乃是马克思主义的灵魂。毛泽东思想的核心就是“实事求是”，邓小平理论的精髓就是“解放思想、实事求是”，而“三个代表”重要思想的主线也是“解放思想、实事求是、与时俱

进”。以胡锦涛为总书记的党中央强调的“开拓创新、求真务实”也都体现了马克思主义的本质要求。因此，今天我们加强党的执政能力建设，历史和必然地要求我们要坚持以马克思列宁主义、毛泽东思想、邓小平理论和“三个代表”重要思想为指导。

2. 全面贯彻党的基本路线、基本纲领、基本经验把握规律性

《决定》要求，加强党的执政能力建设，必须全面贯彻党的基本路线、基本纲领、基本经验，这既是对党的执政能力建设的科学总结，同时又是我们加强党的执政能力建设的指导原则。什么叫规律？规律就是指事物在发展变化当中，内部本质的必然联系。我们党在执政的55年当中，已经形成了一套比较成熟的、完整的路线方针政策和基本经验，这是我们今天取得的成就和今后的胜利之本，也可以说是用沉重代价换来的，我们不能轻易忘记和放弃。但是把握规律不是一劳永逸的，今天是事物的本质，明天也许就不是了。因此，我们要不断地把握事物发展变化的规律，尊重规律，按照客观规律办事，才能推进今天中国现代化事业的健康发展。

3. 坚持“四以”根本方向富于创造性

《决定》指出：以保持党同人民群众的血肉联系为核心，以建设高素质干部队伍为关键，以改革和完善党的领导体制和工作机制为重点，以加强党的基层组织和党员队伍建设为基础。这“四以”是我们当前加强党的执政能力建设的根本要求、努力方向和工作布局，表明了我们党加强执政能力建设的理论勇气和创新精神。

二　加强党的执政能力建设的总体目标，体现了马克思主义政党的本质和人民的要求

加强党的执政能力建设的总体目标，就是要回答把我们党建设成什么样的执政党的问题。《决定》做出了把我们党建设“四个成为”的总体目标。

一是建设成为立党为公、执政为民的执政党。这主要讲的是党的执政

宗旨，回答的是为谁执政、靠谁执政的问题。我们党是中国各族人民实现自己利益的工具，人民群众的拥护和支持是我们党的力量源泉和胜利之本。“党只有一心为公，立党才能立得牢；只有一心为民，执政才能执得好。”我们讲提高执政能力，根本的就是要提高为人民执好政、掌好权的能力；我们讲加强党的执政能力建设，根本的就是把我们党建设成为立党为公、执政为民的执政党。

二是建设成为科学执政、民主执政、依法执政的执政党。这个主要讲的是党的执政方式，回答的是怎样执政的问题。科学执政，就是党要坚持马克思主义科学理论的指导，遵循共产党执政规律、社会主义建设规律和人类社会发展规律，以科学的理论、科学的制度、科学的方法来领导；民主执政，就是要坚持为人民执政、靠人民执政、坚持和保证人民当家做主，坚持和完善人民民主专政，坚持和完善民主集中制，以发展党内民主带动人民民主，壮大最广泛的爱国统一战线；依法执政，就是要坚持依法治国的基本方略，领导人民制定法律，自觉带头遵守法律，采取措施保证法律的实施，不断推进国家经济、政治、文化、社会生活的法制化、规范化，从制度上、法律上保证党的路线方针政策的贯彻实施。

三是建设成为求真务实、开拓创新、勤政高效、清正廉洁的执政党。这个主要讲的是党的执政作风，回答的是如何坚持良好的执政形象的问题。在新的形势下我们党要进一步为人民执好政、从执政作风上讲很重要的是要做到三条：第一是要求真务实、求实效，坚决反对形式主义、官僚主义，力戒浮躁浮夸；第二是要勤政高效，以对党和国家的事业高度负责，坚持以科学的态度和科学的方法优质、高效地工作，切实履行职责，坚决反对敷衍塞责、奢侈浪费；第三是要清正廉洁，坚持把党和人民的利益放在首位，严于律己，廉洁奉公，严格遵守党纪国法，坚决反对脱离群众、以权谋私，自觉同各种腐败现象做斗争。

四是归根到底要把党建设成为始终做到“三个代表”、永远保持先进性、经得住各种风浪考验的马克思主义执政党。总体来说，《决定》提出的“四个成为”的总体目标，是一个全面反映我们党的宗旨、性质和纲领，全面反映时代要求的目标，是一个充分体现我们党博大胸怀、深远眼光和雄心壮志的目标。

三 加强党的执政能力建设的主要任务，是提高党的执政能力建设的总体要求

1. 加强党的执政能力建设就是五种能力的建设

《决定》指出，当前和今后一个时期，加强党的执政能力建设的主要任务是：按照推动社会主义物质文明、政治文明、精神文明协调发展的要求，不断提高驾驭社会主义市场经济的能力、发展社会主义民主政治的能力、建设社会主义先进文化的能力、构建社会主义和谐社会的能力、应对国际局势和处理国际事务的能力。不断提高驾驭社会主义市场经济的能力，就是要把握社会主义市场经济的内在要求和运行特点，自觉遵循客观规律，充分发挥社会主义制度的优越性和市场机制的作用，不断提高领导经济工作的水平。不断提高发展社会主义民主政治的能力，就是要把坚持党的领导、人民当家做主和依法治国有机统一起来，发挥社会主义政治制度的特点和优势，增强党和国家的活力，充分调动人民群众和社会各方面的积极性、主动性。不断提高建设社会主义先进文化的能力，就是要大力发展面向现代化、面向世界、面向未来的，民族的科学的大众的社会主义文化，不断巩固全党全国人民团结奋斗的共同思想基础。不断提高构建社会主义和谐社会的能力，就是要求我们党要适应经济社会结构发生的深刻变化，始终把握社会运动规律，把各方面的积极因素充分调动和凝聚起来，努力形成全体人民各尽其能、各得其所而又和谐相处的社会。不断提高应对国际局势和处理国际事务的能力，就是要求我们随着世界多极化和经济全球化趋势的发展，随着我国对外开放的深化，党要领导人民抓住机遇、应对挑战，统筹国内发展和对外开放，实现全面建设小康社会的宏伟目标，为维护世界和平与促进共同发展做出贡献。

2. 广东对五种能力建设的表述，具有地方特色

中共广东省委关于贯彻《中共中央关于加强党的执政能力建设的决定》的意见，是一部中央精神与广东实际相结合的力作。其中对加强党

的执政能力建设的主要任务，具有很强的地方特色。一是增强驾驭社会主义市场经济的能力，建设经济强省；二是增强发展社会主义先进文化的能力，建设文化大省；三是增强发展社会主义民主政治的能力，建设法治社会；四是增强构建社会主义和谐社会的能力，建设和谐广东；五是增强解决群众生产生活问题的能力，实现富裕安康。

我们要把学习贯彻十六届四中全会精神和省委九届五次全会精神当作当前的一项重大的政治任务来抓，严格按照市委、市政府的贯彻意见认真抓落实，为实现把肇庆建设成为花园式、生态型、现代化大城市而努力奋斗。

（本文发表于《肇庆宣传》2004 年第 10 期）

保持共产党员先进性
做到“三有一好”

中央决定，从2005年1月开始，用一年半左右的时间，在全党开展以实践“三个代表”重要思想为主要内容的保持共产党员先进性教育活动。广东省委根据中央的要求和广东的实际，提出了在党员干部中开展“理想、责任、能力、形象”教育。这是全党政治生活中的大事，各级党组织和全党同志必须高度重视，精心组织，积极参与，确保先进性教育活动取得扎扎实实的丰硕成果。

一　开展先进性教育活动的重要性和必要性

1. 先进性是马克思主义政党的根本特征，也是马克思主义政党的生命所系、力量所在

我们党是马克思主义政党，“立党为公，执政为民”是我们党的执政理念和立党宗旨。党成立80多年来，之所以能够团结和带领人民取得革命、建设、改革的伟大胜利，归根结底是我们党始终做到“代表中国先进生产力的发展要求，代表中国先进文化的前进方向，代表中国最广大人民的根本利益”。也就是说我们党始终保持了先进性。

2. 开展先进性教育活动的提出和背景

中央决定在全党开展以实践“三个代表”重要思想为主要内容的保持共产党员先进性教育活动，是中央深入研究新时期的形势、任务以及党

员队伍状况，审时度势、深思熟虑做出的重大决策，是提高党的执政能力的一项基础性工作，也是落实党的十六届四中全会精神的一个重要举措。

总的说来，我们党的队伍是好的。但是，在党员队伍中也存在着与保持先进性的要求不相适应的问题。主要表现在：一是一些党员理想信念动摇，党员意识和执政意识淡薄，带领群众前进的能力不强、难以发挥先锋模范作用；二是一些党员干部事业心和责任感不强，思想作风不端正，工作作风不扎实，脱离群众的问题比较突出；三是一些党员领导干部思想理论水平不高，解决复杂矛盾的能力不强，有的甚至以权谋利、腐化堕落；四是一些党的基层组织凝聚力、战斗力不强，有的甚至软弱涣散、不起作用。

3. 开展先进性教育活动的重大意义

第一，是实践“三个代表”重要思想和贯彻落实科学发展观的根本要求。

第二，是加强党的执政能力建设和夯实共产党执政地位的根本途径。党的十六届四中全会做出了加强党的执政能力建设的决定，是时代的要求、人民的要求。只有不断加强党的执政能力建设，才能保证我们党始终走在时代的前列，始终成为全国人民的主心骨，始终成为坚强的领导核心。

第三，是实现全面建设小康社会宏伟目标、推进中国特色社会主义事业的根本保证。

二 开展先进性教育活动的指导思想和目标要求

1. 在新的历史条件下，共产党员先进性的本质要求

开展先进性教育活动，要以邓小平理论和“三个代表”重要思想为指导，贯彻党的十六大和十六届三中、四中全会精神，树立科学发展观，按照立党为公、执政为民的要求，坚持党要管党、从严治党的方针，紧密联系改革发展稳定工作实际和党员队伍建设现状，以学习实践“三个代

表”重要思想为主要内容，引导广大党员学习贯彻党章，坚定理想信念，坚持党的宗旨，增强党的观念，发扬优良传统，认真解决党员和党组织在思想、组织、作风以及工作方面存在的突出问题，促进影响本地区本部门本单位改革发展稳定、涉及群众切身利益的实际问题的解决，不断增强党员队伍和党组织的创造力、凝聚力、战斗力，为实现全面建设小康社会的宏伟目标提供坚强的政治保证和组织保证。

2. 从我省党员的状况和实际出发，省委提出了加强“理想、责任、能力、形象”教育

理想是方向和动力。中国共产党党员保持先进性，就是要树立共产主义的远大理想，坚定建设中国特色社会主义的信念，树立为人民服务的正确价值观。当前，我市的党员干部要为推进建设繁荣活力、文明法治、和谐安康新肇庆贡献自己的力量。

责任是使命和奉献。党员的先进性还体现在它必须履行为人民服务的义务，想着群众，为了群众，依靠群众，这就是共产党员全部行动的出发点和归宿，也是党员义不容辞的责任。当前，我们要努力践行“立党为公、执政为民”的宗旨，认真解决好事关群众生产生活的问题。

能力是本领和才干。保持共产党员的先进性，要求党员必须具有良好的思想素质、科学文化素质和身体素质，这是一个党员在正确履行其责任时必须具备的基本条件。当前，我们要按照“求真务实、开拓创新、精干高效、勤政廉政”的要求，切实把各级领导班子建设成为朝气蓬勃、奋发有为、锐意创新、干净干事的坚强领导集体。

形象是威信和力量。党员的先进性还体现在它必须给人一个良好的形象。党员的形象是党员的思想、品德、情操、性格、学识、能力等多方面内在结合的展示。当前，要求我们的党员干部，要努力成为先进生产力发展的促进者、实践者，先进文化的倡导者、传播者，最广大人民利益的维护者、实现者。

理想是灵魂，责任是根本，能力是保证，形象是展现。全体共产党员一定要坚定共产主义理想，增强执政为民责任，提高促进发展的能力，塑

造干净干事的形象。

3. 开展先进性教育活动，要达到如下目标要求

一是提高党员素质，二是加强基层组织，三是服务人民群众，四是促进各项工作。开展先进性教育活动，要在解决实际问题上下功夫，把是否解决了群众反映强烈、通过努力能够解决的突出问题和群众是否满意作为衡量先进性教育活动成效的重要标准。

三 全体共产党员都要积极投身先进性教育活动，领导干部尤其要发挥表率作用

1. 共产党员保持先进性，发挥先锋模范作用

一是要坚持思想信念，坚定不移地为建设中国社会主义奋斗。二是要勤奋学习，扎扎实实地提高实践“三个代表”重要思想的本领。三是要坚持党的宗旨，矢志不渝地做到立党为公、执政为民。四是要坚持勤奋工作，兢兢业业地创造一流的工作业绩。五是要坚持遵守党的纪律，身体力行地维护党的团结统一。六是要坚持“两个务必”，永葆共产党人的政治本色。

2. 广大共产党员要按照中央要求，积极投入这一活动中来

各级领导干部都要以普通党员的身份带头参加先进性教育活动，给广大党员做出示范，要带头学习，带头查摆问题，带头批评与自我批评，带头整改。通过学习教育，提高思想认识，在建设中国特色社会主义的伟大实践中更好地发挥先锋模范作用。

3. 加强对先进性教育活动的组织领导

各级党组织一定要统筹安排，精心组织，切实做到把学习实践“三个代表”重要思想作为主线贯穿始终；把学习贯彻党章、党的十六大和十六届三中、四中全会精神贯穿始终；把不断提高党员的思想认识贯穿始终；把进一步调动党员的积极性贯穿始终；把抓落实、求实效贯穿始终；把加强领导贯穿始终。

开展保持共产党员先进性教育活动，一要建立领导责任制；二要建立

党员领导干部联系点制度；三是要建立督察制度；四是要建立群体监督评价制度。

（本文发表于《肇庆宣传》2005 年第 2 期）

忠诚老实、言行一致是保持共产党员先进性的重要准则

胡锦涛总书记在中纪委第六次全体会议上强调：全党要深入学习贯彻党章。笔者在重温党章的过程中，对党章规定的共产党员要对党忠诚老实、言行一致的要求感慨至深。忠诚老实、言行一致是党章规定党员必须履行的八项义务之一，是党员政治合格和党性修养的重要标志，也是新时期保持共产党员先进性的重要准则。当前共产党员怎样才能做到忠诚老实、言行一致，发挥共产党员先锋模范作用，是全党面临的一个重大的理论和实践课题。

一　忠诚老实、言行一致是共产党员必须履行的义务，也是保持共产党员先进性的本质要求

1. 马克思主义政党要求党员要对党忠诚老实、言行一致

中国共产党是一个马克思主义政党，要求党员要信仰马克思主义，忠诚于党的事业；要表里如一、言行一致，履行义务、认真负责；要讲实话、鼓实劲、办实事、求实效，做老实人；要努力践行自己在党旗下的庄严承诺；把自己的生命交给党组织，为党的事业而奋斗终生，这是党组织对一个共产党员最起码的政治要求，也是共产党员义不容辞的义务和责任。正是由于马克思主义揭示了人类社会发展的一般规律，反映和代表了广大人民群众的根本利益，才能号召和凝聚着千百万共产党员为之而奋斗；也正

是由于共产党员追求真理，为民造福，才能得到人民群众的支持和拥护，这就是为什么共产党员要对党忠诚老实、言行一致的道理所在。国际共产主义运动和中国革命与建设的历史表明，哪个政党能教育党员忠诚老实、言行一致，哪个政党就永远立于不败之地，反之，就必然走向灭亡。

2. 中国共产党章程规定共产党员要做到忠诚老实、言行一致

党章规定党员必须履行八项任务，其中第五项就是："维护党的团结和统一，对党忠诚老实、言行一致，坚决反对一切派别组织和小集团活动，反对阳奉阴违的两面派行为和一切阴谋诡计。"这既是对党员作风纪律的要求，也是对党员政治品质的要求。党员的八项义务是一个有机的整体，虽然每一项义务都有其具体的要求，但每一项义务都是带有根本性的。第五项义务的核心和本质就是要求党员做到对党忠诚老实、言行一致，永不叛党。

3. 中国共产党党员要做到忠诚老实、言行一致

党员要做到忠诚老实、言行一致，不仅是党章对党员的要求，也是马克思主义政党建设的要求；党员要做到忠诚老实、言行一致不仅是党的事业兴旺发达的需要，也是党永远立于不败之地的需要；党员要做到忠诚老实、言行一致不仅是新时期保持共产党员先进性的根本保证，也是推进建设中国特色社会主义现代化事业胜利前进的根本保证。在当前改革开放的新形势、新任务、新阶段的历史条件下，要求党员对党忠诚老实，言行一致，更是显得十分重要和迫切，应该成为党建工作的重中之重。

二　与时俱进地深化和丰富忠诚老实、言行一致的科学内涵，是保持共产党员先进性的时代需要

1. 坚定共产主义信仰，坚定走中国特色社会主义道路的信念，坚定对以胡锦涛同志为总书记的党中央的信心，是忠诚老实、言行一致的政治准则

党员对党忠诚老实、言行一致，从根本上来说，就是要认同和拥护党的政治主张，忠诚于党的事业。当前我们尤其要警惕那些对党现行的路线方针政策，不认同、不拥护、不执行的错误倾向；要警惕那些借口当前出

现的社会问题，而从根本上否定改革开放的大方向的错误倾向；要警惕那些阳奉阴违、有令不行、有禁不止的错误倾向。

2. 解放思想、实事求是、与时俱进、求真务实，是忠诚老实、言行一致的思想基础

解放思想、实事求是、与时俱进、求真务实，既是我们党思想路线的主要内容，也是我们做到忠诚老实、言行一致的思想基础。我们党要求党员做到忠诚老实、言行一致，并不是要我们盲目地按照本本办事，搞教条主义，而是要求我们在正确理解和准确把握党的路线方针政策的基础上，联系实际创造性地运用和发挥。面对当前的形势和任务，我们要坚持和把握改革开放，建立和完善社会主义市场经济体制的正确方向；我们要努力探索人类社会发展规律、社会主义发展规律和共产党执政规律，全面推进和谐社会建设；我们要大力发展科教事业，坚持以人为本，提高人民素质，走自主创新的中国特色社会主义道路。

3. “三个代表”重要思想和科学发展观，是忠诚老实、言行一致的行动指南

“三个代表”重要思想和科学发展观，是当代中国最新的马克思主义理论成果，这是写进党章和被全党共识的。当前我们强调对党忠诚老实、言行一致，重要的就是要在政治上、思想上、行动上贯彻落实“三个代表”重要思想和科学发展观。全党同志一定要在政治上认同和拥护“三个代表”重要思想和科学发展观；在思想上全面理解和准确把握“三个代表”重要思想和科学发展观的科学内涵与精神实质；在行动上要坚决把贯彻“三个代表”重要思想和科学发展观落到实处。

三　在新的历史条件下，做到忠诚老实、言行一致，是保持共产党员先进性的根本保证

1. 树立马克思主义的世界观、人生观、价值观，是做到忠诚老实、言行一致的思想政治保证

世界观、人生观、价值观是一个人思想和行动的“总开关”，树立崇

高的理想和坚定的信念，历来是一个共产党员的首要任务。实践证明理想的滑坡是致命的滑坡，信念的动摇是最危险的动摇。我们应该清醒地看到，而且也必须客观地承认，当前在我们党内一方面不断加大反腐倡廉的力度，特别是抓紧建立健全教育、制度、监督并重的惩治和预防腐败体系，取得了重大成效；但是，另一方面党内的各种腐败现象还在滋生蔓延。当前尤其让人民感到不满意和痛恨的是，一些领导干部特别是一些权力部门的领导干部，他们是有文化、有知识、有能力、懂法律的，但是偏偏违法乱纪、明知故犯，更加可悲的是还有的“贼喊抓贼”，搞腐败的人在大讲反腐败。我们党内每年都严格处理收红包、公款请客送礼、公车私用、跑官卖官、权钱交易、收贿受贿等各类违法乱纪的案件，但是为什么还是屡禁不止甚至蔓延。原因虽然是多方面的，但从根本上来说，是我们一些共产党员特别是一些党的领导干部，已经丧失了理想信念，对党对人民不忠诚老实、言行不一致。因此，当前教育党员要树立马克思主义的世界观、人生观、价值观，首先是要教育党员要对党忠诚老实、言行一致，要真正做到取信于党、取信于人民，取信于天下。

2. 学习党章、执行党章、落实党章，是做到忠诚老实、言行一致的组织制度保证

当前对党员进行理想信念教育，最好的教材就是党章。胡锦涛同志指出：党章是把握党的正确政治方向的根本准则；是坚持从严治党的方针的根本依据；是党员加强党性修养的根本标准；是规范和制约全党行为的总章程。当前我们始终要把学习党章、遵守党章、贯彻党章、维护党章作为全党的一项重大任务来抓。我们应该看到全党同志是注重党章学习的，但也必须承认在以往的学习中，存在着两个方面的不足。一是学习停留在一般号召和浅层次上的多，没有使党章扎根于党员的思想深处，入耳入脑入心，也就是对党章学习不够全面、不够深入；二是就学习讲学习，没有在贯彻落实上下功夫，出现学习归学习、实践归实践，也就是讲归讲、做归做，言行不一，不抓落实。这些问题的存在显然跟我们的教育内容和形式有关，跟我们的制度和措施有关，也跟我们指导思想和政治态度有关。当前通过各种形式和手段掀起学习党章的热潮固然重要，但是更重要的是如

何在学习党章中结合党员的思想实际、结合改革开放的实际，真正把学习党章、遵守党章、贯彻党章、维护党章落到实处，尤其要把党的路线方针政策落到实处，把单位向社会的承诺落到实处，把每个人的工作职责落到实处。

3. 努力学习、加强修养、提高素质、增强党性，是做到忠诚老实、言行一致的人格力量保证

俗话说，制度法规是死的，人才是活的。就是说再好的规章制度，也必须通过人的执行才能奏效。人是一个高级而复杂的动物，我们相信世界上既没有两片相同的树叶，同样也不会有两个完全相同的人，更没有两种完全相同的思想，因此我们承认人的个性、尊重人们的利益和选择，我们不要求所有的人思想都高度一致和完全统一，这不可能，也办不到。但是，一个人既然加入了中国共产党，承认党的章程，并愿意为党的事业奋斗终生，那就必须践行自己的诺言，就要做到对党忠诚老实、言行一致，这是一种责任、是一种义务、是一种道德、是一种力量，说到底是一个共产党员的根本标准。因此，全体共产党员在新的历史条件下一定要认真学习、加强修养、提高素质、增强党性，任何时候、任何条件下都要做到对党忠诚老实、言行一致，这是保持共产党员先进性的重要标志。

（本文发表于《肇庆组工》2007 年第 2 期）

党员干部要做到为民务实清廉

党的群众路线的基本内容是：一切为了群众，一切依靠群众，从群众中来，到群众中去。党的群众路线是我们党的生命线和根本工作路线。现阶段能否保持党同人民群众的血肉联系，决定党领导的中国特色社会主义现代化事业的成败，密切联系群众是我们党最大的政治优势，脱离群众是我们党的最大危险，无论风云如何变幻，党的群众路线都不能改变。不同的历史时期群众路线有不同的主要内容和表现形式，今天我们党开展党的群众路线教育实践活动的核心内容就是“为民务实清廉”。

一　正确认识和把握为民务实清廉的科学内涵

党的十八大报告指出，围绕保持党的先进性和纯洁性，在全党深入开展以“为民务实清廉”为主要内容的党的群众路线教育实践活动。这是新时期保持党的先进性和纯洁性的基本要求。

为民是坚持立党为公、执政为民最直接体现，是开展一切工作的根本出发点和落脚点。这就要求我们在工作中，心里始终装着人民、凡事始终想着人民、工作始终依靠人民；在了解实情察民意、加强沟通听民声、办事公道聚民心上多下功夫；切实维护群众利益，自觉接受群众监督，正确对待群众批评。在解决人民群众最关心、最直接、最现实问题上多出实招、多办实事、务求实效。只有这样，才能保持作风纯洁，才能保证党的先进，才能加强党群干群关系，党的宗旨才能得到最切实的体现，国家才能获得最持久的发展动力。

务实即脚踏实地、埋头苦干、任劳任怨，是我党保持优良传统作风的重要手段和开展一切工作取得实效的重要法宝。党和人民把我们放在一定的岗位上，我们就要尽心尽力干出成绩来，不辜负党和人民的期望。坚持重实际、鼓实劲、求实效，不图虚名，不务虚功，扎扎实实地把党和国家的各项决策和工作落到实处，这样才能保持住党的先进性和纯洁性，成为一名真抓实干、为民办事，用工作实效取信于民的好党员、好干部。

清廉即严于律己，廉洁奉公，是共产党员的政治要求。要守住清正廉洁的底线，就要坚持高尚的精神追求，就要时刻把党和人民的利益放在首位，就要从日常做起，从每一件小事做起，时时刻刻提醒自己，告诫自己，在任何情况下都稳得住心神、管得住行为，牢记职责，不辱使命，切实做到拒腐蚀、永不沾，保持住自身的良好形象，使自己真正成为社会的表率，群众的表率，共产党员的表率，永葆共产党人的浩然正气。

为民、务实、清廉是辩证统一的整体，既有各自的目标又为着共同的目的。三者统一，三位一体，构成了共产党人的世界观、人生观、价值观，也是共产党人工作观、事业观、廉政观的全部内容。要怀为民之心，权为民用无私念；走务实之路，真抓实干见落实；修清廉之形，两袖清风品自高。

二　为民务实清廉是新时期党的群众路线的根本要求

为民，既是群众路线的出发点和落脚点，更是新的历史时期对党员提出的根本要求。习近平总书记说：“人民对美好生活的向往，就是我们的奋斗目标。”这是因为，我们党从改革开放以来，党所处的历史方位发生了深刻变化，一方面使党员干部能够运用手中掌握的权力更好地实现全心全意为人民服务的根本宗旨，为人民执好政，掌好权；另一方面也使党员干部面临着权力和利益的双重诱惑。当前党员干部队伍不断发展壮大，特别是一大批年轻而且有知识的新党员源源不断地充实到党的肌体中来，使党进一步充满了生机和活力。这是党的生命力和凝聚力不断增强的重要标志。但同时，也要注意到，在党员队伍包括干部队伍中出现了一系列令人揪心的情况。一些人入党前表现很好，入党后放松自我要求，逐渐同党离心离德，甚至违法乱纪走向腐败；一些没有实际能力而只会夸夸其谈甚至擅长阿谀奉承的人，进入了党的队伍包括干部队伍；这几年还出现了用金钱“买党票”“买官”等现象，给党的队伍的纯洁性带来了更大的威胁。尽管这些现象不是主流，但决不能掉以轻心。因此，我们今天加强群众路线教育，不是一般地谈论加强或简单地重复过去的做法，而是首先从我们面临的新情况出发，进行党的根本宗旨教育，使全党更好地树立“为民”意识，努力加强和改进新形势下的群众工作。

务实，既是群众路线的本质特征，更是在新的历史条件下改进作风的重要任务。习近平总书记曾多次强调：“空谈误国，实干兴邦。”今天，在新的历史条件下坚持群众路线及其务实本质，就要从转变思想作风和工作作风做起，加强党的群众工作。一是以转变作风为前提做好群众工作。一些群众工作做得比较好的地方，干部经常上街下乡，直接听取群众意见，甚至直接到有意见的群众那里谈心，人对人、面对面、手拉手、心连心，效果很好。但是我们有些干部小车进小车出，从家门到机关门，同基层群众接触少了。这些情况和经验告诉我们，切实转变作风，做到群众的门走得进、群众的话听得进，是做好新形势下群众工作的前提。二是以信任为纽带做好群众工作。现在，有许多地方不仅党委和政府有权威，而且群众遇到问题相信正面引导，群众工作比较好做。但是，我们面临的一个大问题是许多群众对一些干部缺乏信任，这是做好群众工作的一大障碍。出现这种情况，原因很复杂，既有这些地方平时做表面文章，大话空话多，实际上没有落实，失信于民；也有这些地方个别干部言行不一，说一套做一套，致使政府公信力降低；等等。因此，做好新形势下的群众工作，就在于我们的广大干部通过实实在在的做法取信于民，能够真正获得广大群众的信任、理解和支持。三是以解决实际问题为基础做好群众工作。分析现阶段党群关系、干群关系中存在的问题，我们可以注意到，群众的意见和不满大部分不是针对党和政府的，而是针对一些具体做法和事情的。因此，要做好群众工作，重点是通过调查研究解决群众最关心最直接最迫切要求解决的问题，群众就会发自内心地拥护党和政府。四是以制度为保障做好群众工作。我们党做群众工作的经验告诉我们，群众工作是一项经常性的工作，而不是一项突击性的工作。因此，做好群众工作的可靠保障是健全的制度。比如，有的地方长期坚持“民主恳谈会”这样的协商民主形式，把群众工作制度化了。有的地方实行“党员志愿者”制度，及时帮助群众排忧解难。

清廉，是群众路线的基本要求，更是新时期我们党要解决的紧迫课题。习近平总书记说过“打铁还需自身硬”。干部的素质、能力和作风在贯彻群众路线过程中具有重要的作用，干部自身的道德、品行、操守在贯彻群众路线过程中也具有重要的作用。

当前，在干部的道德建设中尤其要加强反腐倡廉教育和廉政文化教育，做到干部清正、政府清廉、政治清明。为政清廉才能取信于民，秉公用权才能赢得人心。一些地方脱离群众而发生群体性事件，往往同那里有些干部为政不清廉直接相关。因此，应从新的实际出发，把共产党人的道德观包括廉政意识教育纳入群众路线教育。只有这样，才能使党的干部队伍健康成长，使党经受住各种考验，永葆生机和活力。

三　党的群众路线教育活动成果要体现在为民务实清廉的实效上

为民的实效。共产党的宗旨就是为人民服务，我们党的一切工作出发点和落脚点都是群众。因此我们的一切政策措施都要得到人民群众的认同和参与。肇庆市委、市政府近年来突出抓好保障改善民生，大力推进基本公共服务均等化，让发展成果更多惠及人民群众。一是创新城乡公共就业创业服务体系，促进了以高校毕业生为重点的青年就业创业和农村转移劳动力、城镇困难人员、退役军人就业。二是提高了城乡最低生活保障标准，加大敬老院建设力度，发展老年服务产业，完善社会养老服务体系。三是实施创建教育现代化先进市六大工程，实现公办义务教育规范化学校全覆盖，探索实施公办学校校长教师交流轮岗，完善义务教育学校免试就近入学制度，保障异地务工人员随迁子女接受义务教育。四是深化医药卫生体制改革，推进基层医疗卫生机构综合改革，建立最严格覆盖全过程的食品药品监管制度，实行食品原产地可追溯制度和质量标识制度。社科联要发挥“桥梁”和“纽带”作用，深化社科理论宣传和社科普及，深入开展理论宣传和社科普及活动，利用好《肇庆论丛》、“星湖讲坛”“学术肇庆网站”等平台，充分发挥好理论宣传和社科知识普及的功能，更好地为广大群众服务。

务实的实效。求真务实促发展，做到我们所做的工作让广大人民群众得到实惠。肇庆近年来紧紧围绕建设珠三角连接大西南枢纽门户城市和市委十一次党代会提出的“两区引领两化”战略，坚持以人为本的理念，让人民在发展中共享成果。作为全市“两区引领两化”的龙头，肇庆高新区和肇庆新区着力提升发展内涵质量。肇庆高新区提出要科学规划产业布局，不断改善优化投资环境，抓好管理促效益提升，注重节约集约用地，积极探索和完善服务效能公开承诺等各项制度。肇庆新区则继续以项目为抓手，推进核心区路网水网、地下综合管廊、分布式能源站、学校医院、文化设施等重点工程。以粤桂合作特别试验区《总体发展规划》通过省政府常务会议审议为动力，在做好高起点规划的同时，制定试验区形象宣传与推广方案，大力提升试验区知名度和软实力，吸引项目进驻，努力把试验区打造成为投资的“洼地”和创业“高地”；以广佛肇经济合作区为新型工业化发展平台，创新机制瞄准大财团推进园区建设，创新思路瞄准大项目招商选资，完善配套助推合作区发展，全力推动新一轮工业经济的大发展。社科联要在服务决策中发挥好参谋助手作用，充分发挥广大社科工作者的智力优势和学科优势，紧紧围绕建设珠三角连接大西南枢纽门户城市和市委十一次党代会提出的“两区引领两化”战略，发挥社科界思想库、智囊团的作用，为肇庆更好地发展提供理论支撑。

清廉的实效。清正廉洁强队伍，坚持深化廉政建设，建强班子队伍，健全完善惩治和预防腐败体系，严格执行党风廉政建设责任制，要坚持强化学习教育，使干部自觉贯彻“照镜子、正衣冠、洗洗澡、治治病”的总要求，实现思想认识进一步提高、作风进一步转变、清正廉洁形象进一步树立。从群众最关心的问题抓起，从群众最不满意的地方改起，促进党员干部坚持清正廉洁的长效机制，确保形成的制度行得通、指导力强、能长期管用。只有我们的工作做到清正廉洁，才能得到最广大人民的拥护，才能最大限度地调动人民的积极性、主动性、创造性。

（本文发表于《肇庆论丛》2014 年第 2 期）

学习实践科学发展观是创先争优的首要任务

科学发展观是当代马克思主义中国化最新理论成果，是推进中国特色社会主义现代化建设事业的指导方针，学习实践科学发展观对开展创先争优活动具有十分重大的意义。理论工作者必须勇于承担使命，为推动创先争优活动作出贡献。

一　充分认识学习实践科学发展观对开展创先争优活动的重大意义及其内在联系

1. 科学发展观是当代马克思主义中国化最新理论成果

科学发展观，是以胡锦涛为总书记的党中央领导集体，以邓小平理论和“三个代表”重要思想为指导，从新世纪新阶段党和国家事业发展全局出发提出的重大战略思想，它创造性地回答了新世纪新阶段我国为什么发展、怎样发展的根本问题，是对社会主义现代化建设规律认识的新飞跃，是马克思主义与中国国情和时代特征相结合的最新理论成果，是中国特色社会主义理论体系的重要组成部分。党的十七大强调，科学发展观是对党的三代中央领导集体关于发展的重要思想的继承和发展，是我国经济社会发展的重要指导方针，并将科学发展观写入党章，成为中国共产党的指导思想。随着改革开放的不断深入，科学发展观对于中国特色社会主义事业重大而深远的指导意义越来越充分地显现出来，实践证明，科学发展观是全面建设小康社会、推进社会主义建设全面发展、顺利实现社会主义现代化的指导方针，是解决复杂的国际国内矛盾、应对各种风险和挑战的强大理论武器。党的十七大提出加强党的建设两大活动：在全党开展深入学习实践科学发展观活动、在党的基层组织和党员中深入开展创先争优活动。学习实践科学发展观活动从 2008 年 9 月正式启动，历时三年分三批进行，紧紧围绕党员干部受教育、科学发展上水平、人民群众得实惠的总要求，各级党组织认真落实中央决策部署，广大党员干部积极投身学习实践活动，取得了丰硕的成果。目前，“创先争优”活动正在全国如火如荼地开展着。

2. 创先争优活动进一步推动科学发展观不断向深度和广度发展

学习实践活动是集中性的主题教育活动，而创先争优活动是推动基层党组织和党员立足本职发挥先进模范作用的经常性工作，这两项活动主题都是学习实践科学发展观，根本要求是一致的，两项活动紧密衔接、相互促进。学习实践科学发展观为创先争优打下坚实的思想和理论基础；而创先争优是科学发展观成果的集中体现和本质要求。党的基层组织是党全部工作和战斗力的基础，承担着把科学发展观贯彻落实到基层的重要责任，在基层组织和党员中深入开展创先争优活动，是推动科学发展、促进社会和谐的需要，是加强基层组织建设的需要，是进一步调动和激发广大党员积极性创造性的需要。创先争优活动作为学习实践科学发展观活动的继续、延展和深化，核心也是贯彻落实科学发展观，因此，深入开展创先争优活动，要把深入贯彻落实科学发展观作为首要任务和根本要求。党的十七届五中全会确定以科学发展为主题，这是因为我国是拥有 13 亿多人口的发展中大国，仍处于并将长期处于社会主义初级阶段，发展仍是解决我国所有问题的关键。我们要以党组织和党员创先争优带动全社会创先争优，激发广大干部群众投身“十二五”建设的积极性、主动性、创造性，围绕推动科学发展这个主题开展创先争优活动。近日，胡锦涛总书记对深入开展创先争优活动做出重要指示，吴邦国、温家宝、贾庆林、李长春、习近平等中共中央政治局常委也分别做了指示，强调要坚持以推动科学发展、促进社会和谐、服务人民群众为主题，深入一线，深入实际，开展创先争优活动。

3. 运用科学发展观引领创先争优活动取得新成效

学习实践科学发展观不仅是创先争优的首要任务，更是加强党的建设、推动社会发展的重要任务。发展是一个民族、一个国家、一个社会和一个政党进步的基础和动力，也是解决自身一切矛盾和问题的根本所在。以科学发展观指导我国社会主义现代化建设的各项工作，不仅要求我们在经济、政治、文化、社会等各个领域贯彻落实科学发展观，而且要求我们在党的建设中也要贯彻落实科学发展观，真正做到党的建设服务于科学发展，党的建设自身实现科学发展。科学发展观的核心是以人为本，社会主义建设的根本目的是不断提高人民群众物质文化生活水平和健康水平，实现人的全面发展，党的建设则把实现好、维护好、发展好最广大人民的根本利益作为党和国家一切工作的出发点和落脚点，把党建设成为立党为公、执政为民的执政党。科学发展观全面协调可持续是一个互相联系、互相制约、互相促进的有机整体，社会主义建设中的经济建设、政治建设、文化建设、社会建设以及生态文明建设和党的建设是一个有机的整体，党的思想建设、组织建设、作风建设、制度建设、反腐倡廉也是一个有机的整体。贯彻落实科学发展观，就是要坚持全面协调可持续发展；要做到统筹兼顾、全面协调可持续发展，要求党的建设要站在执政兴国、不断推进改革开放事业的高度，立足当前的实际，着眼长远目标，促进经济社会科学发展。可见，科学发展观对推动创先争优活动的健康发展具有重要的指导意义。

二 学习实践科学发展观和开展创先争优活动要着力解决好“四个问题”

我们党历来把思想理论建设作为党的建设的首要任务，特别是党的十七届四中全会提出建设学习型政党以来，各级党组织采取多种形式深入学习，兴起了理论学习的新高潮。但不容忽视的是，也有一部分单位、一部分党员干部的理论学习还存在一些问题，严重影响着学习实践科学发展观和创先争优活动的进一步深入，应当引起高度重视，认真予以解决。

1. 着力解决认识不到位的问题

当前，相当一部分干部群众轻视理论工作，没有认识到理论武装的重要性，甚至有些领导干部对科学发展观的学习和宣传还缺乏认同感，学习的热情不高，表现为：有的不思进取、碌碌无为，不愿学；有的热衷应酬、忙于事务，不勤学；有的装点门面、走走形式，不真学；有的心浮气躁、浅尝辄止，不深学；有的食而不化、学用脱节，不善学；等等。我们党是一个拥有7000多万党员的大党，领导着13亿多人口的大国，面临国际国内更为激烈的竞争和更为严峻的挑战，这个时候加强思想理论建设尤为重要，对于学习科学发展观的重要性，我们要放到关系到国家的前途、党的前途、社会主义的前途这样的高度去认识，科学发展观是帮助我们认清形势、分析问题、指导实践的，是解决方向路线问题的，决不能因为形势发展很快，日常工作紧张繁忙，深化改革的任务艰巨繁重，而放松政治理论学习。

2. 着力解决学习不深入的问题

自2003年10月党的十六届三中全会提出了科学发展观后，各级党组织和党员干部就开始开展学习，有的人认为这么多年学来学去就是一个科学发展观，早就学透彻学清楚了。这些人主要是学习还不够深入，没有认识到科学发展观的含义是随着改革发展的不断深入而日益丰富的。“坚持以人为本，树立全面、协调、可持续的发展观，促进经济社会和人的全面发展”，这是党中央首次提出关于科学发展观的概念。党的十七届五中全会和“十二五”规划提出：在当代中国，坚持发展是硬道理的本质要求，就是坚持科学发展，更加注重以人为本，更加注重全面协调可持续发展，更加注重统筹兼顾，更加注重保障和改善民生，促进社会公平正义，这“四个更加注重”对科学发展提出了新要求，同时，加快转变经济发展方式是我国经济社会领域的一场深刻变革，必须贯穿经济社会发展全过程和各领域，也是我们实现科学发展的主线，可见，我们学习科学发展观不是一成不变的。今天，结合肇庆发展的实际，学习实践科学发展观，主要有以下四个重点：一是要以人为本，建设幸福广东、幸福肇庆；二是要把握好科学发展的主题、加快转变经济发展方式的主线；三是当前要创新社会管理，最大限度激发社会活力、最大限度增加和谐因素；四是要处理好改革稳定的关系，构建有利于发展的社会法治环境。

3. 着力解决学习制度不落实的问题

党员干部不勤学、不真学的现象看起来是党员个人的问题，但实际上与相关制度的滞后、不落实有很大关系：有些党组织的学习制度不健全，让人觉得学习是可有可无的事；有些党组织虽然制定了学习制度，但坚持不到位、落实不到家，往往流于形式，让人觉得学与不学无关紧要；有的学习制度不配套，偏重于要求式的实体性制度，而缺少实现学习目的所必需的引导、组织、激励、检查等操作性制度，让人不知道如何去学。习近平总书记在《关键在于落实》中指出：在其位，谋其政。我们党是为人民执政的，每个领导干部都要有执政为民的高度使命感和责任感。抓落实，也是对各级领导干部这种使命感和责任感的重要检验。我们落实创先争优的各项制度，一方面制度设定要以人为本，通过规范学习管理、激励惩罚机制等有效制度，让“要我学习”，转变为“我要学习”，发挥党员干部的主观能动性，积极投身创先争优活动，推动活动的扎实开展；另一方面，各级党组织和党员要进一步提高使命感和责任感，深入贯彻落实科学发展观，牢固树立党的宗旨意识和正确政绩观，克服主观和客观上的诸多障碍，始终弘扬脚踏实地、埋头苦干的精神，把决策变为实践行动。

4. 着力解决对理论指导实践不自觉的问题

理论来自实践，指导实践；理论通过实践检验才能获得发展。科学发展观是用来指导实践的，只有同各地区各部门发展实际紧密结合，才能落到实处，发挥作用。有的地方遇到问题，思路不清，破解不了改革发展难题，究其原因，是实践科学发展观的能力还有待提高。实践科学发展观的能力，要在推进改革开放和现代化建设的实践中去提高，在驾驭社会主义市场经济的实践中去提高，在解决复杂矛盾和各种困难的实践中去提高，在应对面临的挑战和风险的实践中去提高。当前，大力贯彻落实《珠江三角洲地区改革发展规划纲要》为肇庆带来新的机遇和挑战，加快转变经济发展方式是摆在我们面前的重要任务，解决我市“经济相对欠发达、城乡区域发展不平衡”的两大矛盾、实现“富民强市，建设幸福肇庆”等，有很多新的问题亟须我们用科学理论指导实践厘清思路，在这种情况下，更要求我们的领导干部有开拓创新的能力和用科学发展观指导实践的能力。

三 理论工作要为推动学习实践科学发展观和创先争优活动提供强大支持

中国近几十年变化的规模、速度和质量前所未有，人们思想空前活跃，利益结构快速变化，政治、经济、文化领域出现了大量新的现象和问题，这对理论宣传工作构成新的挑战。用理论来解释回答这些新变化新现象，指导科学发展，这是历史赋予理论工作者的使命。我们要善于用中国特色社会主义理论体系尤其是科学发展观解释说明繁杂的社会现象和问题，扎实推进创先争优活动，为推动科学发展、建设幸福肇庆建设提供理论支撑。

1. 理论工作要为推动科学发展，转变经济发展方式提供智力支持

汪洋书记近日到肇庆调研，在充分肯定近几年来市委、市政府在谋发展上取得的成绩的基础上，指出经济相对欠发达、城乡区域发展不平衡仍是我市的主要矛盾，希望我们要坚定不移地走科学发展道路，成为代表珠三角科学发展成果的城市。市委在传达学习省委汪洋书记到肇庆调研的重要讲话精神会议上决定，在全市深入开展“解放思想、务实创新、努力建设成为能够代表珠三角科学发展成果的城市”大调研大讨论活动，理论工作者要以此为契机，开展形势政策宣传工作和理论研究工作，把我市各级党组织和党员群众思想统一到中央、省委和市委的决策上来；尤其要深入研究如何实现科学发展，发挥后发优势，不走传统发展模式老路，坚持速度与质量效益并举的问题；要深入研究如何通过国家级高新区这个重要载体着力提高自主创新水平的问题，努力把高新区建设成为带动肇庆经济结构调整和产业转型升级的强大引擎；等等。

2. 理论工作要为加强社会管理、服务人民群众提供智力支持

实现经济社会又好又快发展，离不开和谐稳定的社会环境。胡锦涛总书记指出，加强和创新社会管理，根本目的是维护社会秩序、促进社会和谐、保障人民安居乐业，为党和国家事业发展营造良好社会环境。我市在做好新形势下群众工作方面做了大量工作和尝试，如市政法部门在全国率先开通“平安肇庆”“法制肇庆”政法微博群，大力推动网络问政等，由于成绩突出，连续3届被评为全国社会治安综合治理优秀地市，获全国“长安杯”奖，有力促进了社会和谐稳定。国家在“十二五”规划纲要设立专篇，提出建立健全中国特色社会主义社会管理体系，这是理论工作的新课题，我们要结合肇庆实际深入基层，做好这个理论体系的研究工作。发展的目的是为了人民，办好民生实事、增进民生福祉是富民强市、建设幸福肇庆的根本目的和最终归宿。大力实施城乡就业、便民廉医、教育均衡发展、全民安居、农村生产生活环境改造、社会保障、扶贫开发、农村公共交通、农村饮水安全、公园绿道建设“十项惠民工程”，是肇庆市委做出的重大决策，是解决民生问题的重要抓手，理论工作要为充分调动社会各界投身“十项惠民工程”建设服务，形成全民支持、全民参与的良好氛围。

3. 理论工作要为加强思想建设、进一步推进学习型党组织建设提供智力支持

学习型党组织与先进党组织、学习型党员与优秀共产党员有着内在的联系，把创先争优活动和建设学习型党组织紧密结合起来，两者相互促进，可以取得更好效果。要把建设学习型党组织的要求贯穿于创先争优活动的全过程，理论工作要以广泛开展读书活动、争当学习标兵为载体，完善集体学习讨论制度和党员干部培训制度，建立健全学习检查激励机制为抓手，引导广大党员干部深入学习领会科学发展观，不断深化理论学习武装头脑，提高政治素养，把学习成果转化为推动工作、解决问题的能力。开展创先争优活动，要注重研究各种类型基层党组织中党员的思想心理、兴趣爱好、接受习惯，让党员群众接受并掌握科学发展观，使人民群众真信、真学、真用科学发展观。在此基础上，理论研究宣传工作还要借助现

代通信手段，当前，互联网、手机等正在成为传播信息的重要手段，电影、动漫这些文化产业对人们的价值观形成影响不可低估，推动科学发展观理论武装工作，必须充分利用这些新兴媒体和现代方式，拓宽原有的宣传教育阵地，建立全方位、立体式的理论传播体系，组织丰富生动的宣传教育活动，快捷及时、准确地向广大党员群众传播党的理论创新成果、重大方针政策、重要工作举措，树立社会主义核心价值，从而凝聚人心和力量，推动工作和事业的发展。

4. 理论工作要为加强作风建设，抓好工作落实提供智力支持

我市“十二五”发展的指导思想和各项目标任务已经明确，现在重要的就是要抓落实，而抓落实的关键主要是各级党员干部。理论工作要大力弘扬党的“三大优良作风”，牢记“两个务必”，倡导“八个方面良好风气”，营造积极进取、奋发向上的精神风貌和干事创业氛围，推进各级党员领导干部作风建设，使各级党员领导干部始终保持奋发有为的精神状态，不断提高推动科学发展的工作能力，大力弘扬求真务实的工作作风，努力营造风清气正的发展环境，为认真落实“十二五”规划部署，推动经济社会发展再上新台阶做出贡献。

在党的基层组织和党员中开展创先争优活动，是学习实践科学发展观的巩固工程，是加强党员队伍建设、实现基层组织建设科学化工程，也是加快经济社会又好又快发展的工程，我们要围绕“推动科学发展、促进社会和谐、服务人民群众”的主题，引导基层党组织和党员干部积极投身“十二五”建设，为实现“富民强市、建设幸福肇庆”目标而奋斗。

（发表于《西江党旗红》2011 年第 6 期）

道德文化修养篇

关于发展和壮大我市文化软实力的思考

最近，国务院常务会议原则通过《文化产业振兴规划》，省委也颁布了《关于加快提升文化软实力的实施意见》，这是党中央国务院、省委省政府从建设中国特色社会主义总体布局的高度，从我省当前现代化建设的具体实践，向我们提出的新的战略任务。这两个文件是我市加快文化强市建设，打造“广东省文化产业重点示范区”“岭南特色文化展示区”“公共文化建设创新区”的纲领性文件，我们必须认真学习、深刻领会，全面贯彻好。

一　必须充分认识和客观评估我市加快发展文化软实力的基础和条件

1. 充分认识和客观评估我市有哪些在全省乃至全国具有得天独厚的历史人文自然的文化资源

肇庆是岭南文化发源地之一，具有深厚的历史文化底蕴，我们要对这些自然历史人文资源深入开展研究，认真梳理历史文化、名人研究、民间文化的发展脉络，看看哪些是我们有特色、相对于省内和国内其他城市是得天独厚的资源，加以保护开发。

2. 充分认识和客观评估当前我市有哪些文化建设项目发展具有当地特色又可以走在全省前列

我们认真思考肇庆有什么载体，如建设中国砚都（肇庆）端砚文化特色产业集聚园这类可以打造成为地方特色，但又在全省或者全国有地位的文化建设项目。

3. 充分认识和客观评估当前我市加快发展文化软实力有哪些有利机遇

在文化大发展大繁荣的背景下，特别是《珠三角发展规划纲要》又为我们创造了前所未有的历史机遇，我们要充分认识哪些优势对比其他城市是比较突出的，如领导重视，群众认同和支持，政策环境优势，吸引人才和创业环境等，来争取国家、省的支持，来吸引投资和人才，为我市加快发展文化软实力打好基础。

二 按照贯彻落实《纲要》的要求，打造好文化强市的硬件和软件设施

《纲要》提出要建立覆盖城乡的公共文化服务体系，推进文化创新。建设文化强市要从肇庆实际出发，打造好各项硬件和软件设施。

1. 建设好现代化文化基础设施场所这些硬指标

肇庆要提升文化软实力，首先营造文化产业发展的硬环境，把图书馆、博物馆、艺术馆等这些硬件设施的建设提上重要日程，按照高起点、高标准和投资多元化的要求，集中力量建设一批特色鲜明、功能完备、具有现代气息的重要文化设施，使之成为我市打造文化强市的重要基础。

2. 要加强现代网络和公共服务这个软环境的建设

《纲要》提出要形成布局合理、设施先进、功能完善、覆盖城乡的公共文化服务设施体系，这就需要我们将现代科技引入文化创作、生产、经营和服务等各环节，推进广播影视、出版、演艺等领域的数字化应用，加快建立健全文化信息资源共享网络服务体系。在公共服务体系网络化的环境下，广泛开展丰富多彩的群众性文化活动，不断提高我们的公共文化服务水平。

3. 根据肇庆原有发展规划和未来发展方向，做好人才培养规划

市委市政府要根据发展方向和规律，注重建立人才培养选拔制度和奖

励制度，有计划地为肇庆引进和培养文化市场意识强、熟悉文化产业开发的人才。

三　加快发展我市文化软实力的战略举措

与珠三角其他城市相比，我们还存在公共文化投入不足，公共文化服务体系不健全、体制机制创新动力不足，文化人才缺乏等方面的差距。因此，我们要厘清适合肇庆、有地方特色的跨越发展的新思路。

1. 以贯彻落实《纲要》和中央、省有关文件为契机，重新修编和审定我市文化发展的方针和规划

今年是我们贯彻落实《珠江三角洲地区发展和改革规划纲要》的第一年，特别是中央的《文化产业振兴规划》提出了振兴文化产业的八项重点工作，省委省政府《实施意见》具体化为七项工程，我们要以贯彻中央、省委文件为契机，根据中央、省委大的定位和方向，要提出具体规划，制定我市提升文化软实力的中长期战略定位、战略目标、战略重点和战略措施，坚定实施文化强市战略。

2. 加强政府引导，市场运作的文化发展规律加快我市文化硬件整体建设

加快文化硬件建设政府引导是重要的，领导重视了，才能以一种强的政治手段来贯彻实施。目前我们的经济总量、财政收入在珠三角排在最后，想靠政府全部投入来建图书馆、博物馆等这些基础设施不太容易，这就需要我们走出一条政府要加强引导，走市场运作的、符合肇庆实际的文化发展道路，发展旅游文化、工艺美术、传媒信息、文化用品制造和养生休闲娱乐这些相关产业，认真选准几个提升文化软实力的重点工程重点打造。

3. 努力打造一支能够支撑肇庆文化发展的人才队伍

政府及文化职能部门既要培养文化创作人才队伍，也要培养熟悉文化市场运作的文化经营人才队伍，建立激励机制，吸引、聚集更多的人才参与到文化产业发展中来，才能保证我们的文化产业高质量发展。

四 加快我市文化软实力，要注意处理的几个关系

加快提升我市文化软实力过程中，我们要注意处理好几个关系：一是处理好继承和创新的关系。肇庆有深厚的历史文化底蕴。我们有宋文化、端砚文化、七星岩、鼎湖山等得天独厚的人文历史资源，这使得我们的继承尤其重要，但是，我们要创新，要是没有创新就落后了。譬如说深圳并没有很丰厚的历史文化资源，自然景观也相对缺乏，但深圳的欢乐谷是广东乃至全国最成功的一个旅游点，来旅游的人络绎不绝，因为它有先进的、新颖的娱乐项目，并且不断地在创新。因此，我们怎样把现有的七星岩、鼎湖山跟新的有现代气息的旅游文化结合起来，在传承的基础上有所创新，打造肇庆特色品牌是非常重要的。二是处理好政府引导和市场运作的关系。我市属经济欠发达地区，客观条件有一定制约，文化硬件设施仅靠政府大手笔加大投入搞建设是不够的。目前按照世界发展的潮流和中国改革开放的经验，市场化运作这条道路一定要走，通过走向市场化的道路，推进我市文化建设的跨越发展。三是处理好基础设施建设和管理的关系。我们有些基础设施是做出来了，但社会效益、经济效益不容乐观。我们一方面要投入，一方面也要做好管理，基础设施才能发挥应有的经济和社会效应，给群众带来真正的文化享受。

（本文发表于《肇庆宣传》2009 年第 10 期）

读书强素质　当好排头兵

党的十七届四中全会把建设马克思主义学习型政党作为加强和改进党的建设的首要任务。今年我市宣传文化战线的干部职工率先开展“读书强素质，当好排头兵”读书活动，这是贯彻落实好四中全会战略部署，建设学习型党组织、学习型社会的一项重要举措。

一　党中央提出创建学习型政党并号召干部群众读书

我们党历来高度重视读书学习。以毛泽东同志、邓小平同志、江泽民同志为核心的党的三代中央领导集体和以胡锦涛同志为总书记的党中央，一以贯之地把加强学习作为一项关系党和国家事业兴旺发达的战略任务。党的十六届四中全会通过的《决定》，首次在党的文件上明确提出“努力建设学习型政党”的任务，党的十七届四中全会对“建设马克思主义学习型政党，提高全党思想政治水平”进行了深刻论述和全面部署，将全党的学习摆在了更加突出的位置上。十六大以来，胡锦涛总书记亲自主持中央政治局集体学习 63 次，平均每 40 多天就集中学习一次，为建设学习型政党、建设学习型社会起到了重要的推动和示范作用。去年 5 月，《学习时报》刊登了中共中央政治局常委、中央书记处书记、中央党校校长习近平在中央党校的讲话《领导干部要爱读书读好书善读书》，专门谈领导干部读书问题。今年 2 月 8 日，省委汪洋书记在《南方》杂志上发表文章《让学习成为领导干部的工作和生活方式》，强调读书对于一个人的成长进步很重要，对于领导干部提高自身素质、做好工作更为重要，寄语全省广大党员干部特别是领导干部要积极投身学习型党组织建设，让学习成为每一位领导干部的工作和生活方式。在市委十届八次全会上，市委书记覃卫东提出，领导干部要自觉加强学习，在学习中寻找应对危机之策、破解发展难题之举，推动改革创新之道，并对读书学习提出了具体的要求。

可见，从中央、省委到市委，对读书学习、建设学习型政党都非常重视。因此，各级党组织必须高度重视，把读书学习作为创建学习型党组织、学习型机关的一项重要工作抓好。

二 宣传文化战线开展读书活动是适应发展的现实需要

宣传文化战线的干部职工率先开展“读书强素质，当好排头兵”的专题读书活动，是由肩负的责任和要面对的工作重点决定的，是提高素质、创新观念、提升文化软实力，实现肇庆经济社会又好又快发展的内在要求。

1. 肩负的责任需要多读书读好书善读书

当前，在经济转轨、社会转型时期，利益关系深刻调整，各种矛盾问题相互交织，传播手段和文化业态更加多样，对宣传思想工作提出新的更高要求。宣传文化战线的干部职工，面临着许多过去没有遇到的新情况、新问题，如怎样深化认识发展“低碳经济”、发展“绿色经济”等新理念，怎样利用和管理互联网、手机短信这些新生媒体做好宣传工作，如何提升文化软实力等，光靠我们以前学过的知识是难以应对的，特别是宣传文化工作者，更加要先学一步，学深一点，才能够把党的方针政策宣传好。只有通过读书学习，才能开阔视野思路，优化和完善知识结构，增强谋划发展的能力；才能不断增强用马克思主义立场观点方法研究解决问题的能力，推动宣传思想文化事业改革创新的能力，把好关把好度的能力，与媒体打交道的能力，驾驭复杂局面的能力；才能在宣传思想工作中牢牢把握正确导向，唱响主旋律、打好主动仗，更好地宣传党的主张、弘扬社会正气、通达社情民意、引导社会热点、搞好舆论监督，不断巩固壮大积极健康向上的主流舆论，进而有力推动宣传思想文化战线各级各类单位学习型机关、学习型团队的建设。

2. 面临的工作重点需要多读书读好书善读书

今年是夺取应对国际金融危机冲击全面胜利、推动我市科学发展、加快发展，尽快实现 GDP 超千亿、尽快成为名副其实珠三角城市至为关键的一年。市委书记覃卫东在年初八宣传部的团拜会上强调，宣传文化战线要围绕贯彻落实党的十七届四中全会、胡锦涛视察广东讲话、省委十届六次全会和市委十届八次全会精神，围绕贯彻落实《珠三角发展规划纲要》做好各项宣传工作，为维护我市经济发展大局、迅速做大经济总量、提升发展质量提供强大精神文化支撑。这不仅需要我们运用切实有效的宣传教育手段把市委、市政府的决策部署转化为广大干部群众的普遍意识和自觉行动，推动肇庆经济社会发展实现新跨越，加快融入珠三角，还需要我们进一步发挥宣传思想文化战线的智囊参谋作用，围绕我市实现珠三角一体化过程中的产业发展、城市规划、基础设施建设，参与打造广佛肇经济圈加强应用对策研究，为市委、市政府决策提供参考。为此，宣传文化部门应该更注重加强读书学习，才能积极准确有效地引导全市上下把加快经济发展方式转变的各项重点工作落到实处，形成加快转变经济发展方式的强大合力。

三　宣传文化战线要当读书学习的典范，推动我市学习型社会的建设

宣传部门作为意识形态的主管部门，在推进学习型党组织、学习型社会的建设中要带好头，切实抓好自身学习，特别是在带头读书方面，要率先垂范。

第一，以读书活动为契机，进一步推动形成热爱读书、崇尚学习的良好氛围。一是要提高思想认识，树立新的学习理念。宣传文化战线的领导

干部要重视读书，大力倡导学习是第一需要、终身学习、工作学习化学习工作化、团队学习和学以致用的理念。合理安排好读书时间，把“日读一小时，月读一本书”的要求落实到行动中。二是要做好全民阅读的表率。切实抓好党委中心组学习，领导干部带头读书，带头做读书交流，从而带动各级党组织、社会各阶层的学习。宣传文化战线要严格按照“十二个一”要求开展读书活动，即读一本好书、写一篇心得体会、配一张借书卡、办一个读书节、设一个学习园地、荐一批好书、听一次讲座、看一场电影、开一次读书交流会、创一个读书栏目、订一份学习手机报、建一个学习网站，带头推动学习型机关、学习型社会建设。三是要适时在各大媒体推荐阅读书目。推荐党的基本理论书籍，推荐当前热点焦点问题与国家法律法规的书籍，推荐业务书籍，推荐现代新知识方面的书籍，推荐文学、艺术、历史方面书籍，使大家了解现代化建设所需要的政治、经济、文化、科技、法律、金融、外贸、管理等方面的知识，不断拓展知识面，树立世界眼光，提高综合素质。四是要发挥好图书馆这个阵地的作用。办好“读书节”“社科普及周”系列活动，研究并积极推广数字阅读等新型阅读方式，为基层公众创造必要的阅读条件。

第二，以读书活动为契机，进一步深化党的理论创新成果的研究、宣传和普及。中国特色社会主义理论体系是马克思主义中国化最新成果，是党最可宝贵的政治和精神财富，是全国各族人民团结奋斗的共同思想基础。宣传文化战线要以读书活动为契机，加强对中国特色社会主义理论体系的学习、研究与宣传。一是要深化研究。紧紧围绕坚持和发展，结合肇庆实际，着力研究重大问题，为发展找准科学理论支持，着力研究人民群众关心的问题，为大众解疑释惑。二是深化宣传普及。必须在宣传普及的形式和方式上不断创新，注重运用报刊、广播、电视等生动形象地宣传科学理论，充分发挥互联网等新兴媒体的独特优势，通过读书会、报告会、讲坛、论坛、专栏、网上博客、在线交流、推出通俗理论读物和电视专题片等生动活泼的形式，增强理论宣传的互动性和吸引力，同时要充分发挥各级宣讲队伍的作用，广泛开展面对面的宣讲，推动党的理论创新成果深入人民大众。

第三，以读书活动为契机，进一步推进社会主义核心价值体系的建设。读书是提高国民素质、推动社会进步的有效工具，是一个社会文明发达程度的重要标志，也是一个人完善自我、增长智慧的重要途径。可以通过结合精神文明创建、文化基础设施建设和文化活动开展读书活动，加强党的优良传统教育，加强中华优秀文化传统教育，引导党员干部群众弘扬以爱国主义为核心的民族精神和以改革创新为核心的时代精神，自觉践行社会主义荣辱观，培养高尚道德情操和健康生活情趣，保持昂扬奋发的精神状态，使社会主义核心价值体系转化为人们的精神信仰和价值追求。

第四，以读书活动为契机，进一步拓展改革发展思路。“学而不思则罔，思而不学则殆”，学以致用的过程就是我们不断思考、拓展思路的过程，宣传文化战线要多读书、读好书、善读书，在着力服务党委政府中心工作、夺取应对国际金融危机冲击全面胜利过程中，敏于行，勤于思，勇于探索，大胆实践，推动宣传文化领域体制机制创新，提高驾驭宣传思想工作的能力和水平，创造性地做好各项工作，为促进改革发展、维护和谐稳定提供思想保证、舆论环境、精神动力和文化条件。

“读书强素质，当好排头兵”，这不仅是宣传文化战线读书的要求，也应该成为我市党员干部群众的读书要求，通过读书坚定理想信念，提高个人素养，推进学习型党组织、学习型社会建设，为我市实现“两个尽快”“两个成为”做出新的更大的贡献。

（本文发表于《肇庆宣传》2010 年第 3 期）

社会主义核心价值体系是建设和谐文化的根本

构建社会主义和谐社会，是党的十六大和十六届三中、四中全会提出的重大战略任务，十六届六中全会通过的《中共中央关于构建社会主义和谐社会若干重大问题的决定》进一步做出了全面部署。构建和谐社会是中国特色社会主义的本质属性；建设和谐文化是构建和谐社会的重要任务；而社会主义核心价值体系是建设和谐文化的根本。本文试图从这三者之间的逻辑关系和辩证关系上阐述当前提出建设社会主义核心价值体系的重大意义、我们如何把握其丰富的科学内涵、当前怎样加强社会主义核心价值体系建设的基本问题。

一　提出建设社会主义核心价值体系的重大现实意义和深远历史意义

建设社会主义核心价值体系，是党的十六届六中全会在思想道德建设上的一个重大理论创新，也是我们党对新形势下思想道德建设提出的一项重大任务。其意义主要体现在以下四个方面。

第一，建设社会主义核心价值体系，有利于增强中华民族的凝聚力和活力。中国是一个具有五千多年文明历史的国家，我们祖先在五千多年的历史长河中已经创造了具有民族特色的灿烂辉煌的历史文化，这是四大文明古国中唯独我们民族得以生存和发展的命脉。但是随着历史的进程，特别是随着经济全球化、社会信息化、思想多元化的发展，仅靠传统文化难以支撑中国经济社会的现代化建设，需要我们党与时俱进地进行理论创新，当前党中央提出建设社会主义核心价值体系，其目的就是形成全民族奋发向上的精神力量和团结和睦的精神纽带。

第二，建设社会主义核心价值体系，有利于增强人民建设中国特色社会主义的信念和信心。新中国成立50多年，尽管走过不少弯路，但总的说来，中国的发展创造了人类经济社会发展的奇迹，取得了举世公认的巨大成就，这是不容置疑的事实，特别是改革开放的近30年，中国经济社会发生了翻天覆地的变化，这首先归功于我们党多年来对中国革命和建设的卓越探索，归功于毛泽东思想、邓小平理论和“三个代表”重要思想，归功于我们走上建设有中国特色社会主义道路。但是我们也必须清醒地认识到，在发展的进程中，出现了一些亟待解决的问题，如十六届六中全会提出的城乡、区域、经济社发展很不平衡，人口资源环境压力加大等六大问题。这些问题如不及时解决，势必影响中国特色社会主义的健康发展。因此，当前中央提出建设社会主义的核心价值体系，其目的就是对人们加强国情和形势教育，不断增强人们对中国共产党领导、社会主义制度、改革开放事业、全面建设小康社会目标的信念和信心。

第三，建设社会主义核心价值体系，有利于增强党的思想理论工作的创造力、说服力、感召力。加强党的思想政治工作，凝聚人心，调动一切积极因素，历来是我们党的政治优势，也是我们党从胜利走向胜利的法宝。核心价值体系是社会意识的本质体现，决定着社会意识的性质和方向。当前党中央提出建设社会主义核心价值体系，其目的就是在和谐文化建设中，抓住根本，牢牢把握社会主义先进文化的前进方向，不断增强党的思想理论工作的创造力、说服力和感召力。

第四，建设社会主义核心价值体系，有利于增强引领社会思潮的能力和水平。当今世界是一个开放的世界，各民族的文化、各种思潮、各种意识形态并存、相互交融、相互激荡。但在诸多思想潮流当中，必然要有一个主导社会思潮和行为的价值体系。只有建设社会主义核心价值体系，才能形成全社会共同理想信念，增强全社会的凝聚力；才能树立全社会的和谐理念，培养全社会的和谐精神；才能形成全社会的良好道德风尚，形成全社会的和谐人际关系；才能营造全社会的和谐舆论氛围，塑造全社会的和谐心态。当前党中央提出建设社会主义核心价值体系，其目的就是引领社会思潮，尊重差异，包容多样，最大限度地形成社会思想共识，为构建社会主义和谐社会打下坚实的思想道德基础。

二 正确认识和全面把握社会主义核心价值体系的基本内容和科学内涵

党的十六届六中全会，把社会主义核心价值体系基本内容概括为四个方面：马克思主义指导思想、中国特色社会主义共同理想、以爱国主义为核心的民族精神和以改革创新为核心的时代精神、社会主义荣辱观。社会主义核心价值体系这四个方面的内容，相互联系、相互贯通、相互促进，是有机统一的整体。

1. 马克思主义指导思想是社会主义核心价值体系的灵魂

建设社会主义核心价值体系，最根本的是坚持马克思主义的指导地位，这是因为：一是马克思主义是科学是真理，马克思主义所倡导的分析问题的立场、观点和方法至今没有过时，人类社会的发展趋势也还在一步一步地印证马克思主义揭示了人类社会发展的一般规律，实践证明马克思是千百年来最伟大的思想家。二是中国共产党是马克思主义政党，马克思主义是我们立党立国的根本指导思想。建党 80 多年来，为什么我们党能够从小到大、从弱到强、从革命党到执政党、成为中国革命和建设的领导核心，最根本的一条，就是我们始终坚持以马克思主义为指导思想。三是马克思主义始终严格地以客观事实为依据，总是随着时代、实践和科学的发展而不断发展，我们坚持的马克思主义是发展的马克思主义，是中国化的马克思主义。

2. 中国特色社会主义共同理想是社会主义核心价值体系的主题

理想是一个国家和民族奋勇前的精神动力，是中国特色社会主义文化建设的根本。正像胡锦涛总书记指出的那样：“理想信念，是一个政党治国理政的旗帜，是一个民族奋力前进的向导。”理想是有层次的。对于共产党人来说，最高理想是实现共产主义。在现阶段，建设中国特色社会主义是我们全社会的共同理想。这是因为：第一，提出建设中国特色社会主义的共同理想符合国情。我国旧社会是一个半封建半殖民地的国家，我们的社会主义制度是在一个比较落后的生产力水平基础上建立起来的，虽然新中国成立以来，特别是改革开放近30年来，我们有较快的发展，但总体来说我们还是发展中国家，所以我们党提出的现代化建设分三步走的目标，以及在21世纪头20年，集中力量全面建设小康社会，再继续奋斗几十年，到21世纪中叶基本实现现代化的目标，反映了中国现代化建设的历史进程和发展规律。第二，提出建设中国特色社会主义的共同理想反映民意。这个共同理想，集中代表了我国工人、农民、知识分子和其他劳动者、建设者、爱国者的利益和愿望，具有很强的广泛性和包容性，为社会各个阶层所广泛认可和接受，能有效凝聚各个方面的智慧和力量。第三，提出建设中国特色社会主义共同理想，既体现了现阶段党的奋斗目标，又体现了党的最终奋斗目标，要求共产党员把为最高理想而奋斗同为现阶段共同理想而奋斗统一于建设中国特色社会主义的实践。

3. 民族精神和时代精神是社会主义核心价值体系的精髓

中华民族的精神是丰富多样的，在五千多年的发展中，中华民族形成了以爱国主义为核心的团结统一、爱好和平、勤劳勇敢、自强不息的伟大民族精神。在改革开放新时期中华民族又形成了以改革创新为核心的时代精神。为什么说以爱国主义为核心的民族精神和以改革创新为核心的时代精神是社会主义核心价值体系的精髓，这是因为，中国是一个由56个民族组成的大家庭，占有世界五分之一人口的十三亿之众分布在世界的各个角落，靠什么来凝聚人民，靠什么来生存和发展，靠的就是民族精神和时代精神。历史实践证明，以爱国主义为核心的民族精神和以改革创新为核心的时代精神，是中华民族五千多年来生生不息、发展壮大的强大精神动力，也是中国人民在未来岁月里薪火相传、继往开来的强大精神动力。

4. 社会主义荣辱观是社会主义核心价值体系的基础

胡锦涛总书记提出的以“八荣八耻”为主要内容的社会主义荣辱观，

集中体现爱国主义、集体主义、社会主义思想，体现了社会主义基本道德规范的本质要求，体现了社会主义世界观人生观价值观，体现了中华民族传统美德，优秀革命道德与时代精神的完美结合，是社会主义核心价值体系的基础。

三 如何推进社会主义核心价值体系建设

建设社会主义核心价值体系，不仅是一项新的课题，而且还是一项系统的工程。当前我们应该主要从以下四个方面来大力加强社会主义核心价值体系建设。

一是坚持把社会主义核心价值体系融入国民教育和精神文明建设全过程、贯穿现代化建设各方面。建设社会主义核心价值体系关键在于全党重视，狠抓落实。当前我们要把建设社会主义核心价值体系作为各级党委工作的一项重要任务，摆在党委的重要日程中；要认真组织，周密部署，精心指导；要通过多种手段和途径推动这项工作的深入开展；要锲而不舍、常抓不懈、落到实处。

二是坚持用马克思主义中国化的最新成果武装全党、教育人民。中国的新民主主义革命和社会主义建设之所以取得举世公认的巨大成就，归根结底正是由于有马克思主义中国化的理论成果，毛泽东思想、邓小平理论和“三个代表”重要思想的正确指导。今天以胡锦涛同志为总书记的党中央，紧密结合新世纪新阶段国际国内形势发展变化，提出以人为本、实现科学发展、构建社会主义和谐社会、建设社会主义新农村、建设创新型国家、树立社会主义荣辱观、推动建设和谐世界、加强党的先进性建设的重大战略思想，这是当代马克思主义中国化的最新理论成果。

三是坚持加强对建设社会主义核心价值体系的理论研究。我们应该清醒地看到，建设社会主义核心价值体系对于我们来说还是一项新的任务，有许多东西还不熟悉。特别是要针对当前人们思想活动独立性、选择性、多样性的特点，深入研究我国传统文化中有利于建设社会主义核心价值体系的积极要素；深入研究社会主义核心价值体系的内涵和外延；深入研究社会主义核心价值体系的理论结构和实践要求。

四是坚持以社会主义核心价值体系引领社会思潮，尊重差异，包容多样，最大限度地形成社会思想共识。我们应该看到世界上有两百多个国家和地区，有不同的种族、不同的制度、不同的文化，因而也就有不同的世界观、人生观、价值观。就当前来说，我们今天强调建设社会主义核心价值体系，也只是中华民族五千多年诸多价值观中的核心部分，而不是它的全部，更不可能用核心价值体系来替代和否定所有的价值观。因此，我们今天在建设社会主义核心价值体系过程中，要坚持正确科学的态度。一是要尊重和包容多样性的文化和价值观；二是要坚持以我们党倡导的社会主义核心价值体系引领社会思潮，坚持社会主义先进文化的前进方向。

（本文发表于《肇庆宣传》2007 年第 2 期）

坚持以人为本原则　发展和谐劳动关系

党的十六届六中全会《决定》，提出了构建社会主义和谐社会必须坚持以人为本的原则和社会就业比较充分，发展和谐劳动关系的目标任务。这是党中央关于构建社会主义和谐社会的重要战略思想和战略举措，我们要从思想理论上正确认识和把握当前构建和谐劳动关系的重要性和紧迫性，自觉地、坚定地把党中央制定的关于构建和谐劳动关系的政策和举措落实到我们的各项工作中去。本文试图从社会劳动保障的角度，谈谈当前如何坚持以人为本的原则，努力构建和谐劳动关系的几个重要的理论和实践问题，以进一步推动我市构建和谐劳动关系的健康发展。

一　实现社会就业是发展和谐劳动关系的根本条件

1. 劳动是人类生存和发展的基础

历史唯物主义告诉我们，人类的生存和发展是建立在劳动基础上的，劳动创造财富、劳动创造社会，劳动是人类生存和发展的基础。当然劳动也是每一个家庭赖以生存和发展的条件，归根结底一句话劳动就业是民生之本。今天我们建设中国特色社会主义现代化事业，其目的也就是通过调动最广大人民群众的劳动积极性，创造出丰富的物质财富和精神财富来最大限度地满足人民的需要。

社会主义制度，特别是改革开放 28 年来，中国特色社会主义事业的健康发展，为广大人民群众提供了前所未有的劳动就业条件和生存发展的广阔前景。但是我们也必须正视目前就业形势还很严峻的问题。就我们肇庆来说，我们必须面对近年来传统工业结构、产品正在调整、升级，老企业下马、老职工下岗的问题；要看到我市的“三资”企业和民营经济，近年来虽然有较快的发展，但总量不大，吸收和消化日益增多的就业大军的能力还偏弱；再加上我市是传统的农业大市，目前第一产业的比重仍然偏大，面对农业现代化进程的加快发展，大批的农业劳动力还亟须大量转移到二、三产业和城镇中来，最近市委市政府又提出要把肇庆市城区建设成为“一江两岸人口百万的现代化城市”的目标，这样我市的就业形势更加严峻。因此，我们必须认真贯彻十六届六中全会精神，把扩大就业作为经济社会发展和调整经济结构的重要目标，实现经济发展和扩大就业的良性互动。

2. 坚持以人为本，促进人的全面发展是构建和谐劳动关系的出发点和落脚点

党的十六届六中全会提出：构建社会主义和谐社会，必须坚持以人为本，始终把最广大人民的根本利益作为党和国家一切工作的出发点和落脚点，实现好、维护好、发展好最广大人民的根本利益，不断满足人民日益增长的物质文化需要，做到发展为了人民、发展依靠人民、发展成果由人民共享，促进人的全面发展。我们的社会劳动就业保障工作，就是要把最广大人民群众能够就业、就好业、有保障、有发展作为我们一切工作的出发点和落脚点。劳动关系的和谐是整个社会和谐的基石。因此，我们一定要坚持以人为本的科学发展观，以构建社会主义和谐社会为统领，以协调劳动关系为主线，以建立规范的劳动合同为重点，以保持劳动关系和谐为目标，为构建社会主义和谐社会创造有利条件和良好环境。

二　实施积极的就业政策是发展和谐劳动关系的根本要求

如果说，前面第一大点我们主要分析和回答了为什么要解决就业的问

题，那么接下来我们要研究的是怎样扩大就业的问题。

党的十六届六中全会《决定》在认真分析和科学判断我国当前就业形势的基础上，提出了一系列扩大和保障就业的政策和措施。这包括把扩大就业作为经济社会发展和调整经济结构的重要目标，实现经济发展和扩大就业良性互动；大力发展劳动密集型产业、服务业、非公有制经济、中小企业、多渠道、多方式增加就业岗位；实行促进就业的财税金融政策，积极支持自主创业、自谋职业；等等。这里我主要从社会劳动保障工作的角度谈两个相关密切联系的问题。

1. 面对新的形势和我市的实际，如何进一步健全面向全体劳动者的职业技能培训制度，加强创业培训和再就业培训的问题

应该实事求是地肯定，我市这些年在就业和再就业的培训工作方面，取得了显著的成绩。但我们还面临着扩大就业和就好业的突出问题。一是如何根据我市正在打造全省职业教育培训基地的实际，以劳动力市场需求为导向，提供信息平台，引导职业教育和培训的方向。二是如何根据我市三大产业发展的实际和趋势，认真研究和做好创业培训和再就业培训的工作。

2. 根据我市“十一五规划”的目标任务和建设社会主义新农村的实际，强化政府促进就业职能，统筹做好城镇新增劳动力就业、农村富余劳动力转移就业的工作

我市作为一个地处“珠三角”边缘的地区，既有省级的高新工业园区，又有全国著名的星湖风景区，再加上有中央和省的政策和扶持，可以说是经济社会发展的热土。我们要清醒看到肇庆这种发展特点和趋势对我们社会劳动就业保障事业提出了更高、更严的要求。一是如何根据经济发展和产业结构调整的要求，提供优质的就业人才。二是如何有序地转移农村富余劳动力，为建设社会主义新农村做出积极的贡献。这些工作都是带有战略性和根本的工作，一定要摆在重要的位置、认真研究，务必有新的突破、有新的发展、有新的成效。

三　建立健全各种社会劳动保障机制是发展和谐劳动关系的根本保证

我们在分析和研究了社会就业与如何扩大就业问题的基础上，进一步研究和回答社会劳动保障的问题，这也是目前实践当中的薄弱环节。

1. 为使劳动者的权益得到保障，当前要抓紧建立和完善劳动协调机制，确保工资按时足额发放

不可否认，“三资企业”和民营经济已经成为我们经济发展的重要支柱，也是将来一个时期重要的经济增长点。但是我们在鼓励和扶持多种经济发展的同时，也必须尽快建立和完善与其相配套的劳动就业保障机制。应该看到，在我市乃至整个“珠三角”地区，企业和员工的合同制度和集体协商制度还不够完善，时不时出现拖欠和无理克扣员工工资的问题，今后我们应该采取什么样的得力措施，用什么样的协调机制来最大限度地保障劳动者的权益不受到侵犯，建立和谐的劳资关系，应成为我们工作的重点。

2. 为了保障劳动者的合法权益，我们还必须严格执行国家劳动标准，加强劳动保护，当前尤其要努力健全劳动保障监察体制和劳动争议调处仲裁机制，最大限度地维护劳动者特别是农民工合法权益

应该看到改革开放以来，国家对劳动者权益保护的法律法规日益完善，但是在局部地方，特别是一些政府部门，对国家制定的法律法规执行不力，这当中除没有根据中央的法律法规制定具体的改革措施以外，重要的还在一些部门没有真正实践党和人民政府的执政宗旨，没有把劳动者的合法权益的保护，特别是对农民工等弱势群体的保护放在心上，因此，我们要建立和谐的劳动关系，必须始终坚持以人为本的原则。

（《肇庆宣传》2007 年第 5 期总第 144、145 期）

发扬光大长征精神　推进肇庆跨越发展

纪念长征胜利70周年意义十分重大。长征是我们党领导中国革命进程中创造的一笔财富。最近在中央政治局第三十三次集体学习中，胡锦涛总书记指出："长征是中国共产党领导中国人民英勇革命的壮丽史诗，是我们党领导全国各族人民为争取民族独立、人民解放长期英勇奋斗的记录，是坚持马克思主义基本原理同中国具体实践相结合、推进理论创新的生动教材，是中国共产党人光荣革命传统和中华民族伟大民族精神的集中反映。"长征精神是推动建设中国特色社会主义伟大事业胜利前进的精神动力。今天我们发扬光大长征精神，就是要大力推进党的先进性建设，大力推进肇庆的跨越发展。

一　长征精神是科学的精神

长征为什么胜利，长征精神为什么伟大，最根本的是长征的目标、任务是十分明确和科学的。长征就是为了北上抗日，不做亡国奴，把日本帝国主义赶出中国去。这是当时中国革命的首要任务，是凝聚人心和团结全国各族人民的政治动员，反映了中国社会发展的客观规律和广大人民的强烈愿望。我们党正是把握了时代发展的脉搏，才能取得抗日的伟大胜利。今天我们学习长征精神，就是要学习以毛泽东同志为代表的中国共产党人善于运用马克思主义的立场、观点、方法剖析中国社会的特点，研究中国革命实际问题，揭示中国革命发展规律的科学态度。以胡锦涛同志为总书记的党中央，为我们党规划的本世纪头二十年全面建设小康社会的奋斗目标，也符合中国社会主义现代化建设的客观规律和人民群众的强烈愿望，也将得到全国各族人民的拥护和支持，一定会顺利实现，对此我们充满信心。

二　长征精神是创新的精神

长征的胜利是由于有正确的理论指导。长征开始面对的困难是巨大的，首先是国民党几十万军队的围剿，我们党必须进行战略性大转移；其次是我们党内的“左”倾错误路线，给革命事业带来了重大损失。在中国革命的生死关头，党中央在 1935 年 1 月的长征途中召开了著名的遵义会议，确立了以毛泽东同志为代表的正确路线。从此，以毛泽东同志为代表的中国共产党人，不断地运用中国化的马克思主义理论成果，引导中国革命取得了节节胜利，最后到达了革命圣地延安，开辟了中国革命的新天地。今天我们学习长征精神，就是要学习以毛泽东同志为代表的中国共产党人，善于把党和人民取得的实践经验不断上升为理论，并在实践中不断检验、丰富、发展理论的创新精神。在新的历史条件下，以胡锦涛同志为总书记的党中央，创造性地提出了科学发展观等一系列战略思想，与时俱进地丰富和发展了邓小平理论和“三个代表”重要思想，为我们全面推进中国特色社会主义现代化建设指明了方向。

三　长征精神是民主的精神

长征之所以取得胜利，主要是红军战士有坚定的革命理想、有勇敢旺盛的革命斗志、有不怕牺牲的革命精神。长征是正义的事业、人民的事业，所以得到全国各族人民的拥护和支持。毛泽东同志指出：“长征是历史记录上的第一次，长征是宣言书，长征是宣传队，长征是播种机。”长征教育和团结了全国各族人民支持和拥护中国共产党人的伟大事业，打败了日本帝国主义，解放了全中国。今天我们学习长征精神，就是要学习以毛泽东同志为代表的中国共产党人，善于运用民族语言和人民大众喜闻乐见的形式回答和阐明中国革命理论和政策问题的理论方法。以胡锦涛同志为总书记的党中央，在总结中国革命和建设经验的基础上，把握了中国共产党的执政规律，提出了走科学执政、民主执政、依法执政的道路，使党的政治任务和政治主张迅速转化为广大人民群众的自觉行动。

四 长征精神是奋斗的精神

长征的胜利是几万红军战士用生命换来的。红军战士，英勇奋斗，不怕流血牺牲，在爬雪山、过草地、吃野草的恶劣环境下和敌人长期作战。正是这种吃苦耐劳，勇往直前的大无畏革命精神，才创造出了人类战争史上的奇迹。今天我们学习长征精神，就是要学习以毛泽东同志为代表的中国共产党人，那种对崇高理想矢志不渝、对党和人民无比忠诚、对革命事业锲而不舍的坚定信念，不怕流血、不怕牺牲的革命精神。在以胡锦涛同志为总书记的党中央正确领导下，牢固树立中国特色社会主义的共同信念和共产主义远大理想，做到任何时候任何情况下，都坚持理想信念不动摇、革命意志不涣散、奋斗精神不懈怠，满怀信心地投身建设中国特色社会主义伟大事业中。为建设繁荣活力、文明法治、和谐安康肇庆做出自己的贡献。我想这就是我们缅怀革命先烈，对长征胜利的最好纪念。

（本文发表于《肇庆党史》2006 年第 1 期）

深刻理解和把握"中国梦"精神实质
推进肇庆枢纽门户城市建设

2012 年 11 月 29 日，新一届中央领导集体在国家博物馆参观《复兴之路》展览，参观过程中，中共中央总书记、中央军委主席习近平发表了重要讲话，阐述了引发广泛共鸣的"中国梦"话题，他指出："实现中华民族伟大复兴，就是中华民族近代以来最伟大的梦想。"

一 "中国梦"的时代背景和重大意义

"中国梦"深刻道出了中国近代以来历史发展的主题主线。

1. "中国梦"提出的背景

第一，"中国梦"全景展现了中国近现代史发展变迁，具有极强的感召力。中华民族是个有着 5000 年文明历史的伟大民族。以世界上头号富强大国"独领风骚"达 1500 年之久。18 世纪末期，世界上 10 个超过 50 万人口的城市中国就占了 6 个，中国人口 3 个亿，占世界人口三分之一。16 世纪以前，影响人类生活的重大科技发明约有 300 项，其中 175 项是中国人的发明。一部中国近代史就是一部追逐"中国梦"的历史。

第二，"中国梦"照亮了人们奋发进取的宏伟蓝图，具有极强的凝聚力。社会主义初级阶段是一个长期的历史过程。"中国梦"就是在新时期新阶段，我们党为中国社会和中国人民确立的一个新目标，它在保持中国特色社会主义精神实质与科学价值的同时，给当代中国社会和中国人一个既能有憧憬有超越又能看得见摸得着的目标，让中国特色社会主义更加亲和、更加清晰、更加具体，更能凝聚广大干部群众为发展中国特色社会主义而不懈奋斗。

第三，“中国梦”开辟了人类探索文明多样化发展道路的光明前景，具有极强的影响力。在古埃及文明、古希腊罗马文明、安第斯文明、古印度文明等几大原生态文明中，中华文明是唯一不曾间断的古老文明。中华文明之所以能够历久弥新，与世界其他文明相比，有自己的优秀特质。中国梦的实现，不同于以往的大国崛起，而是基于中华民族爱好和平、珍惜和平、维护和平的优良传统、美好愿望和坚定意志，以和平发展、科学发展为基本路径和基本方式，与其他国家和民族携手发展、和谐发展、共同发展、共享繁荣。

2. “中国梦”提出的重大意义

一是彰显执政方略，高扬当代中国的主旋律。

二是凝聚民心民意，激发中华民族的创造力。

三是塑造国际形象，提升当代中国的软实力。

3. 深刻理解“中国梦”的基本内涵

实现中华民族伟大复兴中国梦就是要实现国家富强、民族幸福、人民幸福，这三者相互联系、相辅相成。

第一，“中国梦”是强国梦，就是要实现国家富强。实现“中国梦”，前提是国家富强。新中国成立60多年来特别是改革开放30多年来，中国共产党领导中国人民成功开辟出中国特色社会主义道路，中国发展取得了历史性进步，经济总量已经跃升到世界第二位，综合国力显著增强，人民生活明显改善，“中国梦”实际上为“国家富强”勾勒了一个新的“三步走战略”：第一步，到中国共产党成立一百年的时候，全面建成小康社会；第二步，到新中国成立100周年的时候，建成富强、民主、文明、和谐的社会主义现代化国家；第三步，实现中华民族的伟大复兴，把中国建设成为一个强盛的中国、文明的中国、和谐的中国、美丽的中国。

第二，“中国梦”是复兴梦，就是要实现民族振兴。实现中华民族伟大复兴，是对我们古老民族历史命运的主动把握。在五千多年的文明发展历程中，中华文明曾经长期处于世界领先地位，创造了博大精深的中华文化，成为推动世界历史发展的巨大力量。然而，近世以来，鸦片战争的炮火击碎了这个东方文明古国的尊严。历经千辛万苦，中华民族终于在中国共产党的团结带领下，以巨大的牺牲和代价，找到了民族复兴的正确道路，开创和发展了中国特色社会主义，从根本上改变了中国人民和中华民族的前途命运。实现中国梦，关键是民族振兴。民族振兴是国家富强的根本标志，是人民幸福的重要保障。

第三，“中国梦”是幸福梦，就是要实现人民幸福。“中国梦”不仅表现为国家富强、民族复兴，更表现为人民幸福，要将个人的奋斗与民族的发展有机统一起来，充分尊重人民群众的主体地位，充分发挥人民群众的积极性、主动性、创造性，让人民群众充分分享经济社会发展的物质成果和精神成果，畅通社会阶层向上流动的渠道，让每个人都享有人生出彩的机会，享有梦想成真的机会，享有同祖国和时代一起成长与进步的机会，真正实现每个人自由而全面的发展。实现中国梦，目的是让人民幸福。

二　把握好中国梦的精神实质

1. 充分认识“中国梦”的本质属性

第一，“中国梦”凝聚着中国人民共同坚守的理想信念。第二，“中国梦”包含着每个中国人的梦。第三，“中国梦”的实现依靠人民的力量。

2. 深刻理解实现“中国梦”的重要遵循

坚持中国道路、弘扬中国精神、凝聚中国力量是实现“中国梦”的重要遵循，是指引全党和全国各族人民凝心聚力、共同实现“中国梦”的指南。

第一，实现中国梦必须走中国道路。中国特色社会主义道路为“中国梦”确立了根本方向和基本价值，九十余年来的中国道路又奠定了“中国梦”坚实的实践基础。把“中国梦”、中国道路、中国特色社会主义有机统一起来，对我们坚定地走自己的路、发展中国特色社会主义、实现“中国梦”有强烈的现实意义。

第二，实现中国梦必须弘扬中国精神。中国精神就是以爱国主义为核心的民族精神，以改革创新为核心的时代精神。这种民族精神和时代精神的有机结合，构成了凝聚中华民族团结一心、促进中华民族发展壮大的强大精神力量。

第三，实现中国梦必须凝聚中国力量。中国力量就是中国各族人民大团结的力量。人民只有组织起来、团结起来才有力量，才能在争取自身利益的斗争中取得胜利。中国共产党自成立之日起，通过凝聚全民族的力量，调动一切积极因素，完成伟大的历史使命。虽然几经曲折和苦难，但最终领导人民赢得了新民主主义革命的胜利，实现了民族独立和人民解放，开启了中华民族伟大复兴的征程。

中国梦的实现还有赖于党的领导。中国共产党是实现中国梦的核心力量，中国梦能否实现，人民梦能否圆满，关键在党，在党能不能肩负起历史重任、经受住时代考验。

三 用“中国梦”凝聚力量，推进肇庆枢纽门户城市建设

1. 用“中国梦”统一思想，明确发展目标

党的十八大确立了科学发展观的历史地位，明确了“五位一体”的总体布局，提出了夺取中国特色社会主义新胜利的基本要求，确定了全面建成小康社会和全面深化改革开放的目标。习近平总书记视察广东，提出了我省要努力成为发展中国特色社会主义的排头兵、深化改革开放的先行地、探索科学发展的实验区，率先全面建成小康社会、率先基本实现社会主义现代化的“三个定位、两个率先”的要求。省委胡春华书记在肇庆调研要求我们把发展作为首要任务，加快建设超百万人口城市，成为融入珠三角、连接大西南的枢纽门户城市。

2. 用“中国梦”凝聚力量，推动我市科学发展

8月14日市委工作会议，徐萍华书记提出，要按照省委、省政府对

肇庆工作的部署，重点打造“一主两翼”三大发展新平台，提升六方面能力，加快建设珠三角连接大西南的枢纽门户城市。“一主两翼”三大发展新平台，就是以肇庆新区为城市扩容提质主体，沿西江和绥江经济走廊建设粤桂合作特别试验区（封开）、广佛肇经济合作区（怀集）。六方面能力是：着力提升交通通行力，打好交通基础设施建设大会战，推进区域交通基础设施对接，构筑“水陆铁空”立体式交通运输体系；着力提升产业集聚力，加快肇庆高新区建设，实施“一区多园”，以产业园区和集聚基地为依托，培育主导产业，加快形成产业集群，做大工业经济规模；着力提升城市承载力，以肇庆新区为引领，带动城区中心东扩，加快县城新区和中心镇建设，构建多层次组团式的城市发展新格局；着力提升民生保障力，全力解决群众最关心最直接最现实的利益问题，切实办好民生实事，增进民生福祉；着力提升文化凝聚力，深入挖掘西江历史文化底蕴，打造文化品牌，凝聚西江文化共识，增强文化软实力；着力提升队伍战斗力，狠抓班子和干部队伍建设，积极打造法治、服务、廉洁政府，着力提高干部队伍推动科学发展的能力水平。

用科学发展观引领现代企业建设

文化在建设现代企业中，起着引领的作用。科学发展观作为中国传统文化和中国现代文化的结晶，是中国先进文化的方向，是当代马克思主义中国化的最新理论成果，是引领现代企业建设和发展的根本指导思想。如何用科学发展观引领现代企业建设，是本文研究的主题。

一　以科学发展观为指导，加快企业转型升级

1. 科学发展要求加快转型升级

“十二五”时期是广东推动科学发展大有作为的重要战略机遇期，也是广东加快转变经济发展方式、攻坚克难的关键时期。中央提出“十二五”发展要以科学发展为主题，以加快转变经济发展方式为主线。这一重要指导思想，深刻地把握了我国经济社会发展的阶段性新特征的根本要求。省委书记汪洋指出，把握这一主题主线，落实到广东“十二五”发展，核心就是要加快转型升级、建设幸福广东。经过30多年的快速发展，广东已全面进入经济社会发展的转型期，传统发展模式难以为继，所以推进科学发展、转变经济发展方式任务艰巨、刻不容缓。

2. 加快转型升级是现代企业科学发展的内在要求

企业转型升级，就是经济产业努力向高技术含量、高附加值产业转变，经济结构也慢慢转向“创新、绿色、环保”的新主题。而目前，肇庆中小企业在发展中面临着许多新问题、新矛盾，部分企业还出现生产经

营困难的问题。面对这些发展困境，我们要抢抓转型升级这一机遇，充分利用宏观政策、微观发展形成的“倒逼”机制，在调整中提升，推动肇庆企业转型升级，并结合实际，创造出具有肇庆特色的经济发展方式。

充分发挥企业创新的主体作用，积极引导和支持创新要素向企业集聚，促进科技成果向现实生产力转化，这是加快肇庆企业转型升级的关键。对此，企业应做到三点创新：一是科技创新。高度重视传统产业的科技创新与改造，加快构建“企业主体、市场导向、产学研联、政府扶持”的区域科技创新体系。二是供应链创新。在当前高成本形势下，要特别重视和加强配套协作过程中的产业供应链管理，积极寻求供应链变革与再造，减少经营成本。三是营销创新。积极运用网络等新型的销售渠道，通过网上下单、就近配送、就近安装等方式，努力缩短销售渠道，降低营销费用，增强竞争能力。

3. 企业的转型升级需要文化支撑

纵观经济发展的数次转型便会发现，伴随着每一次的经济转轨，文化软实力的支撑作用总是不可或缺的。今天我们强调企业的转型升级，需要文化的引领，尤其是当代中国先进文化——科学发展观的引领。

在企业的转型升级中，文化可以吸引人才，文化可以改变观念，文化可以创造投资环境，文化可以创造财富。企业文化对外是企业的一面旗帜，对内是一种向心力。优秀的企业文化融合了个人与工作的关系，提高了企业的凝聚力。优秀的企业文化可以在企业内部营造一个公平、信任的良好的工作环境，企业的每个成员都会主动地为公司出谋划策、排忧解难，企业员工也能实现自身的最大价值。优秀的企业文化还有助于提高员工的整体素质，有利于企业更快地适应不断变化的市场。优秀的企业文化是确保企业生存的必要条件，它能够使企业具备自我改进的能力，提高企业的核心竞争力。优秀的企业文化会使企业员工产生归属感，对价值有共同的认识，从而吸引、留住人才，提高企业对人才的竞争力。优秀的企业文化能够提高企业运行的效率，提升品牌的含金量，增加产品的价值，从而增强企业在市场上的竞争力。优秀的企业文化也能够降低个人影响力在企业中的过分存在，从而为企业的平稳发展创造良好的条件。

二 以科学发展观为指导，大力构建现代企业文化

1. 科学发展观是中国传统文化和现代文化的结晶

科学发展观的基本理念是以人为本的发展、全面协调可持续的发展、和谐的发展、和平的发展。它既是在总结我国现代化建设经验、顺应时代潮流的基础上提出来的，又是在继承中华民族优秀文化传统的基础上提出来的。

以人为本是科学发展观的核心，它体现了历史唯物论的基本原理，体现了经济社会发展的根本目的，同时也体现了中华文明中关于“民本”思想的深厚根基。

全面协调可持续是科学发展观的基本要求，它体现了辩证唯物主义关于事物之间普遍联系、永恒发展和人与自然相互关系的观点，同时也体现了中华文明中关于整体地、全局地、发展变化地看问题的思维方法和行为方式。

和谐发展是科学发展观的本质要求，而“和合”思想又是中国传统文化的精华，在中华民族的历史发展中发挥了极为重要的作用，对人们的社会生活、人生观念和价值取向都产生了深刻的影响。科学发展观的构建，是对传统“和合”思想的继承和发展。科学发展观把“和合”思想贯注于社会主义建设和发展之中，又赋予新的时代内涵，从而使这一中国传统文化的精华具有更加持久的生命力。

和平发展是科学发展观在对外开放工作中的必然要求，它体现了中华民族关于亲仁善邻、和睦相处的外交主张。当今世界，和平与发展是时代的主题，全球化和多极化的趋势不可逆转，面对国际局势的新变化、新特点，我国提出了推动建设持久和平、共同繁荣的和谐世界的主张。

2. 科学发展观为构建现代企业文化指明了方向

科学发展观的第一要义是发展，核心是以人为本，基本要求是全面可持续发展，根本方法是统筹兼顾。科学发展观怎样引领企业文化的发展方

向呢？第一，用科学发展观武装思想，有了科学的思维和科学的精神，才能有正确的行动实效。第二，用科学发展观的思路和方法研究过去，分析现状，把握未来，为企业描绘出符合实际的科学发展的战略目标。第三，按照科学发展观的要求面对新机遇、迎接新挑战，立足当前、着眼长远、结合实际，把破解发展中的各种难题和矛盾、实现发展目标，作为引领企业发展方向的基本方法，这样才能不偏离方向，使企业持续健康发展。因此，我们所有的工作都要建立在科学发展的基础之上，要用科学发展观武装头脑、指导工作，坚定不移地用科学发展观统领各方面工作，在企业发展的重大问题上统一意志、坚定信心、引领方向。形成科学的发展思维，厘清科学的发展思路，实施科学的发展举措，实现科学的发展目标。

3. 在科学发展观引领下构建现代企业文化的探索

要建立以人为本的企业文化。企业是人的集合体，它的存在与发展是人创造的。只有“依靠人，为了人，尊重人，塑造人”，企业才能更好地向前发展。当今企业之间的竞争实质上是人才的竞争，而人才竞争的基础是企业文化。因此，在企业文化建设中应强化以人为本的意识，使企业成为全体员工都具有使命感和责任感的共同体。要结合企业的特点和发展的走势，把企业文化建设融入各项活动之中，使员工在工作、学习、生活的各个层面，都能汲取企业文化所带来的营养，构筑一流的企业，打造凝聚力极强的战斗群。企业要做到唯才是举，积极营造有利于人才成长的良好环境，构建一个人才成长的平台。积极创新人才机制，努力做到用事业造就人才、用环境凝聚人才、用机制激励人才、用法制保障人才。全面、准确地识别和评价人才，公正、公道地对待人才，选好人才，用好人才，使人才更好地为企业发展服务。

要建立一个科学完善的激励机制。企业文化应着重体现对员工的关怀，使员工对企业的发展和壮大充满信心。企业的发展需要一个公平合理的内部环境，企业文化建设应在激励机制的基础上，建立有效的绩效机制，对员工的奖罚要分明，分工要明确，用有效的管理制度来维持企业的良性发展。

要有社会道德责任感。企业是一个以人群聚集生产服务为特征的特殊空间，它既是社会经济生活的主体，也是社会公共秩序的建设主体。一方面企业内部文化建设应当符合社会文化建设的主流；另一方面其生产服务要符合社会普适的道德要求，从而将现代企业建设成为符合社会要求的健全主体。企业的生产服务只有符合这一社会道德需要，才能不断发展。

三 以科学发展观为指导，大力推进肇庆企业转型升级

1. 在科学发展观引领下肇庆加快转型升级的成功实践

在科学发展观的引领下，过去的几年肇庆经济建设成效明显，狠抓发展第一要务，努力转变经济发展方式，结构逐步优化、效益不断提高。工业经济成为全市经济增长的主导力量，城市经济、港口物流经济发展壮大，肇庆高新区成为国家高新区，一批投资超十亿、超百亿的重大项目相继落户动工建设，自主创新能力不断增强，主要经济指标增幅位居全省前列，GDP 五年翻番，实现超千亿元。肇庆已从改革开放前的农业大市成功转变为一个新兴的工业城市，工业发展规模不断壮大、发展水平不断得到提升，工业园区不断发展和完善，已初步形成电子信息、生物制药、食品饮料、汽车配件、金属加工制造、林产化工、新型建材等支柱优势产业。在肇庆市委、市政府最新提出的“两区引领两化”重大发展战略中，明确要以肇庆新区引领新型城市化发展，加快推进广佛肇一体化，构建“大肇庆”“大端州”发展格局。目前肇庆也在不断加强区域产业发展合作，加快推动中山（肇庆大旺）产业转移工业园、顺德龙江（德庆）产业转移工业园、中山大涌（怀集）产业转移工业园等园区建设，并加快谋划总面积约 200 平方公里的广佛肇经济合作区（怀集）建设，为肇庆发展转型升级构建良好的产业发展环境。

2. 在科学发展观引领下肇庆加快转型升级塑造的现代文化理念

肇庆企业要注重打造“以人为本”的理念。自 20 世纪 80 年代以来，企业管理理论出现了“人本管理”的思想，认为人不单纯是创造财富的工具，也是企业最大的资本、资源和财富。这对于确立“以人为本”的

企业文化管理思想，开发人力资源和人力价值，起到了重要作用。重视员工再教育，加大提升人的能力方面的投入，重视人的资源性管理，解放被管理者，是营造“人本管理”的文化与环境氛围的必然要求。但是这一点，在国内的很多企业都比较难做到，尤其是像家族企业、中小企业等，发展到一定阶段就会停滞不前，甚至是倒退，归根结底还是没有做到“以人为本”，而肇庆的企业大多是中小企业，只有坚持人本思想才能在发展的道路上走得更长远。

肇庆企业要注重创新知识资本经营的理念。知识经济时代，知识资本成为企业成长的关键性资源，企业文化作为企业的核心竞争力的根基将受到前所未有的重视。企业要生存与发展，提高企业的核心竞争力，就必须强化知识管理，充分发挥企业员工个体与团队的整体效应，通过持续不断的学习来掌握新科技、适应新变化，加强跨文化管理，从根本上提高企业的综合素质。因此，肇庆的企业，不管是国有经济还是民营经济，都应大力引进高素质人才，增强企业的竞争力，而不是只看到眼前利益。

肇庆企业要注重培育经济全球化和社会信息化趋势相融合的理念。经济全球化、社会信息化是一个不可逆转的趋势，是当今时代的主要特征。在这种背景下，不同企业文化的碰撞和交融越来越频繁，成为决定企业发展命运的无形之手。所以，培育先进企业文化必须融入经济一体化潮流，了解国内外先进企业的运作方式，特别是要注重吸收优秀企业的先进文化，取长补短，扬优避劣，构建有肇庆特色的企业文化。

3. 用现代文化理念推动肇庆企业科学发展

现代文化是适合社会现代化发展的一种价值理念，对社会发展和企业的发展都能起到积极作用。对于经济快速发展的肇庆来说，要想推动肇庆企业的科学发展，就要努力把现代文化的理念融入肇庆企业的发展中去，同时还要注意把肇庆本土的传统优秀文化与现代文化相结合，注意挖掘本地区企业长期形成的宝贵的文化资源，并适应肇庆经济的需要，用发展的观点和创新的思维对肇庆原有的各企业精神、经营理念进行整合、提炼，并赋予新的时代内涵，做到在继承中创新、在弘扬中升华，进而推动肇庆企业的科学发展、跨越式发展。

（本文为参加2012年9月肇庆市炎黄文化研究会“传统文化与现代企业”研讨会论文）

哲学社会科学工作者的使命担当

5月17日，习近平总书记在北京主持召开哲学社会科学工作座谈会并发表重要讲话。他强调，坚持和发展中国特色社会主义，必须高度重视哲学社会科学，结合中国特色社会主义伟大实践，加快构建中国特色哲学社会科学。“讲话”深刻明晰了哲学社会科学在国家发展中的重要地位，为当前哲学社会科学工作的发展指明了方向、提供了重要遵循。为此，深入学习贯彻“讲话”精神，把握新形势下我国哲学社会科学的地位与任务，努力把研究、思想、水平提升到新的阶段，是我们哲学社会科学工作者的重要使命。

一　习近平总书记的“讲话”是引领发展繁荣中国哲学社会科学的纲领性文献

一是“讲话”阐述了哲学社会科学在世界经济社会发展中的历史地位和作用。如习总书记所强调，一个没有发达的自然科学的国家不可能走在世界前列，一个没有繁荣的哲学社会科学的国家也不可能走在世界前列。坚持和发展中国特色社会主义，哲学社会科学具有不可替代的重要地位，哲学社会科学工作者具有不可替代的重要作用。这充分展示了哲学社会科学重要的战略地位，在保证经济建设沿着正确的方向发展中，为社会的现代化建设提供强大的精神动力，文化支持和智力支撑，为经济社会发展创造良好的文化生态环境。

二是“讲话”阐述了当代中国发展繁荣哲学社会科学的历史任务和责任担当。目前，我国发展正处于可以大有作为的重要战略机遇期，但也面临着诸多矛盾叠加、风险隐患增多的严峻挑战，经济进入新常态、改革迈入攻坚期、从严治党面临新考验、各种思想文化交融交锋等新形势，需要进行广泛而深刻的社会变革和宏大而独特的实践创新。如习总书记所提出的，“这种前无古人的伟大实践，必将给理论创造、学术繁荣提供强大动力和广阔空间”，同时这个伟大的时代，更需要理论和思想的引领。因此，在坚持和发展中国特色社会主义，实现“两个一百年”奋斗目标、实现中华民族伟大复兴中国梦的奋斗历程中，赋予了哲学社会科学工作更加繁重的担当和任务，哲学社会科学工作者只有立时代之潮头、通古今之变化、发思想之先声，积极为党和人民述学立论、建言献策，才能承担起这光荣使命。

三是“讲话”为如何发展繁荣中国哲学社会科学指明了方向。针对发展繁荣中国哲学社会科学必须充分体现中国特色、中国风格、中国气派的要求，习总书记提出了构建中国特色哲学社会科学的几个“定性”，明确发展繁荣哲学社会科学的方向和举措。一要体现继承性、民族性，坚持不忘本来、吸收外来、面向未来，坚定中国特色社会主义道路自信、理论自信、制度自信。二要体现原创性、时代性，构建具有自身特质的学科体系、学术体系、话语体系，挖掘新材料、发现新问题、提出新观点、构建新理论，提炼出有学理性的新理论，概括出有规律性的新实践。三要体现系统性、专业性，努力构建一个全方位、全领域、全要素的哲学社会科学体系，形成适应中国特色社会主义发展要求、立足国际学术前沿、门类齐全的哲学社会科学教材体系。

二 认真学习深刻领会习近平总书记的“讲话”精神实质，努力推动我市哲学社会科学的学习、宣传、研究、普及工作

习近平总书记在哲学社会科学工作座谈会上的重要讲话，着眼党和国

家的事业发展和长治久安，着眼党的工作全局，提出的“一个视角”、“两个不可替代”“三个不断”等有关论述，对推动哲学社会科学工作适应形势发展、积极改革创新、全面提高工作能力和水平做出重要部署，具有很强的政治性、思想性和指导性，为做好新形势下哲学社会科学工作提供了强大思想武器和根本遵循。我们必须学深学透，用讲话精神武装头脑、指导实践、推动工作。

一是把学习宣传贯彻习总书记重要讲话精神作为一项重大政治任务，切实抓紧抓好，把思想和行动统一到讲话精神上来，把智慧和力量凝聚到讲话提出的各项要求上来。要深刻领会总书记讲话的精神实质和丰富内涵，准确把握哲学社会科学工作的重要地位、职责使命、根本原则、实践路径和根本保证，真正使讲话精神成为指导实践的行动指南。要把学习贯彻讲话精神与贯彻落实“两学一做”学习教育结合起来，与为实现肇庆“十三五”追赶型发展营造良好的意识形态氛围结合起来，认真组织专题学习，推动哲学社科工作改革创新，着力提升社科普及效应，以严的举措和实的作风，把讲话精神贯穿哲学社会科学工作全过程、各环节。

二是围绕肇庆市委中心工作和改革开放的大局，认真研究、回答当前深化改革中的重大理论和实践问题。我们社科界必须充分发挥起联系广大社会科学工作者的桥梁和纽带作用，坚持以人民为中心的研究导向，积极投身于当前发展过程中遇到的重大理论和实践问题的研究，为把肇庆建设成珠三角连接大西南枢纽门户城市做好智力参谋。

三是运用科学的方法和手段，大力推动哲学社会科学事业繁荣发展。一要把党的领导作为根本保证，加强和改善党对哲学社会科学工作的领导；把马克思主义的指导作为根本标志，牢固占领哲学社会科学的主阵地。二要把人才队伍作为根本保障，加强哲学社会科学人才队伍建设，让广大哲学社会科学工作者成为先进思想的倡导者、学术研究的开拓者、社会风尚的引领者、党执政的坚定支持者。三要把创新机制作为发展动力，大力提倡理论创新和知识创新，发挥社科宣传普及平台效应，进一步活跃学术空气。抓好社科课题研究，把科研方向、科研重点落在为市委市政府科学决策的服务上，鼓励大胆探索，开展平等、健康、活泼和充分说理的学术争鸣；办好社科普及周，把社科优秀成果更多更及时地应用于实际，推动形成崇尚精品、严谨治学、注重诚信、讲求责任的优良学风。

（本文发表于《西江日报》2016年5月24日）

推进文化强市　建设幸福肇庆

去年7月23日，胡锦涛总书记在主持中共中央政治局第22次集体学习时指出，文化是民族凝聚力和创造力的重要源泉，是综合国力竞争的重要因素，是经济社会发展的重要支撑。建设文化强市，是市委做出的重大战略决策，顺应时代发展要求，符合肇庆发展的实际，将为我们加快转变经济发展方式、推动科学发展、实现“富民强市、建设幸福肇庆”提供强大的引领与支持作用。

一　肇庆建设文化强市战略目标提出的背景及其意义

1. 文化建设是我国社会主义现代化建设的重要组成部分

当今时代，文化已深深融入经济、政治、社会之中，越来越成为民族凝聚力和创造力的重要源泉，越来越成为综合国力竞争的重要因素。毛泽东同志曾预言，“随着经济建设高潮的到来，不可避免地将要出现一个文化建设的高潮。我们将以一个具有高度文化的民族出现于世界”。改革开放之初，邓小平同志明确提出“两手抓，两手都要硬”，一手抓物质文明建设，一手抓精神文明建设，而精神文明建设的核心内容之一就是文化建设。党的十四大提出中国特色社会主义的三大纲领，即政治纲领、经济纲领和文化纲领。党的十六大以后逐步形成了经济、政治、文化、社会四位一体的战略思想。党的十七大深刻把握世界发展大势，明确将文化建设与经济建设、政治建设、社会建设一起纳入社会主义现代化建设总体布局，提出了全面提升文化软实力的重大战略任务，充分体现了我们党对党的执政规律、社会主义建设规律和人类社会发展规律认识的不断深化，充分体现了我们党对文化发展的自觉。十七届五中全会和《十二五规划建议》进一步指出文化是一个民族的精神和灵魂，是国家发展和民族振兴的强大动力，必须坚持社会主义先进文化前进方向，弘扬中华文化，建设和谐文化，发展文化事业和文化产业，满足人民群众不断增长的精神文化需求，充分发挥文化引导社会、教育人民、推动发展的功能，建设中华民族共有精神家园，增强民族凝聚力和创造力。将首次对文化功能做出概括。

文化对内有凝聚力、创造力，对外有影响力和竞争力。放眼全球，经济竞争、综合国力竞争将越来越多地体现在文化上的竞争。加强软实力建设，与加强硬实力建设一样，是应对当今世界竞争的必要之举。随着文化交流深入，文化竞争越来越激烈，发展中国家的文化危机越来越强烈。20世纪90年代以来，澳大利亚、新西兰、英国、日本、欧盟等纷纷提出文化产业或创意产业发展战略，采取硬措施推动软实力不断壮大。今年1月17日起，中国国家形象片在美国纽约时代广场大型电子显示屏上播出，每小时播放15次，从每天上午6时至次日凌晨2时播放20小时共300次，并一直播放至2月14日，共计播放8400次。同时美国有线电视新闻网也从17日起分时段陆续播放该片。宣传片中，中国各领域杰出代表和普通百姓在片中逐一亮相，让美国观众了解一个更直观、更立体的中国国家新形象。中国和平崛起，经济持续发展，特别是中国在金融危机中的表现，引起了世界的关注，激发起对中国文化的兴趣。可见，中国的崛起，文化交流起到的重大作用也不容忽视。

省委书记汪洋在省委十届七次全会上所做题为《建设文化强省为发展中国特色社会主义文化作出新贡献》的重要讲话，从坚持以人为本，满足人的精神文化需求，促进人的全面发展的本质要求；从加快转变经济发展方式，提升核心竞争力的紧迫要求；从实现广东文化推陈出新，提升文化发展水平的内在要求的三个层面，精辟阐述了进一步加强文化建设、发展先进文化、提升广东文化软实力的极端重要性和必要性。

市委十届九次全会上所做工作报告，从贯彻落实科学发展观以及《珠江三角洲地区改革发展规划纲要》，提升肇庆综合竞争力的战略高度，深刻阐述了建设文化强市的重要性、必要性，深刻阐明了我市文化建设的总体要求、当前要抓好的重点工作。我们要深刻领会和把握省委、市委全会的精神实质，紧紧把握加强文化建设的重要性，增强工作的紧迫感，树立抓文化就是抓发展的观念；紧紧把握文化强市建设的战略定位和总体要求，明确文化建设的方向；紧紧把握文化强市建设的思路重点，厘清文化建设的工作着力点；紧紧把握文化强市建设的政策措施，自觉抓好文化建设各项工作的落实。

2. 加强文化建设是转变经济发展方式的重要途径

文化产业是一个新兴产业、朝阳产业，因为它对经济总量的带动大、对结构调整的贡献大、对创新能力提升作用强，最重要的是有巨大的市场需求，发展文化产业，能为中国的经济增长提供新动力，是未来我们转变经济发展方式的一个新亮点。

目前，我国文化产业在国民经济中所做的贡献还很小，远远低于美国等发达国家。美国是世界第一大文化产业强国，文化产业规模在其国内产业结构中位居第二，在出口方面则是第一大产业。每年美国文化产业经营总额高达数千亿美元，在美国的商品出口中，视听业紧随航空业和食品业之后，每年为美国提供1700多万个就业岗位。日本仅次于美国，其文化产业的规模比电子业和汽车业还要大，其动画产业占世界市场的62%，游戏领域则占世界市场的1/3。据了解，在美国每年评选出来的400家最富公司中有72家是文化企业；日本所评选的400家最富公司中有81家是文化企业；而中国的500强企业中，没有一家文化企业。韩国在遭遇亚洲金融风暴袭击后，将文化产业作为21世纪发展国家经济的战略性支柱产业，1998年正式提出“文化立国”方针，从流行音乐、电影到网游、电视剧，“韩流”席卷亚洲。近日，有机构发布报告称我国文化产业在世界文化市场上的份额不足4%。而美国占43%的份额，欧盟34%，亚太地区仅占19%。这19%中，日本占10%，澳大利亚占5%，剩下的4%才属于包括中国在内的其他亚太地区国家。不论这样的统计是否科学，我国

GDP 世界第二而文化影响力不足却是事实。从国际经验看，人均 GDP 达到 3000 美元后，文化消费弹性很大，文化消费有一个较长的持续快速发展阶段，按照国家统计局 1 月 20 日的数据，2010 年我国人均 GDP 4371 美元，对照发展需求，我国文化产业应该达到 4 万亿元的市场规模，所以说我国的文化产业发展空间非常大。电影产业作为典型的文化创意行业，已成为引领我国文化产业发展的先导产业。据不完全统计，自 2010 年 12 月起至 2011 年 2 月 17 日元宵节结束，2010—2011 年中国电影贺岁档总票房近 30 亿元，尽管较上年同期 32 亿的总票房稍有差距，但今年共有 12 部影片票房过亿（上年仅 8 部），国产片占据了 9 席。

文化产业是绿色产业、低碳产业。实践证明，文化产业作为文化与经济相互交融的集中体现，科技含量高，资源消耗低，环境污染少，发展潜力大，对于调整产业结构、转变经济发展方式、提升经济发展质量、扩大内需、增加就业等均有着重要的作用。

3. 加强文化建设是实现“富民强市、幸福肇庆”的重要抓手

改革开放 30 多年，广东经济率先发展了起来，创造了“深圳速度”等诸多奇迹，经济强省名副其实，而与此同时，广东也被不少人称为“文化沙漠”，在开放不再是特权的情况下，广东的发展如何才能更具持续力和竞争力成为重要命题。2001 年，广东文化产业增加值为 587.08 亿元，仅占 GDP 总量的 1.86%。到 2008 年广东省文化产业增加值达到 2720 亿元，增长率为 13.8%，占全省 GDP 的 6.8%，广东文化产业的规模总量已经连续多年居全国第一。但是，当前我们的文化发展水平总体上仍落后于经济社会发展步伐，与人民群众日益增长的精神文化需求不相适应。近几年，肇庆认真贯彻中央、省一系列文化建设部署，加大对文化事业的投入，加快文化基础设施建设，构建公共文化服务体系，积极发展文化事业和文化产业，推进文化体制改革，文化建设取得长足进步。但面对新时期新任务新挑战，实现“富民强市”、建设“幸福肇庆”，按照科学发展观的要求，文化建设仍然存在着发展不平衡、活力不足、后劲不强的问题。未来 10 年，是肇庆大力实施《珠江三角洲地区改革发展规划纲要》，加快转变经济发展方式，实现“两个成为”发展目标的关键时期，

也是加快文化建设促进文化大发展大繁荣的重要阶段。市建设文化强市《规划大纲》要求我们充分认识文化建设在凝聚民族精神、提升公民素质、全面建设小康社会、实现经济社会转型中的重要地位和巨大作用，进一步解放思想、开拓创新，全面加快推进文化建设，实现从文化名市向文化强市的重大跨越。

二　肇庆建设文化强市面临的机遇和挑战

市委十届九次全会，认真贯彻落实省委十届七次全会精神，坚持以科学发展观为指引，在新的历史时期全面推进文化强市建设，将对推进我市文化大发展大繁荣产生重大而深远的影响。

1. 肇庆相比其他珠三角城市文化建设方面尚有差距

去年，我市 GDP 突破千亿大关，比上年增长 17%，比全省平均增速高 4.2 个百分点；地方财政一般预算收入达 76.8 亿元，比上年增长 37.36%，增幅居全省第二位，“城市建设年”22 个重点城建项目和为民惠民十件大事扎实推进，取得了可喜的成绩。但是必须看到，肇庆在九个珠三角主体城市中，不仅各项经济指标都排在后面，而且在文化建设方面，也落后于其他珠三角城市。30 年前的深圳是一个仅 3 万多人口、两三条小街道的边陲小镇，今天深圳已发展成为现代大都市，通过积极实施“文化立市”战略，打造“图书馆之城”“钢琴之城”“设计之都”和“动漫基地”，建立了具有深圳特色的文化品牌。在公共文化设施方面，2005 年年底，中山艺术中心、东莞玉兰大剧院先后落成；2007 年，深圳投资 8 亿元和 5 亿元的音乐厅、保利剧院投入使用；广州继星海音乐厅后，又投资 13.8 亿元建歌剧院；珠海歌剧院项目总投资 10.8 亿元，而我们肇庆除了图书馆、群众艺术馆等，很多还只是停留在规划中。贯彻《实施纲要》，建设广佛肇经济圈，加快融入珠三角一体化，我们不仅要在经济发展上融入珠三角，也要在文化发展上融入珠三角，在加快经济发展的同时，必须扎实推进文化强市建设。

2. 肇庆自然人文资源丰富，有条件打造文化强市

打造文化强市，我们有很好的条件。一是有丰富的自然资源。肇庆市城区依山傍水，“山、湖、城、江”浑然一体，鼎湖山，被联合国教科文组织确定为“人和生物圈”生态定位研究站，以星湖风景名胜区为中心，沿西江、绥江溯江而上各地的景点构成了“千里旅游画廊”。二是有文化深厚的历史。肇庆古称端州，至今有文字记载的历史达2200年，是岭南文化发祥地之一，也是中原文化与岭南文化、西方文明与中国传统文明交汇最早的地区之一，全市有重要文物景点360多处。唐代佛教六祖惠能、日本入唐高僧荣睿、宋代名臣包拯、“沟通中西文化第一人”意大利传教士利玛窦、革命先行者孙中山、北伐名将叶挺等在肇庆留下了历史的印迹。三是形成了文化品牌。成功打造了“中国历史文化名城”“中国优秀旅游城市”“中国砚都”“中国玉器之乡”“国家地质公园”“国家湿地公园”“岭南最向往的旅游目的地”等品牌；形成了端砚、玉器、六祖、包公、龙母、广信、竹子、金燕等区域特色文化品牌。相对于珠三角先发地区，我们的自然人文历史资源丰富，更有条件打造文化强市。

3. 肇庆市委、市政府把建设文化强市作为重要战略

早在2004年，我市就提出了建设文化名市的发展战略。近年来，围绕贯彻落实珠江三角洲《规划纲要》，我市着力打造广东省公共文化服务体系创新区、文化产业重点示范区、岭南特色文化展示区，开创了文化建设的新局面。2009年全市文化产业增加值约44.01亿元，约占全市生产总值的5.2%。市委全会将建设文化强市作为重要的战略决策，大力推进文化强市建设，全会报告提出了当前和今后一个时期肇庆市加快文化强市的总体要求，力争用十年左右的时间，使我市文化发展水平在全民思想道德文化素质、公共文化服务水平、文化影响力、文化产业水平四个方面达到显著提升。全会审议通过的《肇庆市建设文化强市规划大纲（2011—2020年）》（以下简称《规划大纲》），将中央、省关于新时期文化建设的重要精神融汇其中，并与珠江三角洲《规划纲要》相衔接，体现了时代背景、历史使命、肇庆特色，是今后一段时期文化建设的纲领性文件。

三　准确把握目标和工作要求，扎实推进文化强市建设

《规划大纲》明确了我市建设文化强市的指导思想、方针原则、战略定位、总体布局以及具体任务、要求，是推进文化强市建设的指导性文件。

1. 认真学习和深刻领会建设文化强市的目标和战略任务

我们要充分认识文化强市的重要性，肩负起历史重任。准确把握文化强市建设的定位、战略目标、工作要求，必须要我们认真学习《规划大纲》。

一是明确文化建设五个定位。《规划大纲》要求将肇庆建设成为“广东文化强省建设重要城市、公共文化服务体系创新城市、展示岭南特色文化重点城市、探索社会主义先进文化发展的先行城市、能够代表广东科学发展成果的城市”。

二是明确文化建设四个体系：建立和完善社会主义核心价值体系，建立和完善结构合理、发展均衡、网络健全、运行有效、惠及全民的公共文化服务体系，建立结构优化、布局合理、集聚发展、竞争强势的文化产业体系，建立和完善科学化、现代化的文化传播体系。

三是明确文化建设五大战略：文化凸显战略，重大项目带动战略，科技引领战略，产业集聚战略，区域统筹发展战略。

四是明确文化建设六个结合：注重与公共文化设施建设相结合，注重与历史文化的继承与发展相结合，注重与旅游产业的发展相结合，注重与构建现代产业体系相结合，注重与打造广佛肇都市文化圈相结合，注重与体制机制改革创新相结合。

五是明确肇庆文化强市建设十项工程：实施提高公民文化素质工程，实施哲学社会科学提升工程，实施公共文化服务体系建设工程，实施文化艺术精品工程，实施文化产业集聚发展工程，实施文化遗产保护与开发工程，实施文化引进来、走出去工程，实施文化改革创新工程，实施高端文

化人才培养和引进工程，实施文化建设保障工程。

六是明确《规划大纲》里的相关指标。如：到2020年，文化及相关产业增加值占全市GDP比重的9%以上；力争到2015年，成功创建全国文明城市，各县创建省级文明县城达标率达到100%，文明村镇创建覆盖面达到80%左右，到2020年覆盖面达到95%以上；加快推进我市电信网、互联网和广播电视网“三网”融合，2020年建成数字化、全功能的广播电视综合传输覆盖网络；重点抓好市图书馆、博物馆、文化馆三大标志性公共文化设施建设，确保5年内完成市级“三馆”建设任务等。

2. 准确把握打造文化强市的重点工作

市委十届九次全会提出，贯彻落实科学发展观必须建设文化强市，贯彻落实珠三角《规划纲要》必须建设文化强市，提升肇庆综合竞争力必须建设文化强市。在市委十届九次全会报告中，根据省文化建设的工作重点，结合我市的实际，提出要“大力培育提高全社会文化素养、大力构建公共文化服务体系、大力打响特色文化品牌、大力提升文化产业水平、大力培养引进人才、大力推进文化体制改革创新”6个方面重点工作。

“十二五”时期，为推动我市文化科学发展提供了新机遇，同时也对我们建设文化强市提出了新要求、新挑战。我们要进一步增强打造文化强市的责任感和紧迫感，不断丰富人民群众的文化生活，提升肇庆文化品位，塑造肇庆文化形象，为建设幸福肇庆做出应有贡献。

（发表于《肇庆宣传》2011年第2期）

经济社会发展篇

提高新形势下处理社会矛盾和构建和谐社会的能力

构建社会主义和谐社会是一个新的课题。党的十六大报告最早提出，“构建社会主义和谐社会”是全面建设小康社会的六个目标之一。这就是：经济更加发展，民主更加健全，科教更加进步，文化更加繁荣，社会更加和谐，人民生活更加殷实。到十六届四中全会就把“构建社会主义和谐社会”作为我们提高执政党的五种能力之一提了出来。到了十六届五中全会又把和谐社会建设同物质文明建设、政治文明建设、精神文明建设一起作为中国特色社会主义“四位一体”的总体目标，构成了一个比较完整的科学体系。

一　提出构建社会主义和谐社会的依据

构建社会主义和谐社会是我们党主动提出来的。实现社会和谐，建设美好社会，始终是人类孜孜以求的一个社会理想，也是包括中国共产党在内的马克思主义政党不懈追求的一个社会理想。

1. 总结中国历史的经验教训，我们要建设和谐社会

尽管在中国传统文化中，有关“和谐”的思想非常丰富，例如孔子提出的“和为贵”，荀子提出的“和则一，一则多力”，孟子提出的“天时不如地利，地利不如人和”，以及“小康社会”“大同社会”的理念，但是客观地说，一部中华民族五千年的历史其主线还是战争史，战火纷

飞，朝代更替，社会动荡，民不聊生。只有中国共产党认真地总结和反思了我国历史上的经验和教训，才创造性地提出构建社会主义和谐社会的奋斗目标。

2. 面对我国当前的社会矛盾和热点问题，我们要建设和谐社会

新中国成立以后，特别是改革开放以来，我国的经济、社会、文化取得了举世瞩目的巨大成就，这是一个全世界都公认的事实。但是我们党也清醒看到当前我国在新的形势下出现的各种社会矛盾和问题，如何应对“天灾人祸”的突发事件，像“非典”和“矿难”“禽流感”，如何解决读书难、看病难、收入差距拉大的问题，如何建设文明法治的社会环境等，都需要我们正确对待，认真解决。

3. 借鉴世界各国特别是发展中国家的经验教训，我们要建设和谐社会

资本主义发达国家在经济快速增长时期，特别是在原始资本积累时期，社会上出现了非常激化的社会矛盾。两次世界大战和资本主义经济危机，全世界都付出了非常沉重的代价，死了很多人，经济倒退了很多年。事实上只有少数几个国家和地区可以改变它们在世界经济体系里的位置，而大多数国家是非常困难的，特别是一些国家在发展中，过度依赖国外垄断公司对本国产业的主导，出现了贫富的巨大悬殊。

二 正确认识新形势下的社会矛盾

1. 为什么当前我国处在社会矛盾的凸显期

从国际经验看，人均 GDP 在 1000 美元左右的国家，都面临产业结构调整和升级的问题，是经济发展的“黄金时期”，但是在发展当中由于各种条件和环境的变化，旧的机制体制被打破，而新的机制体制又未建立或尚未完善，这就必然出现收入分配的过分悬殊和两极分化现象。事实上我国在 2003 年人均 GDP 达到 1000 美元以后，收入分配差距不是朝着缩小方向，而是加速地扩大。这是因为，一是我国劳动力的无限供给，但低位的劳动工资长期没有什么大的增长。可以说一些行业增长 10 倍左右，而

农民工工资基本不变。二是财富积累的速度在大大加快，过去传统上财富的积累主要靠实业，但现在出现了很多虚拟经济，甚至是非法手段占有国有经济等现象，这种情况也加剧了贫富悬殊的扩大，引发各种社会矛盾的产生。

2. 当前我国社会矛盾的表现

第一，社会差别的问题。部分社会成员收入分配差别，以及城乡差别、区域差别等社会差别，呈继续拉大的趋势，是人民内部矛盾的深层表现。第二，贫富差距和社会贫困的问题。部分社会成员贫富差距趋于扩大，社会贫困凸显，是人民内部矛盾的突出表现。第三，社会成员分化和流动问题。阶级、阶层发生分化了，一些新的阶层和利益群体产生了，社会成员流动性加大，构成结构发生重组，利益关系更加复杂，呈多元化利益格局，是人民内部矛盾的重要表现。第四，社会就业问题。就业形势严峻，劳动力供求矛盾紧张是人民内部矛盾的直接表现。第五，群体性事件问题。近些年突发的群体性事件，是人民内部矛盾的集中表现。这些表现当中，我们尤其要重视“三大事件”，一是国有企业的改制重组破产所引发的职工下岗失业，二是农村土地征用所造成的农民失地，三是城市房屋拆迁所形成的居民失房。现在的信访、上访几乎都与上述问题有关。

3. 当前我国社会矛盾的新特点

我国社会当前正处在快速转型过程中，经济体制转轨和社会结构转型相互交织，社会分化趋势加剧，利益多元化格局鲜明地呈现在人们面前，在这种大背景下产生的社会矛盾，也具以不曾有或很少有的新特点。一是社会矛盾的主体是各种利益群体的相互博弈。我国当前的社会矛盾突出地表现为不同社会利益群体之间的一致与摩擦、相同和相异，形成了不同利益要求的相互博弈；社会的不和谐突出地表现为利益群体因利益差别所引发的新矛盾。二是党群关系成为社会矛盾的焦点。现在一个不可否认的事实是，党群、干群之间的矛盾不断增多，党群、干群关系比较紧张，党和政府成为社会矛盾的焦点。例如“失地、失业、失房”等都和政府有关，有的本身就是政府行为，因此就把政府推到了矛盾第一线，执政党和政府往往首当其冲，有的地方党群矛盾、官民矛盾非常尖锐。三是社会矛盾日趋激化甚至冲突。现在社会矛盾的互动方式也有了很大变化，往往采取激化、尖锐甚至恶性冲突的方式，具有倾向激化诉诸冲突的趋势。激化的方式很多，如围堵、冲击党政机关，非法集合、游行示威；堵塞阻断公路交通；聚众闹事、打砸抢烧等。四是部分上访者维权的目标和手段相脱节。例如经常出现维权目标正当，维权手段不正当；维权目标不正当，维权手段正当；维权目标不正当，维权手段也不正当的现象。

三 正确处理当前的社会矛盾，构建和谐安康肇庆

1. 正确认识我市构建和谐社会的成绩和存在问题

近年来，市委、市政府坚持立党为公、执政为民，切实解决群众最关心、最直接、最现实的利益问题，推进和谐社会建设。一是十项民心工程扎实推进；二是抗洪救灾取得重大胜利；三是生态文明村建设为全省创出新经验；四是社会大局保持稳定。当然我们在肯定成绩的同时，也清醒地看到当前亟待解决的问题，主要是解决农村“一保五难”任务繁重，城乡抗灾减灾能力比较弱，社会不稳定因素还比较多。

2. 正确把握市委关于建设和谐安康肇庆的内容和要求

建设和谐安康肇庆，是“十一五”发展的重大战略任务，关系到我市经济社会的全面协调可持续发展。建设和谐安康肇庆，就要加强教育、科技和文化建设。要高度重视教育，加大投入，创新模式，打造品牌，提高质量。要把推进科技进步、提高自主创新能力作为经济社会发展的战略基点，创新体系，提升能力，实现新突破。要大力弘扬以爱国主义为核心的民族精神和以改革创新为核心的时代精神，大力弘扬肇庆悠久的历史文化，积极推进社会主义思想道德体系建设，不断提高人民群众的思想道德水平和科学文化素质，不断激发全社会的创造活力。建设和谐安康肇庆，就要坚持以人为本。要牢记宗旨，树立和落实正确的群众观，始终把最广大人民的根本利益作为建设和谐安康肇庆的根本出发点和落脚点，关注民生、纾解民困、协调民利，切实解决人民群众最关心、最直接、最现实的

利益问题，让广大人民群众共享我市改革发展的成果。建设和谐安康肇庆，就要加强社会建设和管理。要深入研究社会管理规律，完善社会管理体系，整合社会管理资源，建立健全党委领导、政府负责、社会协同、公众参与的社会管理格局。建设和谐安康肇庆，就要促进环境友好。要大力倡导建设环境友好型社会的伦理价值观念，建立健全有利于环境保护的决策体系，建立以循环经济为重要特征的经济发展模式，积极倡导环境友好的消费方式，要大力发展和应用环境友好的科学技术，不断培育环境友好的氛围，着力构建“三个最适宜”城市，努力建设民主健全、法制完善、公平正义、诚信友爱、充满活力、安定有序、人与自然和谐相处的社会。

3. 建设社会主义和谐社会，必须做到以下“十个切实”

一是要切实保持经济持续快速协调健康发展；二是要切实发展社会主义民主；三是要切实落实依法治国的基本方略；四是要切实加强思想道德建设；五是要切实维护和实现社会公平和正义；六是要切实增强全社会的创造活力；七是要切实加强社会建设和管理；八是要切实处理好新形势下的人民内部矛盾；九是要切实加强生态环境建设和治理工作；十是要切实做好保持社会稳定工作。

（《肇庆宣传》2006 年第 6 期总第 135 期）

以十六届六中全会精神为指导
大力推进和谐肇庆建设

党的十六届六中全会，是在我国改革发展关键时期召开的一次十分重要的会议，具有深远而重大的意义，主要体现在四个方面：一是我们党把构建社会主义和谐社会摆在更加突出的地位。构建社会主义和谐社会，是我们党以马克思列宁主义、毛泽东思想、邓小平理论和“三个代表”重要思想为指导，全面贯彻落实科学发展观，从中国特色社会主义事业总体布局和全面建设小康社会全局出发提出的重大战略任务，反映了建设富强民主文明和谐的社会主义现代化国家的内在要求，体现了全党全国各族人民的共同愿望。二是全会通过的《中共中央关于构建社会主义和谐社会若干重大问题的决定》，为我们今后建设社会主义和谐社会明确了指导思想、目标任务和战略部署，是构建社会主义和谐社会的纲领性文件，我们一定要坚决贯彻落实。三是全会指出构建社会主义和谐社会，关键在党。因此，我们各级党组织必须充分发挥党的领导核心作用，坚持立党为公、执政为民，以党的执政能力建设和先进性建设推动社会主义和谐社会建设，为构建社会主义和谐社会提供坚强有力的政治保证。四是全会充分肯定了十六届五中全会以来中央政治局的工作。实践再一次有力地证明，以胡锦涛同志为总书记的党中央深得全党全国各族人民的信赖，完全有能力带领全党全国各族人民不断把中国特色社会主义事业推向前进。

下面我根据自己的学习体会，结合我市当前工作的实际，谈点认识。

一　充分认识构建社会主义和谐社会的重大意义

第一，社会和谐是中国特色社会主义的必然要求。

我们现在的中国特色社会主义，是初级阶段的、搞市场经济的社会主义，这样的社会主义能不能实现社会和谐呢？我国是共产党领导的国家。经济基础是以公有制为主体的，尽管距离马克思、恩格斯当初所设想的社会主义仍有很大差距，但已经具有了构建社会主义和谐社会的根本政治前提和社会制度保证，中国特色的社会主义应该是和谐的社会。

胡锦涛同志指出："首先，中国共产党的领导和我国的社会主义制度，为构建社会主义和谐社会提供了最根本的保证。其次，经过新中国成立以来特别是改革开放以来的不断发展，我国社会生产力水平明显提高，综合国力显著增强，人民生活总体上实现了由温饱到小康的历史性跨越，我们已经具备了较为坚实的物质基础，可以为缩小社会差距、促进社会公平、完善社会保障、发展社会事业、加强社会建设和管理等提供更充分的物质保证。第三，在我国，各阶层、各党派、各民族、各团体政治上享有平等地位，根本利益是一致的。第四，马克思主义在党和国家工作中的指导地位已经确立并不断得到巩固，爱国主义、集体主义、社会主义思想深入人心，教育科技文化事业不断发展，全体人民的思想道德素质和科学文化素质不断提高，民族凝聚力显著增强。这些都是有利于我们构建社会主义和谐社会最基本的前提条件。"可见，社会和谐是中国特色社会主义的必然要求。

第二，社会和谐是社会主义现代化建设的重要目标。

把"和谐"与"富强民主文明"一起作为社会主义现代化的总目标，反映了社会和谐是社会主义现代化国家的内在要求，是我们党从中国特色社会主义事业总体布局和全面建设小康社会全局出发提出的重大战略任务。

我们党对于新的历史时期的奋斗目标的确立，经历了逐步完善的过程。1981年，党的十一届六中全会做出的《关于建国以来党的若干历史问题的决议》，第一次提出党在新的历史时期的总任务、总目标：把中国逐步建设成为具有现代农业、现代工业、现代国防和现代科学技术的，具有高度民主和高度文明的社会主义强国。党的十二大报告基本上沿用了这一提法："中国共产党在新的历史时期的总任务是：团结全国各族人民，自力更生，艰苦奋斗，逐步实现工业、农业、国防和科学技术现代化，把我国建设成为高度文明、高度民主的社会主义国家。"党的十三大报告在全面阐述社会主义初级阶段理论的基础上，制定了党的基本路线，其中明确提出了党的奋斗目标："领导和团结全国各族人民，以经济建设为中心，坚持四项基本原则，坚持改革开放，自力更生，艰苦创业，为把中国建设成为富强、民主、文明的社会主义现代化国家而奋斗。"此后，党的十四大、十五大、十六大报告均把"建设富强民主文明的社会主义现代化国家"作为奋斗目标沿用下来。这次全会《决定》把我们党的奋斗目标由"建设富强民主文明的社会主义现代化国家"进一步充实调整为"建设富强民主文明和谐的社会主义现代化国家"，体现了我们党对社会主义本质的认识，是对党的基本路线的丰富和发展。

第三，促进社会和谐是我们党立党为公、执政为民的本质体现。

社会和谐是中国特色社会主义的本质属性，这个重大判断反映了我们党立党为公、执政为民的本质要求，体现了我国社会主义国家的政权性质。

中国共产党是中国工人阶级的先锋队，同时又是中国人民和中华民族的先锋队。党的这一性质，决定了党必须是中国最广大人民根本利益的忠实代表，必须始终坚持全心全意为人民服务的根本宗旨。党除了工人阶级和最广大人民的利益，没有自己的特殊利益。立党为公、执政为民，始终是我们党先进性的根本标志。在当代历史条件下，我们党领导人民建设中国特色社会主义，出发点和落脚点都在于把最广大人民的根本利益实现好、维护好、发展好。而促进和实现社会和谐，又集中反映和体现着最广大人民的根本利益。

二　正确理解和全面把握十六届六中全会《决定》的精神实质

第一，正确认识《决定》的基本特点。

《决定》的基本特点主要体现在三个结合：一是《决定》重点突出，但又兼顾全面。就是说《决定》的主题是构建社会主义和谐社会，但同时又涉及社会主义现代化建设的各个方面。二是《决定》立足当前，但又着眼长远。就是说《决定》从当前的实际出发，着重解决改革开放中出现的热点难点问题，但同时《决定》更为未来的发展指明了方向。三是《决定》既注重理论创新，但同时更加注重运用理论指导实践，推动实践。

第二，要正确把握社会和谐是中国特色社会主义的本质属性的科学论断。这个问题我们主要从以下三个方面来把握。

一是社会和谐是社会主义基本经济制度的本质要求。我国在改革和完善社会主义基本经济制度的过程中，既坚持效率导向，为发展注入强劲动力，又坚持公平导向，坚持发展为了人民、发展依靠人民、发展成果由全体人民共享。因而，社会和谐是社会主义基本经济制度确立、发展和完善的必然体现。二是社会和谐反映了社会主义民主政治的本质要求。没有民主，就没有社会主义，发展社会主义民主政治是中国特色社会主义的内在要求。推进社会主义民主建设，就是要促进社会公平正义，保障社会共享，让人民群众当家做主的权利得到充分实现，让人民群众的历史创造精神得到充分发挥，构建社会主义和谐社会与发展社会主义民主政治本质上是一致的。三是和谐文化是中国特色社会主义文化的重要组成部分。和谐文化以崇尚和谐、追求和谐为价值取向，融思想观念、思维方式、行为规范、社会风尚为一体，反映着人们对和谐社会的总体认识、基本理念和理想追求，是中国特色社会主义文化的重要组成部分。

第三，正确认识构建社会主义和谐社会是党中央在实践中提出的重大战略思想。

社会和谐是我们党不懈奋斗的目标。在领导革命、建设和改革的长期实践中，我们党不断探索建设富强民主文明和谐的社会主义国家的道路。以毛泽东同志为主要代表的中国共产党人，带领人民取得了新民主主义革命的胜利，建立了社会主义新中国，为实现社会和谐开辟了现实途径。以邓小平同志为主要代表的中国共产党人，深刻总结新中国成立以来正反两方面的经验，开辟了建设中国特色社会主义道路，科学回答了社会主义本质这个根本问题，为实现中国的社会和谐提供了正确道路。以江泽民同志为主要代表的中国共产党人，紧密结合新的实际，创立了“三个代表”重要思想，鲜明地提出要“促进人的全面发展”，并把“社会更加和谐”列为全面建设小康社会的重要目标，孕育了构建社会主义和谐社会重大战略思想的最初萌芽。党的十六大以来，我们党对社会和谐的认识不断深化。这是中国共产党半个多世纪艰辛探索、不懈奋斗的实践和认识成果，是总结国内外社会主义建设特别是我国社会主义建设历史经验的重要结论，是构建社会主义和谐社会的理论基础，也是新世纪新阶段中国共产党治国理政的科学理念和富民兴邦的行动纲领。

第四，正确认识和全面把握建设社会主义和谐社会的指导思想、目标任务和基本原则。

一是构建社会主义和谐社会的指导思想。《决定》指出：我们要构建的社会主义和谐社会，是在中国特色社会主义道路上，中国共产党领导全体人民共同建设、共同享有的和谐社会。必须坚持以马克思列宁主义、毛泽东思想、邓小平理论和“三个代表”重要思想为指导，坚持党的基本路线、基本纲领、基本经验，坚持以科学发展观统领经济社会发展全局，按照民主法治、公平正义、诚信友爱、充满活力、安定有序、人与自然和谐相处的总要求，以解决人民群众最关心、最直接、最现实的利益问题为重点，着力发展社会事业、促进社会公平正义、建设和谐文化、完善社会管理、增强社会创造活力，走共同富裕道路，推动社会建设与经济建设、政治建设、文化建设协调发展。

二是构建社会主义和谐社会的目标任务。《决定》指出，到 2020 年，构建社会主义和谐社会的目标和主要任务是：社会主义民主法制更加完善，依法治国基本方略得到全面落实，人民的权益得到切实尊重和保障；城乡、区域发展差距扩大的趋势逐步扭转，合理有序的收入分配格局基本形成，家庭财产普遍增加，人民过上更加富足的生活；社会就业比较充分，覆盖城乡居民的社会保障体系基本建立；基本公共服务体系更加完备，政府管理和服务水平有较大提高；全民族的思想道德素质、科学文化素质和健康素质明显提高，良好道德风尚、和谐人际关系进一步形成；全社会创造活力显著增强，创新型国家基本建成；社会管理体系更加完善，社会秩序良好；资源利用效率显著提高，生态环境明显好转；实现全面建设惠及十几亿人口的更高水平的小康社会的目标，努力形成全体人民各尽其能、各得其所而又和谐相处的局面。

三是构建社会主义和谐社会的基本原则。《决定》提出的构建社会主义和谐社会的基本原则，即“六个必须”：必须坚持以人为本，必须坚持科学发展，必须坚持改革开放，必须坚持民主法治，必须坚持正确处理改革发展稳定的关系，必须坚持在党的领导下全社会共同建设。“六个必须”的原则，既各自独立、不可或缺，又紧密联系、彼此贯通，是一个有机联系的整体。

第五，深刻理解构建社会主义和谐社会的重大举措。

一是协调发展，加强社会事业建设。社会要和谐，首先要发展。社会和谐在很大程度上取决于社会生产力发展水平，同时还必须注意发展的协调性，因为如果发展长期不协调，不仅发展本身难以持续，而且会引起社会不和谐。二是加强制度建设，促进社会公平正义。社会公平正义是社会和谐的基本条件，制度是社会公平正义的根本保证。三是建设和谐文化，巩固思想道德基础。构建社会主义和谐社会，既需要有雄厚的物质基础、坚强的政治保障，又需要有良好的思想文化条件。四是完善社会管理，保持社会安定有序。加强社会管理，维护社会稳定，是构建社会主义和谐社会的必然要求。

第六，切实把握构建社会主义和谐社会的关键在党。

一是坚持党的执政能力建设和先进性建设推动社会主义和谐社会建设。构建社会主义和谐社会是加强党的执政能力建设和先进性建设的长期重大课题，加强党的执政能力建设和先进性建设是构建社会主义和谐社会的根本保证。二是坚持以党内和谐促进社会和谐。实现党内和谐，不仅是领导人民建设和谐社会的前提，也是党的本质属性的要求。三是坚持以优良的党风促政风带民风。党风正则干群和，干群和则社会稳。执政党的党风问题，关系政风民风，关系社会和谐与稳定。

三　深入学习贯彻党的十六届六中全会精神，大力推进和谐肇庆建设

第一，把思想统一到十六届六中全会的精神上来。党的十六届六中全会，是在我国改革发展关键时期召开的一次十分重要的会议。胡锦涛总书记在会上所做的工作报告和重要讲话，以邓小平理论和“三个代表”重要思想为指导，通篇贯穿科学发展观要求，高屋建瓴，思想深邃，集中了全党智慧，充分体现了我们党发展理念和治国理念的升华。我们坚决拥护《中共中央关于构建社会主义和谐社会若干重大问题的决定》，把思想和行动统一到胡锦涛总书记重要讲话精神和《决定》精神上来，切实把构建社会主义和谐社会作为贯穿中国特色社会主义事业全过程的长期历史任务和全面建设小康社会、实现肇庆经济社会又快又好发展的重大现实课题抓紧抓好。

第二，要认真领会党的十六届六中全会精神实质，推动肇庆经济社会又快又好发展。狠抓发展第一要务，增强综合实力，提高人民群众生活水平，重点解决人民群众最关心、最直接、最现实的利益问题，全面发展社会各项事业，促进社会公平正义，建设和谐文化，走共同富裕道路，推动社会建设与经济建设、政治建设、文化建设协调发展，努力建设繁荣活力、文明法治、和谐安康、生态环保肇庆。一要狠抓发展第一要务，为构建和谐社会创造雄厚物质基础。发展是硬道理，要全力推进肇庆经济发展。要以园区为载体，大力发展工业经济；以资源要素为依托，大力发展城市经济；以农村三化为突破口，大力发展县域经济；以大交通设施建设为抓手，大力发展港口物流经济。二要坚持协调发展，推动社会各项事业

全面进步。注重发展科教、文化、卫生、医疗、体育等各项社会事业。坚持优先发展教育事业、推进科技强市、建设人才强市、建设文化名市。三要关注民生，着力解决群众关心的热点难点问题。实施积极的就业政策，加快建立和完善社会保障体系。扎实推进民心工程，努力解决困难群众生产生活困难。维护社会公平正义，加强社会管理，加强社会矛盾排查调处，加强社会治安综合治理，维护安定有序的社会秩序，确保人民群众安居乐业，增进社会团结和睦。四要切实加强党的建设，为构建和谐社会提供坚强有力的政治保证。要切实加强各级党组织的思想、作风、制度和组织建设。各级各部门领导班子和领导干部要高度重视加强自身建设，努力提高领导和谐社会建设的本领和能力，切实担负起领导责任。要高度重视制度建设，坚持和贯彻民主集中制，以党内和谐促进社会和谐。要高度重视加强基层基础工作，大力实施固本强基工程和富有肇庆特色的“三个一千工程”，把农村基层党组织建设成为带领群众奔康致富的坚强战斗堡垒。要高度重视党风廉政建设，以优良的党风促政风、带民风，营造和谐的党群干群关系。

第三，要加强组织领导，抓好学习宣传。把学习宣传党的十六届六中全会精神作为当前和今后一个时期的重要政治任务，加强组织领导。全市各级各部门要把学习六中全会精神作为当前一项重要工作，加强领导，精心组织，周密部署，扎实开展。各级领导干部要带头学习，当好表率，同时要抓好本单位本部门的学习。要突出学习重点，抓好舆论宣传，注重学习实效，要把学习六中全会精神与推进肇庆经济社会发展结合起来，学以致用，科学谋划未来发展，推动肇庆经济社会又快又好发展。要把学习六中全会精神与解决好当前人民群众关心的热点、难点问题相结合。要把学习六中全会精神与全面建设小康社会的各项任务结合起来，推动肇庆现代化事业健康发展。

（本文发表于《肇庆宣传》2007 年第 3 期）

理想的奋斗目标　宝贵的实践经验

市委书记林雄同志，在2004年9月全市领导干部学习贯彻党的十六届四中全会精神的大会上提出，建设繁荣活力、文明法治、和谐安康肇庆的目标。笔者认为，这是我市各级党组织，加强党的执政能力建设，贯彻落实科学发展观，全面建设小康社会的奋斗目标，符合肇庆现代化进程的发展规律，反映了广大人民群众对肇庆加快发展、跨越发展、协调发展的迫切愿望和要求。通过近一年来的实践，建设繁荣活力、文明法治、和谐安康肇庆已经成为当前我市广大党员干部人民群众的共同理想和信念，成为凝聚人心、鼓舞斗志、奋发图强的精神动力，成为人们的自觉行动，并在实践过程中创造和积累了极其宝贵的经验。本文试图通过分析提出建设繁荣活力、文明法治、和谐安康肇庆的时代背景、理论依据和重大意义，阐述其科学内涵、指导思想和目标要求，进而揭示其发展动力、运行机制和检验标准，有效推进建设繁荣活力、文明法治、和谐安康肇庆的健康发展。

一　正确认识建设繁荣活力、文明法治、和谐安康肇庆的时代背景、理论依据和重大意义

1. 建设繁荣活力、文明法治、和谐安康肇庆，是市委贯彻“三个代表”重要思想，落实科学发展观，加强党的执政能力建设的重大决策

党的十六届四中全会做出了《中共中央关于加强党的执政能力建设

的决定》以后，市委根据中央的《决定》精神和省委的部署，认真分析和把握当前国内形势发展的趋势，结合肇庆改革开放的实际，提出了建设繁荣活力、文明法治、和谐安康肇庆的目标。这是市委贯彻落实“三个代表”重要思想和科学发展观的重大决策；是加强党的执政能力建设，实践“立党为公、执政为民”宗旨的具体体现；是落实中央《决定》和省委精神的重大举措和工作部署；是全市人民的共同理想和奋斗目标。

2. 建设繁荣活力、文明法治、和谐安康肇庆是推进肇庆全面建设小康社会的必然要求

肇庆地处珠三角的边缘，既有属珠三角的市区，也有山区县。改革开放20多年来，虽说有较大发展，但和珠三角的差距日益扩大，这是显而易见的。原因虽然是多方面的，但是不能不承认我们深化改革、扩大开放、增强活力不够是一个重要原因。市委提出建设繁荣活力肇庆，这就比较客观地反映了肇庆经济社会发展的实际和内在要求。实践证明，我们要推进肇庆经济社会加快发展、跨越发展、协调发展，就必须建设繁荣活力肇庆，而建设繁荣活力肇庆又必须要有文明法治肇庆做保证，然而我们建设繁荣活力肇庆也好，建设文明法治肇庆也好，最终的落脚点和归宿就是达到要建设和谐安康肇庆的目的。当前我们建设和谐安康肇庆，更是符合党中央关于构建和谐社会的目标要求，符合建设和谐广东的战略部署，符合肇庆全面建设小康社会的实际。

3. 建设繁荣活力、文明法治、和谐安康肇庆，代表了肇庆人民的根本利益和强烈愿望

市委提出建设繁荣活力、文明法治、和谐安康肇庆的奋斗目标，经过近一年的实践，已经得到全市党员干部和人民群众的积极响应和支持，已经成为一个鼓舞人心、催人奋进的号角，已经成为我们的理想和奋斗目标。当前全市各级党组织和广大人民群众正在有组织、有计划、有措施、有目的地推进这项工作。我们有理由相信，在市委的正确领导下，建设繁荣活力、文明法治、和谐安康肇庆的目标一定能够实现。

二 全面把握建设繁荣活力、文明法治、和谐安康肇庆的科学内涵、指导思想和目标要求

1. 建设繁荣活力、文明法治、和谐安康肇庆的科学内涵。建设繁荣活力、文明法治、和谐安康肇庆是有特定含义的

繁荣活力是指，肇庆的发展始终要把发展工业经济放在首位；要加快以交通为重点的基础设施建设和抓重大项目拉动；要稳步提高县域经济发展水平；要下功夫打造肇庆旅游大产业；要着力构建“一江两岸”超百万人口的区域中心城市。

文明法治是指，要推进党的执政能力建设；要推进经济体制和政治体制改革；要推进决策的科学化、民主化，提高执政水平；要推进社会主义民主制度化、规范化和程序化，提高民主执政水平；要推进依法治市，增强法律意识，提高依法执政水平；要推进基层民主，保障人民民主权力。

和谐安康是指，要抓文化名市建设，大力发展文化经济；要抓教育强市建设，努力提高教育水平；要抓科技人才工作，增强发展后劲；要抓精神文明建设，争创全国文明城市；要抓人与自然的和谐发展；要抓安全管理，推进社会公平；要抓拓宽就业渠道，推进城乡统筹就业；要抓完善社会保障体系，着力改善群众生活；要抓十项民心工程建设，为群众排忧解难。

2. 建设繁荣活力、文明法治、和谐安康肇庆的内在联系

建设繁荣活力、文明法治、和谐安康肇庆，是市委加强党的执政能力建设，推进肇庆经济社会全面发展的一个整体目标，同时也是今后一个时期的工作布局，符合肇庆全面建设小康社会的实际。这三者之间是一个既有区别又有联系的辩证统一的关系。区别在于，三者分别是肇庆现代化建设当中，对物质文明建设、政治文明建设和精神文明建设提出的具体要求。联系和统一在于，建设繁荣活力是基础是前提；建设文明法治是方向是保证；建设和谐安康是归宿是目的。三者之间互为条件，互相促进、共

同发展，构成肇庆全面建设小康社会的宏伟蓝图和奋斗目标。

3. 建设繁荣活力、文明法治、和谐安康肇庆的指导思想和目标要求

建设繁荣活力、文明法治、和谐安康肇庆的指导思想是：以邓小平理论和“三个代表”重要思想为指导，认真贯彻十六届四中全会精神，以科学发展观统领全局，要抢抓发展机遇，全力招商引资，壮大经济总量，优化经济结构，促进产业升级，推进农村“三化”；要加强党的执政能力建设，坚持依法治市，促进民主法制建设，维护社会稳定，坚持以人为本，维护人民群众的根本利益；要积极推进科教兴市战略和文化名市建设，促进社会各项事业发展，促进经济社会的协调发展，促进城乡共同发展，促进人与自然的和谐发展，把肇庆建设成为花园式、生态型、现代化的大城市。这既是一个指导思想和奋斗目标，同时又是我们肇庆现代化建设的实践经验总结，是我们今后必须长期坚持的指导思想。

三　大力推进建设繁荣活力、文明法治、和谐安康肇庆

1. 加强领导，动员和带领人民群众建设繁荣活力、文明法治、和谐安康肇庆

要通过宣传教育，提高广大市民对建设繁荣活力、文明法治、和谐安康肇庆重要性和必要性的认识，增强认同感、责任感和使命感，使建设繁荣活力、文明法治、和谐安康肇庆成为广大市民的自觉行动。同时加强领导还表现在，要求各级党组织要在明确整体奋斗目标的基础上，结合实际进一步提出自己本地区、本部门、本行业具体的工作目标和任务，并采取有力措施贯彻落实。

2. 认真组织，措施得力，积极稳妥地推进建设繁荣活力、文明法治、和谐安康肇庆

建设繁荣活力、文明法治、和谐安康肇庆是一个整体的工作目标和方向，不同的时期和阶段应有不同的重点内容和要求。在过去的一年里，我市在打造“三大板块”经济，协调区域经济发展方面；在打造“山湖城

江”四位一体的现代文化名城，推进旅游、文化产业发展方面；在打造“开放兼容、务实进取”的肇庆人精神，协调社会各阶层的利益关系，调动人民群众积极性方面；在打造“生态文明村”，协调城乡发展、人与自然和谐发展、提高人民群众的生活水平方面等，都做出了积极有益的探索，取得了明显的成效，并为我们进一步推进建设繁荣活力、文明法治、和谐安康肇庆提供了极其宝贵的经验。当前如何积极稳妥、富有成效地推进建设繁荣活力、文明法治、和谐安康肇庆，市委书记林雄同志对此进行了认真的部署。一是围绕提高招商引资的质量和水平，着力调整优化经济结构；二是加快发展县域经济，统筹城乡协调发展；三是推进重大项目规划和建设，进一步优化发展环境；四是推进科教兴市战略，提高文化名市建设水平；五是坚持以人为本，努力构建和谐肇庆；六是扎扎实实开展先进性教育活动，切实加强党的建设。

3. 求真务实，扎扎实实地推进建设繁荣活力、文明法治、和谐安康肇庆

首先建设繁荣活力、文明法治、和谐安康肇庆，既是一个理想的奋斗目标，同时又是我们正在进行的具体工作。一方面我们要围绕这个目标而奋斗，另一方面我们又要在实践中开拓进取、勇于探索、与时俱进地丰富和发展其科学内涵。其次建设繁荣活力、文明法治、和谐安康肇庆既是市委的重大决策和工作部署，同时又是肇庆市民的愿望和要求，一方面我们各级党委要认真地、负责地、有效地开展这项工作，另一方面我们更要充分调动广大市民的积极性、主动性和创造性，充分发挥社会各阶层的力量和作用。再次建设繁荣活力、文明法治、和谐安康肇庆既是市委贯彻落实科学发展观的重大举措，同时又是我们实践立党为公、执政为民的具体体现，一方面我们要体现中央和省、市委的精神，另一方面我们更要以是否推进肇庆经济社会的全面发展，是否提高肇庆人民群众的生活水平，是否实现全面建设小康社会的目标任务，作为检验我们建设繁荣活力、文明法治、和谐安康肇庆成功与否的根本标准。

（本文发表于《肇庆论丛》2005 年第 3 期）

把握机遇
实现肇庆科学跨越发展

《纲要》是当前和今后肇庆推动实现科学发展、跨越发展的行动指南。我们各级领导干部要深刻领会《纲要》精神，树立高度的政治责任感，在落实《纲要》中加快工业化、城市化和现代化进程，推动肇庆经济社会又好又快发展。

中央颁布《珠江三角洲地区改革发展规划纲要》，对以广东9城为主体的珠三角地区未来发展进行部署，对肇庆实现科学发展、跨越发展意义十分重大。

一　充分认识《纲要》的重大意义

经历30年的高速发展，珠三角经济社会进入转型期，面临资源环境约束趋紧、经济社会发展不够协调、体制机制有待完善等深层次矛盾和问题，进一步发展面临严峻挑战。在广东改革发展面临新形势、新挑战的关键时期，国务院出台《珠江三角洲地区改革发展规划纲要》，是中央站在全球视野对中国未来经济社会发展的一个重要战略部署，是中央对广东作为改革开放排头兵提出的新要求，充分体现了中央对广东特别是珠三角地区改革发展的高度重视和大力支持。作为规划范围的主体地区之一，《纲要》更是当前和今后肇庆推动实现科学发展、跨越发展的行动指南。我们各级领导干部要深刻领会《纲要》精神，树立高度的政治责任感，在落实《纲要》中加快工业化、城市化和现代化进程，推动肇庆经济社会又好又快发展。

二　以《纲要》为指导，实现肇庆科学发展、跨越发展

1. 肇庆作为珠三角区域9个地级市之一，我们不仅要加快融入珠三角，服务粤港澳的步伐，更要按照《纲要》要求，提升肇庆在珠三角发展的地位和作用

作为《纲要》规划范围主体地区之一，肇庆要把握好珠三角加快改革发展这个最大机遇谋划自身发展，融入珠三角一体化发展，发挥肇庆独特的区位优势，落实《纲要》的规划部署，在交通对接建设、产业对接发展、城市对接发展和区域协调发展上取得新突破，积极主动在产业、交通、能源、科技、教育、文化、社会管理等各方面加快融入珠三角发展，为粤港澳合作服务，提升我市经济发展水平。

2. 肇庆要进一步厘清发展思路，站在新的历史起点上，加快与珠三角的联系与对接，使肇庆成为珠三角发展的重要一极

在《纲要》中，肇庆属于“珠江口西岸地区”，要提高产业和人口集聚能力，增强要素集聚和生产服务功能，优化城镇体系和产业布局，要规模化发展先进制造业，大力发展生产性服务业，做大做强主导产业，打造若干具有国际竞争力的产业集群。我们要深刻领会《纲要》精神，进一步厘清发展思路，以科学发展观统领经济社会发展全局，继续解放思想，坚持改革开放，继续实施“五大战略”，加速发展“四大经济”“五大民生工程”，着力保持经济平稳较快发展，着力抓好以民生为重点的社会建设，着力加强民主政治建设，着力维护社会和谐稳定，着力提升文化软实力，着力提高领导科学发展的能力，推动经济社会又好又快发展，为肇庆成为未来广东新增长极、成为能够代表广东科学发展成果的城市打下更坚实的基础。

3. 肇庆发展要以自己的特色产业、自己的资源、自己的品牌、自己的优势，来为珠三角发展做出自己的贡献

《纲要》将肇庆定位为传统产业转型升级的聚集区，我们把握机遇，

应对挑战，必须提升自身竞争优势，注重提高自主创新能力，充分利用自身的文化旅游资源和丰富的农林矿自然资源，培育特色产业，打造属于肇庆的品牌，积极培育产业集群，加快发展现代服务业，才能提升自身在珠三角经济和社会发展中的影响力。

（本文发表于《西江日报》2009 年 1 月 21 日）

进一步厘清肇庆发展思路和定位

目前，全省、全市都在掀起学习《纲要》热潮，如何结合本地实际、把《纲要》精神落到实处已成为广大市民关心的话题。我们认为，从肇庆实际出发，学习贯彻《纲要》，要深刻领会省委与市委有关精神和部署，进一步解放思想，着重厘清肇庆改革发展思路和定位。

一是要从《纲要》给予珠三角地区定位、目标任务出发，进一步厘清肇庆在珠三角地区改革发展中的地位与作用。客观地说，肇庆的经济总量在珠三角规划的9个城市排在后面，经济相对欠发达和区域发展不平衡是我们目前的基本市情，但是我们要认识到，《纲要》明确提出珠三角9个市要打破行政体制障碍，创新合作机制，优化资源配置，推进珠三角地区到2020年基本实现区域经济一体化，这说明《纲要》是一个整体的规划，是对整个珠三角地区而言的，虽然发展因区域不同而重点不同，但发展必然是一个整体的发展。作为9个主体城市之一，肇庆是珠三角发展、粤港澳紧密合作的国家战略中的有机组成部分。因此，我们要进一步解放思想，找准发展定位，强化主体意识和全局意识，开阔自己的思路，破除地方利益与部门利益，强化合作，发挥在珠三角发展中的作用。

二是要从《纲要》给予肇庆规划和发展重点要求出发，重点打造肇庆发展特色产业。《纲要》把肇庆定位为传统优势产业转型升级集聚区，划入“珠江口西岸地区”，要规模化发展先进制造业，大力发展生产性服务业，做大做强主导产业，打造若干具有国际竞争力的产业集群，形成新的经济增长极。我们要对当前的客观经济形势和经济社会发展面临的新机遇进行认真分析，加强产业布局规划，积极培育产业集群，建立现代产业体系。根据市委十届六次全会的部署，东南部高要、四会、高新区大力发展与珠三角配套的先进制造业、加工制造业；肇庆高新区建设成为现代工业城；中心城区端州、鼎湖要发展优势产业、高新技术产业；山区板块各县建设资源型加工工业基地。通过打造特色产业增强肇庆的发展竞争力，提升肇庆在珠三角经济和社会发展中的影响，力争成为珠三角发展新的增长极。

三是从《纲要》实施过程中具体项目出发，认真抓好已规划和正在建设项目的落实。要加强珠三角改革发展规划内容的细化研究，抓紧做好与珠三角核心区在基础设施、产业发展和城市建设等方面的同城发展规划和对接。以加快交通基础设施为先导、以产业集聚发展为重点，积极谋划和推进重大项目建设，力争有更多的项目进入珠三角发展的规划，争取上级部门的政策和资金支持，打牢发展基础。当前尤其要把肇庆列入省新千项工程的12项工程项目跟踪落实好，其中广州至肇庆城际轨道交通已确定今年8月动工，要抓紧相关工作，其他如肇庆市粮食物流项目、中国砚都（肇庆）端砚文化特色产业集聚园等具体项目，也要进一步做好落实。

四是要从肇庆实施《纲要》工作的实际出发，打造一支政治强、业务精、作风正、干劲大的干部队伍。学习和贯彻《纲要》，关键在于我们切实转变作风，求真务实、真抓实干。各级领导干部要带头深入学习实践科学发展观，进一步解放思想，深化“五破除五增强”，把“肯干事、能干事、干好事”作为要求自己的标准，时刻保持饱满的精神状态、充足的创业劲头、严谨的作风纪律，进一步把思想统一到中央、省委和市委的重大部署上来，解决突出问题，强化工作责任，锐意进取、开拓创新、狠抓我市十届六次全会精神的贯彻落实，不断开创肇庆跨越发展的新局面。

（本文发表于《西江日报》2009年2月11日）

学习实施《纲要》还需进一步解放思想厘清思路

贯彻落实好《珠江三角洲地区改革发展规划纲要》是推动我们新一轮大发展、破解制约科学发展难题、开创科学发展新局面的关键。学习贯彻《纲要》，要深刻领会省委与市委有关精神和部署，从肇庆实际出发，我们认为，还需进一步解放思想，厘清发展思路，主要从以下五个方面着手。

一是要从《纲要》给珠三角的定位出发，进一步厘清肇庆发展的定位与思路。制定和实施《纲要》，是国家从当前、长远和全局出发做出的战略部署，是推动珠三角改革发展迈上新台阶的重大举措，是当前和今后一个时期推动我省特别是珠三角地区改革发展的行动纲领。我们要从《纲要》赋予肇庆新的定位和重点、新的工作任务出发，进一步解放思想，更新观念，找准发展定位。

首先要在思想观念上与珠三角对接。过去，肇庆只有端州、高要、鼎湖和四会列入珠三角的范围，《纲要》首次从国家层面把我市列入珠三角一体化发展范畴，这是肇庆千载难逢的机遇。但是，我们在发展中缺乏大胆实践的精神，客观原因是肇庆的经济总量在珠三角规划的9个城市排在后面，经济相对欠发达和区域发展不平衡，主观原因是肇庆的干部群众仍存在保守的思想观念。市委书记覃卫东在接受媒体采访时说："珠三角人敢闯敢试，敢打'擦边球'，我们也要在科学发展观指导下敢于先行先试。"肇庆要加快发展，必须要进一步解放思想，转变观念。

其次是要以珠三角一体化的思维去谋划发展。当前肇庆的行政规划还是20世纪80年代地改市时确定的，随着时代的发展，这一规划对肇庆城市发展及珠三角同城化发展都带来一定制约。在新的历史起点上，我们要增强珠三角主体意识，认识到在珠江三角洲同城化发展上，虽然每个城市在布局和资源利用各有不同，但是发展是整体的发展。我们要以珠三角一体化的发展思路，充分发挥肇庆丰富的资源和自身的优势，加快推动城市建设，打造最适宜旅游、最适宜人居、最适宜创业的城市，成为能够代表珠三角科学发展成果的城市。

二是要细化、实化和跟踪衔接好《纲要》规划的重点内容和重点项目。改革开放30多年，广东凭着中央50号文的“特殊政策、灵活措施”，经济迅猛发展，成为全国的经济中心，如今《纲要》又赋予我们“科学发展，先行先试”的权利，我们要用好用足这些政策这些权利。《纲要》全文3万多字，涉及经济社会发展的各个方面，内容极其丰富，有许多新提法、新举措，里面提及的试验区和先行区有5个、示范区8个、开发新区11个、重要基地42个、重大项目63个、中心15个，这些目标任务、政策措施都十分明确。《纲要》里面有很多大框框，许多项目可以进入这个“笼子”里，进了“笼子”，就意味着有项目、有资金、有政策。因此，我们在贯彻落实《纲要》过程中，要加强自身发展战略的研究，把自己的比较优势发挥出来，通过对当前的客观经济形势，经济社会发展面临的新情况、新问题、新机遇进行认真分析，找准我们的切入点。要将《纲要》里面符合我们肇庆定位、肇庆实际的内容细化、实化，紧紧瞄准珠三角，与珠三角优势互补，良性互动发展，争取更多项目进入“笼子”。根据市委部署，目前我们要抓紧做好与珠三角核心区在基础设施、产业发展和城市建设等方面的同城发展规划和对接，以加快交通基础设施为先导，以产业集聚发展为重点，积极谋划和推进重大项目建设，增强发展势头。

三是对一些已规划并即将上马的重点项目，一定要狠抓落实。《纲要》出台和实施给我们带来了机遇，但肇庆能否把美好的蓝图变为现实，实现又好又快发展，在珠三角乃至广东的发展中发挥应有的作用，还需要我们自己通过艰苦的努力才能实现。特别是有规划并即将建设的重点项目，我们要狠抓落实。

首先抓好省“新十项工程”的落实。去年以来，广东省委、省政府为应对国际金融危机影响，化危机为机遇，已经提出和采取了一系列有针对性的措施，开展了“新十项工程”建设，我们肇庆列入的就有12项工程项目，我们要将这些项目跟踪落实好。如广州至肇庆城际轨道交通已确定今年8月动工，建设肇庆轻轨的项目前期工作已启动，城际轨道的建设，改变的不仅仅是一种交通状况，而且交通的一体化，拉动的将是生活、经济的一体化，我们要抓好抓紧。其他如肇庆市粮食物流项目、中国砚都（肇庆）端砚文化特色产业集聚园等具体项目也要抓紧相关工作，才不会使争取到的项目成为一纸空谈。

其次是抓好贯彻落实《纲要》中规划好的项目的落实。在贯彻落实《纲要》过程中，通过努力我市已纳入省的核电产业发展规划，成为核电中小企业研发集聚地和服务基地规划的布点。我们还提出要争取将肇庆高新区作为中央企业落户广东的重要基地和争取肇庆作为华南地区的职业教育基地，这些重大项目，也要进一步做好落实。

四是要打造一支政治上靠得住、工作上有本事、作风上过得硬、人民群众信得过，忠诚于科学发展观、自觉践行科学发展观、善于领导科学发展的干部队伍。胡锦涛总书记在十七届中央纪委三次全会上强调，面对复杂多变的国际局势和艰巨繁重的国内改革发展任务，要保持经济平稳较快发展，保持社会和谐稳定，各级领导干部一定要树立和弘扬良好作风。可见，贯彻落实《纲要》，关键在党员领导干部。当前，我市各级党组织和党员队伍整体是好的，是有战斗力和凝聚力、号召力的。但也必须看到，我市个别党组织和一些党员干部在思想观念、能力素质等方面与科学发展观的要求还不相适应，特别是一些党员干部的作风与省委、市委“抓落实”的工作要求还有较大差距。在一些党员领导干部和党员干部中，有的工作飘浮、不扎实，满足一般号召，忙于表面应酬；有的观念落后，眼界不宽，创新精神不足，缺少破解难题、推动发展的能力；有的安于现状、不思进取，缺乏干事创业的事业心、责任心；有的服务意识淡薄，对百姓困难熟视无睹，宗旨意识薄弱；有的缺乏全局观念，对市委、市政府的决策部署执行不力，工作不到位，不落实；有的特权思想突出，办事效率低下，甚至吃拿卡要，影响投资环境、延误发展时机。抓住《纲要》发展的重大机遇，要求我们切实转变作风。各级领导干部要以这次学习实践科学发展观活动为契机，带头深入学习实践科学发展观，进一步解放思想，深化"五破除五增强"，把"肯干事、能干事、干好事"作为要求自己的标准，切实增强各级领导干部的使命感、责任感，树立忧患意识、提升创新意识、培养竞争意识，提高理论素养和实战能力，时刻保持饱满的精神状态、充足的创业劲头、严谨的作风纪律，进一步把思想统一到中央、省委和市委的重大部署上来，解决突出问题，强化工作责任，锐意进取，开拓创新，狠抓我市十届六次全会精神的贯彻落实，不断开创肇庆跨越发展的新局面。

五是要集民智、聚民力、凝民心，使实施《纲要》变为广大人民群众的自觉行动。《纲要》赋予广东率先探索经济发展方式转变、城乡区域协调发展、和谐社会建设，为全国探路的任务，是中央对广东人民的厚爱、信任与期待。群众是实施《纲要》的力量之源，是实施《纲要》之本，也是实施《纲要》的最终受益者，贯彻落实《纲要》、珠三角一体化的建设和发展离不开广大人民群众的支持和拥护。我们要通过广泛宣传、广泛发动，集民智、聚民心、汇民力，形成共识、形成意志、形成干劲，增强人们在发展中的责任感和紧迫感，使贯彻落实纲要转化为人民群众的内在要求。在贯彻落实《纲要》的过程中，在选择和制定工作重点、实施方案和具体措施中，要充分尊重群众意愿，坚持问政于民，问需于民，问计于民，充分发挥民主，深入做好群众工作，充分发挥人民群众的积极性、主动性、创造性，团结和凝聚广大人民群众积极投身肇庆经济社会建设中去。

（本文发表于《肇庆干部专刊》2009 年第 1 期）

谋划发展要有新思路
加快发展要有新举措

3 月 30 日在省委、省政府珠三角肇庆现场会上，中央政治局委员、省委书记汪洋和省长黄华华分别对肇庆做了重要指示，这对肇庆今后科学发展跨越发展意义十分重大，全市上下正在掀起学习贯彻的热潮。《纲要》颁布实施以来，我市老百姓对肇庆为什么被划入珠三角、肇庆以后的发展重点是什么这些热点问题都十分关注，为此笔者做了一点思考。

一　关于肇庆被国务院划入珠三角依据的思考

众所周知，过去珠三角指的是广州、深圳、珠海、佛山、江门、东莞、中山 7 个市，这次《纲要》从国家的战略层面把惠州和肇庆列入主体城市，这是为什么呢？当然，中央和国务院有其科学的客观依据。我们认为其中的原因之一可能是肇庆传统上列入了大珠三角的范围，因为过去的端州区、鼎湖区和高要市、四会市是属于大珠三角范围。除了这个原因，我们觉得至少还有三个方面原因是值得我们认识的。

1. 肇庆是国家级的历史文化名城

历史上肇庆市是岭南文化发源地之一，又是中原文化与岭南文化、西方文明与东方文明交汇最早的地区之一，历来是西江流域（珠江源头之一）的政治、经济、文化中心，历史文物资源丰富，具有深厚的历史文化底蕴。例如，我们有宋文化，宋徽宗赵佶亲赐御书，将端州改为肇庆，意为“喜庆吉祥之始”；建于宋皇祐五年（1053 年）的古城墙现今基本保存完好，全国罕见；宋代名臣包拯曾在端州任知州三年，留下了许多治理端州的故事和传说……这些都构成了肇庆的宋文化。我们有端砚文化，端砚为中国四大名砚之首，早在 1300 多年前就享负盛名，经过千百年的积淀，形成了影响深远的端砚文化。我们有融在海内外享有“山水自然博物馆”美誉的七星岩、鼎湖山为一体的著名景区，鼎湖山是广东四大名山之首、联合国自然保护区，七星岩有“岭南第一奇观”“人间仙境”之美誉，其中的摩崖石刻列入了全国重点文物保护单位。肇庆文物古迹众多，名人荟萃，人杰地灵，至今有文字记载的历史达 2200 多年，这些得天独厚的人文历史资源使得我们相对于省内其他城市能脱颖而出。

2. 肇庆有高新区为主体的一批新的产业开发区，其发展前景广阔，是未来广东和珠三角的新增长极

园区经济是我们肇庆招商引资的最大亮点，尤其是肇庆高新区，在目前全省的园区当中可使用面积最大，共有 98 平方公里，而且全部是国有土地，招大项目的优势非常强，特别是去年 8 月，中山（肇庆大旺）产业转移工业园又成功竞得省首批示范性产业转移园。省委书记汪洋再现场办公会上明确指出，“肇庆要成为未来广东发展新增长极，就必须要有一个提升肇庆总体实力和综合竞争力的载体，这个载体就是肇庆高新区”。并且要求省直有关部门做好协助高新区申报国家级高新技术开发区的工作，这充分说明了肇庆高新区在我市乃至珠三角地区新一轮大发展大提高中的作用和地位。

3. 肇庆有通向大西南的黄金水道

肇庆东接广佛经济圈，西连大西南，地缘区位优势突出。特别是横穿肇庆的西江，是径流量仅次于长江的全国第二大河，由西江、北江支流绥江、贺江组成的江河水网，使肇庆上接云、贵、桂等泛珠三角资源丰富的省区，东通广州、深圳、香港，南达江门、珠海、澳门，北上韶关，素有“黄金水道”之称。内河航道是“绿色”的运输方式，具有投资省、运量大、能耗低、占地少、成本低、污染少等其他运输方式所不具备的独特优势，符合可持续发展战略。这个也是相对省内其他城市比较突出的优点。

我们认为，以上的三个原因是我市划入珠三角的主要原因，认识这一点，对我们未来肇庆新定位、谋划新发展十分重要。

二 关于肇庆未来发展重点的思考

根据以上关于肇庆为什么列入《纲要》规划范围的思考，我们觉得，以下三个方面是我们谋划新发展的重点。

1. 加快珠三角一体化步伐，形成世界级都市圈的重要组成部分

珠三角是我国南部的经济中心和重要门户，国家要求建成世界级都市圈。肇庆作为珠三角的 9 个主体市之一，必须发挥自身的独特历史人文资源优势，重点打造三个城：一个是岭南文化名城，一个是生态旅游名市，一个是珠三角宜居城市。这是因为：岭南文化、宋文化和端砚文化等是我们肇庆独一无二的，是老祖宗为我们留下的人文资源，我们没理由不宣传好利用好，把这些资源融合到我们的城市建设中去，打造岭南文化名城，提升城市品位；七星岩、鼎湖这些风景名胜是老天爷恩赐给肇庆的自然资源财富，我们有义务有权利保护好开发好，用于造福肇庆人民，要充分发挥这些丰富的旅游资源和利用生态环境优美的优势，大力发展生态旅游、休闲旅游，打造生态旅游名市；由于重视生态环境保护，肇庆保持了山青水碧、蓝天白云，成为令人羡慕的宜居城市，特别是我们肇庆山、湖、城、江四位一体，我们更有条件成为世界级都市圈里观光宜居城市。省长黄华华在办公会议上指出，抓住珠三角轨道交通项目建设的机遇，加快发展房地产、商贸流通等产业的步伐。这更为我们城市建设对接的未来发展指明了方向。

2. 加快打造提升以大旺高新区为龙头的高科技园区，形成广东、珠三角未来增长极

高新区作为毗邻广佛经济圈和拥有较大可利用开发面积的新型开发区，具有承接产业转移的先天条件。当前省内较好的高新技术开发区每平方公里产值已达到 150 亿—200 亿元，按肇庆高新区这么好的优势和基础设施条件，将来产值至少要达到 5000 亿元。因此，在珠三角 9 市的现场

办公会上，汪洋书记要求肇庆创造条件申报国家级高新技术开发区，要求肇庆高新区尽快实现年产值5000亿元的发展目标。我们打造广佛肇经济圈的重点是大力推进产业和劳动力“双转移”，一方面要把握广佛产业转移的趋势，有针对性地承接产业转移，一方面要充分发挥政府引导、市场主导的作用，实现区域内各种资源有效合理配置，把肇庆高新区为龙头的高科技园区打造成为肇庆市工业经济发展的主引擎、肇庆打造广东未来工业经济新增长极的主战场，把广佛经济圈的资金、信息、技术等要素快速引向四个山区县，带动全市经济驶进高速发展“快车道”，成为广东、珠三角未来新增长极。

3. 加快打造西江黄金水道，建设港口物流基地，形成国际门户

打造千里黄金水道，将进一步促进珠三角区域和中国—东盟自由区的融合对接，对肇庆产业结构优化升级、西江沿岸加快培育发展产业群，对适应珠三角发达地区产业梯度转移、推动西江经济建设有着重要意义。发展港口物流，肇庆市具有得天独厚的条件，我们肇庆东接广佛经济圈，西连大西南腹地，321国道、324省道，广肇、二广高速公路和三茂铁路，以及西江贯通全市，再加上毗邻的广州白云国际机场，构成了肇庆水、陆、空立体交通网络，加上未来的轻轨建设，港口物流经济发展的区位交通优势越来越突出。我们要充分利用这些有利的区位条件，以珠三角重要的国际门户定位出发，加快打造西江黄金水道，推进肇庆新港等码头港口的基础设施配套建设，打造以为生产服务为主的综合物流基地，培育和发展现代物流业。

当然，肇庆未来发展空间广阔，发展的重点还有很多，在这里不能一一列举，上面只是我们认为最具特色的几点。

三　关于当前推进贯彻实施《纲要》工作重点问题的思考

1. 解放思想，形成共识

作为9个主体城市之一，《纲要》赋予珠三角的定位，就是给我们肇

庆的定位，因此，我们要从国家给珠三角定位出发，以世界眼光、珠三角大局眼光来统一思想。我们要以国际门户的视野，从珠三角一体化的角度，从珠三角的全局角度，重新确定我们的发展定位，思考如何融入珠三角，如何服务粤港澳，加快珠三角一体化来谋划肇庆发展。

2. 创新体制机制，明确任务、分工负责，用体制管事、制度管人

科学配套的机制建设和制度建设，是规范领导干部行为、聚合群体力量、促进机关和谐运转、保证工作质量的重要条件。因此，我们学习实践科学发展观活动，就要通过建立健全高效、规范、有序运转的工作制度，将各项工作全部纳入科学规范的运行程序和运行轨道，真正做到以制度管理人，以制度管事。

3. 狠抓队伍建设，转变作风求真务实

领导干部的精神状态和工作作风，是决定我们事业成败的关键。我们要打造一支政治上靠得住、工作上有本事、作风上过得硬、人民群众信得过、忠诚于科学发展观、自觉践行科学发展观、善于领导科学发展的干部队伍，才能强有力地领导肇庆人民把握机遇，共同为把肇庆建设成为未来广东发展的新增长极、成为能够代表广东科学发展成果的城市而努力奋斗！

（本文发表于《肇庆宣传》2009 年第 5 期）

树立科学发展观　实现肇庆新跨越

党的十六届三中全会第一次明确提出要坚持以人为本，树立全面协调可持续的发展观，这是我们党对现代化指导思想的重大发展。深刻领会和准确把握科学发展观的精神实质，自觉用以指导实践，对于我们加快改革开放和现代化步伐，顺利实现全面建设小康社会的奋斗目标，具有重大意义。

一　正确认识和全面把握科学发展观的内涵

1. 科学发展观提出的理论依据和实践依据

科学发展观继承和发展了马克思主义发展观的基本内涵。马克思主义认为，人类社会的进步是一个从低级文明到高级文明、从片面发展到全面发展的社会。科学发展观在坚持马克思主义发展观的基础上，进一步适应时代要求，鲜明地提出坚持全面发展、协调发展、可持续发展和促进人的全面发展，标志着我们党对社会主义建设规律的认识更加成熟。

科学发展观吸收了世界文明进步的最新成果。发展是人类始终关注的重大问题，也是人类进步的永恒主题，人类社会在发展的历史长河中，创造了辉煌灿烂的物质文明和精神文明。但与此同时，人类社会也面临着人口膨胀、资源匮乏、环境污染严重等全球性问题。人类不得不重新审视人与自然的关系、经济和社会的关系、当代与未来的关系，探索和寻求新的发展道路。

2. 科学发展观的内涵

科学发展观是全面的发展观。全面发展包括经济发展，也包括社会发展，包括物质文明建设、政治文明建设和精神文明建设。促进全面发展，要正确处理经济发展和社会发展的关系，要正确处理好物质文明与政治文明和精神文明的关系。

科学发展观是协调的发展观。协调发展，就是要在发展中实现建设与结构、质量与效益的有机统一，促进发展的良性循环。

科学发展观是可持续的发展观。可持续发展，就是要在发展经济的同时，充分考虑环境、资源和生态的承受能力，保持人与自然的和谐发展，实现自然资源的永续利用，实现社会的永续发展。

科学发展观以促进人的全面发展为目的。促进人的全面发展，就是一切工作要以满足人民群众的物质文化需要为出发点和落脚点，在经济、社会发展的基础上不断为人民群众谋取切实的经济、政治、文化利益，为人民群众素质的提高和人的潜能的发挥提供必要的物质基础和制度保障。把发展同人的关系、发展手段同发展目的的关系辩证地统一起来，体现了科学发展观的本质，是科学发展观与其他非马克思主义的发展观最本质的区别。

3. 树立科学发展观的重大意义

确立科学发展观的实践意义。纵观全球中国经济发展一枝独秀，态势良好，但是我们又十分清醒地认识到，目前我们前进的道路上还面临着许多困难和新的挑战，有些困难和问题是改革发展中出现的新矛盾新问题，有些则是和我们的指导思想、工作方法和工作作风密切相关。以胡锦涛同志为总书记的党中央，不是回避矛盾，而是清醒地把握全局，分析矛盾，不失时机地提出了科学的发展观。不管是新问题还是老问题都得靠科学的发展观去解决。

确立科学发展观的理论意义。科学发展观是马克思主义发展观与当代中国的发展实际相结合的产物，既坚持了马克思主义关于发展的基本观点，又具有鲜明的时代精神，反映了新的实践要求。全面发展、协调发展、可持续发展都不是十六届三中全会的首创，但是把三者有机地统一起来，概括为新的发展观，并赋予新的时代内涵，则是这次十六届三中全会的一大理论贡献。

确立科学发展观的政治意义。总结中国革命和建设的发展历史，总结世界各国的发展历史，从当今世界时代特征和中国的实际出发，我们党提出了坚持以人为本，树立全面发展、协调发展、可持续发展的发展观，促进经济社会和人的全面发展，这是全面建设小康社会的必然要求，也是实现现代化建设第三步战略目标的必然要求，标志着我们党政治上的成熟和执政能力上的提高。

二　认真总结和吸取古今中外在发展道路上的经验教训

第一，正确认识和处理好改革发展稳定的关系。当今世界有一个很值得注意的现象，就是一些国家特别是经济赶超型国家，在经济快速发展的同时，社会动荡不已，最终也影响了经济发展。能否在经济高速发展和社会转型的过程中保持社会的稳定，考验着一个政党治国的能力。我们在现代化建设过程中，要正确处理改革发展稳定的关系。改革是动力，发展是目的，稳定是前提。没有改革，就不可能走出一条中国特色社会主义的道路；没有发展，就不可能实现社会主义现代化；没有稳定，改革和发展都无法进行。要把改革的力度、发展的速度和社会可承受的程度统一起来，要把不断改善人民生活作为处理改革发展稳定关系的重要结合点，在社会稳定中推进改革发展，通过改革发展促进社会稳定。

第二，正确认识和处理好城乡二元经济的关系。众所周知，改革开放前，我国城乡之间一直未建立起均衡增长和良性循环的关系，导致城乡二元经济结构凝固化，走到现在这种状况也没有得到根本上的改变。目前，城乡关系不顺的突出表现是城乡差距过大。以收入为例，2002 年，我国城镇居民人均可支配收入为 7703 元，而农民人均收入为 2476 元，两者的比例达 3.1∶1。如果再加上城市居民享有的医疗、住房等补贴因素，实际上城镇居民的收入是农民的 4—5 倍。2002 年我国农业 GDP 份额已经下降到15%以下，而农业就业的比例仍高达50%。农村的发展离不开城市的辐射和带动，城市的发展也离不开农村的促进和支持，农村经济和城市经济是相互联系、相互依赖、相互补充、相互促进的。

第三，正确认识和处理好物质文明、政治文明和精神文明的关系。坚持物质文明、政治文明和精神文明协调发展，是推进中国特色社会主义事业的必然要求，也是推进经济体制改革和其他各项改革必须遵循的指导方针。社会主义物质文明、政治文明和精神文明之间相辅相成、相互促进，是一个有机的整体。物质文明为政治文明和精神文明提供物质基础和实践经验。政治文明为物质文明和精神文明提供政治保证和法律保障。精神文明为物质文明和政治文明提供精神动力和智力支持。正是它们之间的这种辩证关系，决定了我们在推进党和国家事业的进程中，必须正确处理好社会主义物质文明建设、政治文明建设和精神文明建设之间的关系。

第四，正确认识和处理好人与自然和谐的关系，统筹人与自然的发展，实现人与自然的和谐发展。我国目前尚处于工业化中期阶段，人均资源占有量比较少，至今仍然是以消耗大量资源为特征的发展模式，对环境压力比较大。水土流失，沙漠化、石漠化问题日趋严重，生态环境继续恶化的趋势仍未从根本上扭转。今后，我们要把坚持可持续发展放在更加突出的位置，认真执行计划生育的基本国策，保护环境，保护资源，走新型工业化、新型城市化的道路，合理开发和使用各种自然资源。

三 运用科学发展观指导肇庆经济社会的全面发展

肇庆经济社会发展中亟待解决的主要矛盾和问题。市委林雄书记指出：当前我们面临的困难和挑战：一是经济发展速度还不够快，经济效益和质量还不够高，工业化和城市化水平还比较低。二是区域发展不平衡，发展山区县域经济的任务艰巨，农村“三化”步伐不够快，农民增收的难度较大。三是新形势下人民内部矛盾增多，社会上还存在一些不安定因素，维护稳定和加强民主法制建设还有许多工作要做。四是人民群众对机关作风建设仍然不太满意，加强各级各部门的服务意识和消除经济生活中诸多体制障碍的改革任务仍然繁重。对这些问题我们在今后的工作中要进行高度的重视，要看到这些问题的存在，有些是多年遗留积累下来的，有些是我们现在工作不力新出现的；有些是过去的体制造成的，有些是今天改革滞后带来的；有些是思想认识、工作方法问题，有些则是深层次的理论和制度建设的问题。为此，我们要认真地分析和研究，寻找出解决的办法和途径。

科学发展观是我们解决矛盾、战胜困难、胜利前进的指导思想。笔者认为：从肇庆的实际出发，我们各级领导干部应该努力做到：第一，牢固树立以人为本，全面协调可持续的发展观，自觉地把促进经济社会发展和推进改革开放的各项工作统一到科学发展观的要求上来。第二，要解放思想，锐意改革。当前尤其要加快政治体制改革，加快政府职能的转变，全面履行政府经济调节、市场监管、社会管理和公共服务的职能。我市更要按照建立和完善社会主义市场经济体制的要求，加快政府职能的转变，特别是要正确履行政府经济调节的职能，改变过去那种政府大包大揽的做法，把经济调节的重点从具体的管理项目、资金转到为投资和发展创造良好的环境上来。第三，要提高统筹兼顾和协调发展的能力，特别是增强承受和抵御风险的能力。当前尤其要“统筹城乡发展、统筹区域发展、统筹经济社会发展、统筹人与自然和谐发展、统筹国内发展和对外开放”。当前我市重点要处理好经济建设与发展关系；发展旅游和文化建设的关系；文化建设和城市改造的关系。认真做好林雄书记提出的“山、湖、城、江”这四个字相映生辉的文章。第四，要认真学习和掌握现代市场经济知识和现代管理知识，积极探索当代世界发展趋势和中国特色社会主义相结合的发展规律，提高驾驭经济社会发展的能力。特别是要加强对我国经济增长方式的研究和最大限度地通过对外开放、提高我国在国际市场上的竞争地位。当前我市要继续推进经济结构的战略性调整，切实把经济工作的重点转到主要靠科技进步和提高劳动者素质上来，转到注重提高经济增长的质量和效益上来，在努力解决劳动力就业和农村富余劳动力转移问题的同时，努力提高劳动者的科学文化素质，促进科技教育与经济社会的紧密结合，促进集约化的经营、改变粗放型的经营方式，走科技含量高、经济效益好、资源消耗低、环境污染少、人力资源得到充分发挥的新型工业化道路。第五，坚持立党为公、执政为民的本质要求，努力实现好人民群众的根本利益。我们要牢固树立全心全意为人民服务的思想和对人民群众高度负责的精神，把权为民所用、情为民所系、利为民所谋的原则，落实到经济社会发展和城乡建设的各项任务中去。当前我市各级党委和政府重要的是要认真落实好市委、市政府部署的十项民心工程，真正维护和实现人民群众的根本利益。

始终做到“三个代表”是衡量我们运用科学发展观好坏的根本标准。我们强调运用科学发展观指导现代化建设，一方面发展是党执政兴国的第一要务，是解决中国所有问题的关键；另一方面发展的最终目的还是为满足人民群众的需要和促进人的全面发展。代表中国先进生产力的发展要求，讲的是发展；代表中国先进文化的前进方向，讲的也是发展；代表中国最广大人民的根本利益，讲的还是发展。由此可见，运用科学发展观指导现代化建设，是我们贯彻“三个代表”重要思想的本质要求，而能不能始终做到“三个代表”又是检验我们运用科学发展观好坏的根本标准。

（本文发表于《肇庆干部专刊》2004 年第 4 期）

扎扎实实地推进肇庆发展

今年1月12日，胡锦涛同志在中央纪律检查委员会第三次全体会议上发表重要讲话，突出地提出了“大力弘扬求真务实精神、大兴求真务实之风”的要求。这是以胡锦涛同志为总书记的党中央一个新的执政理念和重大举措。认真落实这一要求，对于改进我们当前和今后的各项工作，不断推动和促进肇庆经济社会的全面发展，具有十分重大的指导意义。

一　求真务实是马克思主义的根本要求

1. 求真务实是辩证唯物主义和历史唯物主义一以贯之的科学精神

共产党人为什么信仰马克思主义，就是因为马克思主义的辩证唯物主义和历史唯物主义为人类提供了正确认识客观世界和改造主观世界的强大思想武器。人类社会的进步发展和自然界的变化发展一样是有规律的，人们只有认识规律、把握规律，并且按照规律办事，才能推动人类社会从低级向高级发展。求真务实就是这种认识和运用规律的根本体现，这也是马克思主义世界观和方法论的根本要求。

2. 求真务实是我们党思想路线的核心内容

中国共产党是按照马克思主义建立起来，并始终坚持以马克思主义为指导的马克思主义政党，坚持马克思主义最根本的就是要坚持马克思主义活的灵魂和精髓。“具体地分析具体问题”这就是马克思主义活的灵魂，用我们中国共产党人的话来表述，就是实事求是。求真务实是以胡锦涛同志为总书记的党中央，对党的思想路线认识的一种深化，也是我们党推进中国特色社会主义现代化建设事业的一个根本要求和一个重大举措。

3. 求真务实是我们党的优良传统和共产党人应该具备的政治品格

中国共产党从成立之始就一贯倡导和坚持求真务实精神。正是由于求真务实才能走出一条以农村包围城市并夺取全国胜利的革命道路；正是由于求真务实才能走出一条改革开放建设中国特色社会主义的道路；也正是由于求真务实今天我们党的事业才能根植于人民，欣欣向荣、蓬勃发展、永远立于不败之地。

但是我们又必须清醒地认识到，不论是过去的战争年代，还是现在的建设年代，我们前进的道路总不是一帆风顺，甚至是非常曲折的，原因虽然是多方面的，但是能不能做到求真务实则是一个重要的原因。我们更应该看到，当前在我们党员干部队伍中确实存在着不少与求真务实精神相背离的东西。胡锦涛同志在讲话中列举了十个方面的问题，并且鲜明指出，这些歪风，毒化了社会风气，扭曲了党的形象，侵蚀了党的肌体，损害了党同人民群众的血肉联系，从根本上动摇着我们党的执政基础。胡锦涛同志鲜明和突出地提出这个问题，是民心所向、党心所向，这不仅是对中国共产党执政规律认识的深化，同时是党中央对全体共产党员的政治要求，也是新时期中国共产党人应该具备的政治品格。

二 求真务实的时代内涵和要求

求真就是要认识和把握事物的本质和规律，符合事物的本来面貌；务实就是无论做什么都要脚踏实地，实事求是，讲求实效。求真务实对于共产党人来说，就是要实事求是，追求真理，掌握规律；就是要严谨扎实，一丝不苟地干实事、求实效。

求真务实，在不同的历史年代、不同的条件下，有不同的内容和要求。从我国当前的形势和任务出发，胡锦涛同志为我们当代共产党人提出了求真务实的四个方面的内容和基本要求：

一是求我国社会主义初级阶段基本国情之真，务坚持长期艰苦奋斗之实。正确认识我国基本国情是我们制定路线、方针、政策的依据。我国虽然经过50多年特别是20多年的社会主义现代化建设，取得了世人瞩目的巨大成就，但总的说来我们还处在社会主义初级阶段，从生产力水平、从人均GDP、从人民生活质量上来看我们还是一个发展中国家，从我们党确定的21世纪头二十年全面建设小康社会的目标和任务出发，我们一切共产党人，还要保持长期艰苦奋斗的作风。当前尤其要反对那种好大喜功、急功近利，不按客观规律办事、不顾现实条件，提不切实际的高指标，搞违背科学的瞎指挥，导致决策失误，造成严重浪费，要反对那种贪图享受、奢侈浪费，追求低级趣味，热衷于个人享乐，大吃大喝，大手大脚，铺张浪费的不正之风。

二是求社会主义建设规律和人类社会发展规律之真，务必抓好发展这个党执政兴国的第一要务之实。一个国家走什么道路应该由这个国家的国情来决定，由人民来抉择。中国走上并且坚持社会主义道路是由中国国情决定的，也是中国人民的必然选择，对此，我们应当没有丝毫的理由怀疑和动摇。但是社会主义国家在当代来说毕竟是少数，甚至还没有被大多数国家和民族所认同和接受，然而这并不影响我们走自己的路。今天我国的改革开放和中国特色的社会主义道路已经被越来越多的国家和人民认可和理解，只要走中国特色社会主义道路能发展中国，能使中国富强起来，能使中国人民过上好日子，我们就应该坚定地走下去。当然中国的发展离不开世界，我们还应该进一步深化改革、扩大开放，最大限度地吸收各国优秀的文明成果，紧紧抓住党执政兴国的第一要务，加快发展自己。当前尤其要反对那种不思进取、得过且过，不认真学习理论，不用心汲取新知识，不深入思考新问题，思想上故步自封、停滞不前，工作上敷衍了事、庸碌无为的作风。

三是求人民群众的历史地位和作用之真，务发展最广大人民根本利益之实。只有人民才是创造历史的动力，群众观点是我们党的根本观点。我们党是在同人民群众的密切联系中产生、发展和壮大起来的，没有人民的支持，党一天也不能生存。同样我们党领导的一切革命和建设，其目的也是为了人民。胡锦涛同志强调的权为民所用、情为民所系、利为民所谋，道出了人民群众的心声，体现了我们党同人民群众的血肉联系，反映了共产党人的根本宗旨，阐明了我们党一贯坚持的人民群众是历史主人的唯物历史观、群众观。一个开拓进取、联系群众、蓬勃向上、充满生机的党，必须以脚踏实地、求真务实的工作作风为鲜明的政治品格，体现在自己的全部工作中。当前尤其要坚决反对和禁止那种以权谋私、与民争利，干工作不是先考虑群众利益，而是考虑小团体、本部门、本单位的利益，乱收费、乱集资、乱摊派，侵害群众利益，甚至中饱私囊的行为，以及那种高高在上、脱离群众，对群众的安危冷暖漠不关心，工作简单粗暴，甚至肆意欺压群众的作风。

四是求共产党执政规律之真，务全面加强和改进党的建设之实。众所周知，任何事物的生存和发展都有其必然性和内在联系，同样，中国共产党的建设和执政也是有规律的。这种建设和执政规律主要体现在党的性质、指导思想、宗旨、任务和奋斗目标日益符合中国革命和建设的实际、日益符合世界发展的潮流和趋势，日益反映了中国最广大人民的根本利益和愿望。当前我们按照胡锦涛同志的关于求真务实的要求来努力加强和改进党的建设，就必须坚持围绕发展这个党执政兴国的第一要务，更加自觉地适应完善社会主义市场经济体制的需要；必须坚持党要管党、从严治党的方针，更好地适应全面推进党的建设新的伟大工程的需要；必须坚持立党为公、执政为民，把解决群众反映的突出问题作为工作的重点；必须坚持建立健全与社会主义市场经济体制相适应的教育、制度、监督并重的体系；必须坚持和完善党的领导体制和工作机制，形成整体合力；必须坚持解放思想、实事求是、与时俱进，不断推动党的理论和实践的创新。

三　扎扎实实地推进肇庆发展

学习贯彻胡锦涛同志关于“求真务实”的讲话精神，不仅要充分认识当前弘扬的求真务实精神，大兴求真务实之风的重大意义，要全面理解和把握求真务实的时代内涵和根本要求，更重要的是结合我们肇庆的实际，实实在在地推进肇庆经济社会的全面发展。笔者认为，当前我们应该认真考虑几个问题：

一是科学判断肇庆的形势，找准和确定肇庆发展的主攻方向。肇庆市发展的定位和方向，市委九届党代会已经确定把肇庆建设成为花园式、生态型、现代化大城市。但具体的步骤目标、阶段性的任务以及一个时期的中心工作，还得下力气去研究和部署。特别是一些事关肇庆今后发展走向的重点项目和重点工程，一定要细心研究、科学论断。例如，关于肇庆市旅游项目的开发，关于三大经济板块的建设，关于教育、文化、科技设施的建设，关于宋代文化开发的系列工程，等等。一定要吸取北岭开发、三榕经济开发区、新城区开发的经验和教训，少走弯路。当前我们要做到求真务实，就是要全面把握肇庆的实情，科学判断肇庆发展的形势，明确肇庆发展的目标，正确制定肇庆发展的政策，采取有力的措施手段，把各项工作落到实处。

二是求真务实关键是提高干部的素质、真抓实干。我个人理解，胡锦涛同志提出的弘扬求真务实精神，大兴求真务实之风，主要是针对党员干部提出来的。首先党员干部，特别是领导干部一定要当学习的表率。求真务实，首先是求真，只有认识真理、掌握规律，才能从实际出发，按照客观规律办事。其次就是要提高领导干部的执政能力。执政能力包括领导干部所制定的方针政策是否符合客观实际、包括领导艺术和领导方法。当前要更加注重宏观调控；更加注重统筹兼顾；更加注重“三农问题”；更加注重改革创新；更加注重以人为本。再次，要加强干部队伍和机关作风建设，应该看到胡锦涛同志所列举的十种不正之风，都是同党的宗旨和性质格格不入的，都是同人民群众的利益格格不入的，这些不良风气如不坚决刹住，势必严重削弱党员干部队伍的战斗力，势必损害党同人民群众的血肉联系。最后，求真务实要落在实处上。求真务实，要紧紧围绕落实党和国家的各项工作来进行，最重要的是付诸行动、取得成效。当前我市改革和发展正在处于一个关键时期，大批招商引资的项目需要跟踪落实，交通网络正在打造，农村“三化”正向深度广度推进，县域经济正在形成，旅游资源正在整合和开发，这一系列工作都需要我们一步一个脚印地去做，扎扎实实地推进肇庆经济和社会的全面发展。

三是大力弘扬求真务实精神，大兴求真务实之风，还必须坚持依法办事，违法必究，严格纪律，取信于民。应该说我们党一贯是注重制度建设的，特别是改革开放的20多年里，我们坚持和完善各项学习制度、调查研究制度、联系群众的制度、民主集中制的各项制度、民主决策制度、各项公开办事制度、干部选拔任用工作制度以及最近颁发的党内监督条例等，目的都是以制度建设和创新来保证在全党大力弘扬求真务实精神，大兴求真务实之风。但是我们又必须看到当前我们党内存在的一个突出的问题是，有些制度形同虚设，有些制度执行不力，有些制度根本不落实，“讲归讲、做归做”。因此要做到求真务实，就必须对各种不正之风进行坚决的纠正，绝不能姑息。当前尤其要坚决纠正一些地方和部门存在的办事不公、以权谋私、损害群众利益问题。

（本文发表于《肇庆宣传》2004 年第 2 期）

解放思想　与时俱进　开拓创新
大力推动肇庆经济社会科学发展

当前如何推进建设中国特色社会主义的现代化事业，如何巩固和发展广东现代化建设排头兵的地位和作用，如何推动肇庆经济社会的又好又快发展，党的十七大做了明确的回答。这就是：高举中国特色社会主义伟大旗帜，以邓小平理论和“三个代表”重要思想为指导，深入贯彻落实科学发展观，继续解放思想，坚持改革开放，推动科学发展，促进社会和谐，为夺取全面建设小康社会新胜利而奋斗。

在广东省委近期召开的十届二次全会上，中共中央政治局委员、省委书记汪洋做了题为《继续解放思想，坚持改革开放，努力争当实践科学发展观的排头兵》的报告，符合中央精神，切合广东实际，吹响了南粤大地新一轮解放思想、科学发展、走在全国前列的进军号角。

为了认真学习贯彻党的十七大精神和中央经济工作会议、省委十届二次全会精神，深入贯彻落实科学发展观，市委召开十届四次全会，市委书记覃卫东做了重要讲话，对我市开展“继续解放思想，坚持改革开放，争当实践科学发展观的排头兵”学习讨论活动进行了动员和部署。

通过认真学习和领会胡锦涛总书记的十七大报告精神，学习和领会汪洋书记在省委十届二次全会的报告精神，学习和领会覃卫东书记在市委十届四次全会的讲话精神，我对正在全面开展的“继续解放思想，坚持改革开放，争当实践科学发展观的排头兵”学习讨论活动，从理论的层面谈三点认识。

一是为什么党的十七大把继续解放思想作为大会主题的重要内容。首先，解放思想是马克思主义的理论品质。马克思主义的发展史，就是一部解放思想的历史，马克思主义的辩证唯物史观和历史唯物史观历来是指导人们认识世界和改造世界的世界观和方法论，具体地分析具体问题，这是马克思主义活的灵魂。其次，马克思主义中国化的理论成果本身就是解放思想的产物。中国共产党建党 86 年来，产生了马克思主义中国化的两大理论成果，毛泽东思想和中国特色社会主义理论体系，这是我们共产党人继承、丰富和发展马克思主义的重大理论成果，这些创新的理论成果是马克思主义的生命力所在。再次，党的十七大提出的一系列重大的理论观点、重大工作部署，本身就是解放思想的产物。新时期最突出的标志是与时俱进。因此开展解放思想学习讨论活动是贯彻落实党的十七大精神的必然要求；是继续推进改革开放伟大事业的迫切需要；是广东争当实践科学发展观的排头兵的当务之急。

二是面对当前的形势我们肇庆继续解放思想的主要任务是什么。进入新世纪新阶段，我国发展呈现出一系列新的阶段性特征，党的十七大报告从八个方面进行了系统的阐述。结合广东实际，省委汪洋书记指出：广东经济发展较快，但发展不够全面，社会事业发展和社会管理相对滞后；广东经济总量大，但发展方式仍然粗放，经济结构不够优化和自主创新能力不强；广东城乡区域发展有了新的进步，但发展不够协调，发展不平衡状况有待改善；广东资源环境保护得到加强，但可持续发展的压力较大，资源和环境的约束依然趋紧；广东经济增长速度较快，但民生问题仍然突出，城乡居民的生活品质有待提升。因此，广东当前要克服自满思想，增强忧患意识；要克服狭隘视野，树立世界眼光；要克服“见物不见人”的观念，坚持以人为本。市委覃卫东书记在市委十届四次全会的报告中指出：肇庆要按照省委要求，破除各种不利于科学发展的思想障碍，一要破除“小富则安”思想，增强进取意识；二要破除“小进则骄”思想，增强忧患意识；三要破除“因循守旧”思想，增强创新意识；四要破除“畏难却步”思想，增强拼搏意识；五要破除“各自为政”思想，增强全局意识。除此之外，我们还要注重制度、体制和机制上的创新，注重技术创新和管理创新，以新一轮思想大解放，推动肇庆新一轮大发展。

三是当前我们怎样进一步解放思想，推动我市经济社会的科学发展。第一，要认真学习和领会十七大精神，严格按照省委的要求，认真组织好“继续解放思想，坚持改革开放，争当实践科学发展观的排头兵”的学习讨论活动。充分认识在全省范围内开展解放思想大讨论的重要性和紧迫性，把思想和行动统一到省委的要求和市委的部署上来。第二，各级党组织和党员领导干部要认真联系当前改革开放的实际，联系本地区、本单位的工作实际，联系自己的思想实际，认真查摆当前阻碍我们科学发展的各种思想和体制障碍，找准问题，解决问题，坚决克服“一阵风”、走过场的形式主义。第三，各地各单位要在学习和广泛深入调查研究的基础上，认真地梳理出有价值的对策建议，研究制定本地区本单位通过解放思想推动科学发展的具体意见，特别是在制度、体制、机制上进行创新，真正把学习讨论活动的成果体现到科学决策上，转化成解决问题、改进工作、推动科学发展的实际行动。

正确认识和把握"两个目标"的关系积极推进建设繁荣活力、文明法治、和谐安康新肇庆

市委书记林雄同志在去年6月中国共产党肇庆市第九次代表大会的报告中提出，要把肇庆建设成为花园式、生态型、现代化大城市的目标。今年9月在全市领导干部大会上又提出了建设繁荣活力、文明法治、和谐安康新肇庆的目标。笔者认为，这"两个目标"不仅是对肇庆未来发展方向的定位，更是肇庆未来改革开放的本质要求和内在动力，符合肇庆现代化进程的发展规律，反映了肇庆市广大人民群众对肇庆加快发展、协调发展、跨越发展的迫切愿望和要求。当前我们认识和把握好这"两个目标"的科学内涵和本质要求，对推进肇庆现代化事业的健康发展具有十分重大的意义。

一 "两个目标"的科学内涵和本质要求

1. 花园式、生态型、现代化大城市的内涵和要求

市委给花园式、生态型、现代化大城市的定位是"三个最适宜"：一是最适宜旅游的花园式风景城市。这是根据肇庆的地理环境和天然的旅游资源，构建独特的景观风格的花园式风景城市。二是最适宜人居的生态型山水城市。这是根据肇庆市的品貌和现代城市发展的趋势，构建"一江

两湖三峡”的生态型山水城市。三是最适宜创业的现代化工业城市。这是根据肇庆的经济、社会、文化发展的现状和当代世界经济发展的潮流，构建现代化工业城市。

应该说，这是肇庆市委根据现代化建设的发展趋势和时代特点，结合肇庆的地理环境、文化传统、资源条件、产业结构等来确定肇庆城市发展的规模、功能、定位和方向。这是一个催人奋进的目标。

2. 繁荣活力、文明法治、和谐安康新肇庆的内涵和要求

林雄书记提出建设繁荣活力、文明法治、和谐安康新肇庆是有特定含义的。

繁荣活力是指肇庆的发展始终要把发展工业经济放在首位，要进一步深化经济体制改革，要加快以交通为重点的基础设施建设和抓重大项目拉动，要稳步提高县域经济发展水平，要下功夫打造肇庆旅游大产业，要着力构建“一江两岸”超百万人口区域中心城市。

文明法治是指要抓文化名市建设，大力发展文化经济；要抓教育强市建设，努力提高教育水平；要抓科技人才工作，增强发展后劲；要抓精神文明建设，争创全国文明城市；要推进决策的科学化、民主化，提高科学执政水平；要推进社会主义民主制度化，规范化和程序化，提高民主执政水平；要推进依法治市，提高依法执政的水平；要推进基层民主，保障人民民主权利。

和谐安康是指要推进人与自然和谐发展；要注意利益协调；要加强社会管理，推进社会公平；要改进群众工作；要拓宽就业渠道，推进城乡统筹就业；要完善社会保障体系，着力改善群众生活；要抓紧抓好十项民心工程，为群众排忧解难。

应该说，建设繁荣活力、文明法治、和谐安康新肇庆，是市委书记林雄根据中央和省委关于大力加强党的执政能力建设的精神，结合肇庆的实际提出的一个肇庆各级党组织加强执政能力建设的奋斗目标，也是一个工作布局，符合肇庆全面推进小康社会建设的客观要求。

二 正确认识和把握“两个目标”的区别和联系

1. “两个目标” 的区别

从两者的性质上看，花园式、生态型、现代化大城市是肇庆发展的方向和定位，而繁荣活力、文明法治、和谐安康新肇庆，是肇庆发展的动力和要求。

从两者的内容上来看，花园式、生态型、现代化大城市，更多的是强调肇庆建设的面貌和格局，而繁荣活力、文明法治、和谐安康，则更多的是强调肇庆发展的机制和体制的完善。通俗地说，有点像发展“外延”和“内延”的关系，也有点像发展的“硬环境”建设与“软环境”建设的关系。

从两者的发展要求上来看，花园式、生态型、现代化大城市是一个长远的奋斗目标；而繁荣活力、文明法治、和谐安康新肇庆，更多的是当前的工作布局和迫切需要。

2. “两个目标” 的联系

显然这两个目标是有区别的，它们的性质、内容和要求都不一样。但是这两个目标又是密切联系的，相辅相成、互为条件、相互促进的。

一是“两个目标” 的本质是一样的。因为它们都从不同的方面反映了肇庆全面建设小康社会的必然要求。也就是说，把肇庆建设成为花园式、生态型、现代化大城市和建设繁荣活力、文明法治、和谐安康新肇庆，目标是一致的，都是从肇庆的实际出发，推进肇庆全面小康社会建设的客观要求。

二是“两个目标” 的内容是相通的。花园式、生态型、现代化虽然表述的是城市的发展方向、定位和景观外貌的要求，但同时也具有内在的要求，而繁荣活力、文明法治、和谐安康的新肇庆也具有形象的要求，就像内容和形式一样，两者是不可分割的，你中有我、我中有你、互相包容。

三是“两个目标” 的实现是相辅相成的。建设花园式、生态型、现代化大城市，离不开繁荣活力、文明法治、和谐安康新肇庆的内容和要求，可以说繁荣活力、文明法治、和谐安康的新肇庆是花园式、生态型、现代化大城市的题中应有之义。没有繁荣活力、文明法治、和谐安康的新肇庆，花园式、生态型、现代化大城市就无从谈起。同样我们加快花园式、生态型、现代化大城市建设的步伐，这本身就是推进繁荣活力、文明法治、和谐安康新肇庆目标实现的过程。

三　加强执政能力建设，为实现繁荣活力、文明法治、和谐安康的新肇庆而努力奋斗

1. 紧紧围绕建设繁荣活力、文明法治、和谐安康新肇庆来加强党的执政能力建设

党的十六届四中全会和省委九届五次会议，对加强党的执政能力的建设做出了全面的部署。党的执政能力的建设，不仅是一个理论问题，更是一个实践问题，尽管我们的党在执政的55年当中，得到了不少的成功经验，但是，在不同的历史阶段，党所面临的任务和要解决的主要矛盾是不相同的，从当前的世情、国情和党情来看，我们党提出了从五个方面来加强党的执政能力建设，这也是我们党加强执政能力建设的目标和任务。而广东省委也根据广东的实际提出要把广东建设成为经济强省、文化大省、和谐广东的目标。市委书记林雄同志根据中央和省委的精神，结合肇庆的实际提出建设繁荣活力、文明法治、和谐安康新肇庆。这是我们市委对加强党的执政能力的建设的具体要求。也就是说加强党的执政能力建设是具体的，对肇庆各级党组织来说，是不是加强执政能力建设，执政能力是否提高，重要的就是要看建设繁荣活力、文明法治、和谐安康新肇庆的目标是否能够实现。

2. 当前怎么样推进建设繁荣活力、文明法治、和谐安康新肇庆

第一，要从提高党的执政能力建设的高度来认识建设繁荣活力、文明法治、和谐安康新肇庆的重大意义，当前尤其要通过广泛宣传和教育，让全市党员干部群众都有认同感，并迅速化为积极参与的自觉行动。

第二，各地方各部门各单位要紧密结合自己的工作职责和范围，制定建设繁荣活力、文明法治、和谐安康新肇庆的实施意见。虽然林雄书记对繁荣活力、文明法治、和谐安康新肇庆，有具体的内容和要求，但这毕竟是一个总的目标和总要求。事实上建设繁荣活力、文明法治、和谐安康新肇庆是一个系统的工程，涉及方方面面，每个单位、每一个人都有责任。我们要在这样一个建设热潮中找到自己的位置，做出自己的贡献。

第三，领导重视、精心组织、稳步推进建设繁荣活力、文明法治、和谐安康新肇庆。建设繁荣活力、文明法治、和谐安康新肇庆，是市委经过慎重思考提出的一个工作目标和任务要求，关系到肇庆发展的大局和人民的福祉。各级领导和相关部门千万不能停留在口号上，而是要真抓实干，当前尤其要建立和完善各种机制和领导体制，真正把市委提出的建设繁荣活力、文明法治、和谐安康新肇庆的各项任务落到实处。

（本文发表于《肇庆论丛》2004 年第 11 期）

用马克思主义中国化的最新理论成果指导肇庆经济社会健康发展

一 党的十六大以来以胡锦涛为总书记的党中央，集全党智慧提出的一系列重大战略思想，是当代马克思主义中国化的最新理论成果

总结中国革命和建设，特别是改革开放近30年的历史，我们之所以取得举世公认的巨大胜利，归根结底是我们党始终坚持以马克思主义为指导；始终坚持把马克思主义与中国革命和建设的具体实际相结合，丰富和发展了马克思主义，以马克思主义中国化的理论成果指导实践。今天我们党正在领导全国人民进行全面建设小康社会和构建社会主义和谐社会的伟大事业，更是需要我们党与时俱进地推进马克思主义的理论创新，并用当代马克思主义中国化的最新理论成果武装全党、教育人民，不断推进建设中国特色社会主义现代化事业的健康发展，夺取改革开放和现代化建设事业的更大胜利。

党的十六大以来，以胡锦涛同志为总书记的党中央，一方面高举马克思主义的伟大旗帜不动摇，一以贯之地按照党的基本理论、基本路线、基本纲领、基本经验指导实践；另一方面，又在新的历史条件下，研究新问题、总结新经验、形成新思路，进一步拓展了马克思主义理论的新境界。党的十六大以来党中央提出的一系列重大战略思想，主要包括以下几个方

面的内容：以人为本、实现科学发展、构建社会主义和谐社会、建设社会主义新农村、建设创新型国家、树立社会主义荣辱观、推动建设和谐世界、加强党的先进性建设等。这些都是当代马克思主义中国化的最新理论成果。

党的十六大以来党中央提出的一系列重大战略思想，既是对毛泽东思想、邓小平理论和“三个代表”重要思想的全面继承，又是进一步的丰富和发展。这一系列重大的战略思想，使我们党的全部理论和工作体现时代性、把握规律性、富于创造性。这也是我们推进中国特色社会主义现代化建设的根本指导思想。

二 用党的十六大以来党中央提出的一系列重大战略思想，引领肇庆经济社会的健康发展

改革开放以来，特别是市第九次党代会以来，在市委的正确领导下，我们全市上下始终坚持以邓小平理论和“三个代表”重要思想为指导，全面贯彻落实科学发展观，按照省委书记张德江同志“统一思想、明确目标、形成合力、真抓实干”的要求，抓机遇，谋发展，促和谐，强核心，求真务实，开拓奋进，使肇庆经济社会取得了显著的成绩。

肇庆这几年的发展变化是大家有目共睹的，有许多成功的做法和经验，值得我们认真地总结和借鉴。从理论层面来说，我觉得有几个方面非常值得我们认真地研究和发扬。

一是市委坚持用科学发展观统揽肇庆经济社会发展全局，提出符合肇庆实际的发展方向的奋斗目标，形成了全市上下的共识，充分调动了全市广大干部群众的积极性和创造性。例如，市委提出的建设“繁荣活力、文明法治、和谐安康、生态环保”新肇庆的目标任务，已深入人心，并转化为强大的发展动力。又如“三大板块经济”的发展格局，经过三年多的实践，已初见端倪，取得成效。又如“重大项目”“招商引资”和“高新技术园区”的战略，已有突破性的进展，所有这些成绩的取得都应

该归功于市委坚持贯彻落实十六大以来党中央指出的一系列重大战略思想的结果。

二是市委在抓经济发展的同时，更加注重抓党的思想建设、组织建设和作风建设。一个地方的发展，领导干部的政治素质、工作作风和精神状态十分重要。多年来市委在抓物质文明建设的同时，大力加强政治文明建设、精神文明建设和社会文明建设。尽管我们的工作还有着这样那样的问题和困难，但总的说来，我们不得不肯定，肇庆的人文环境、社会环境、投资环境是比较好的，至少在全省山区市来说是有优势的，这是市委“两手抓、两手都硬”的结果。

三是市委始终坚持立党为公、执政为民的执政理念，把为人民服务作为工作的出发点和归宿点。特别是这几年市委按照中央关于建设社会主义和谐社会的战略部署，从肇庆的实际出发，真正树立以人为本、全面、协调、可持续的科学发展观，着重从政策上、体制上、作风上、保障落实胡锦涛总书记关于“共建共享”的指示精神，切实把关心群众、维护群众利益摆在第一位，真正做到权为民所用、情为民所系、利为民所谋。例如，我市在抓好就业培训，增加就业岗位，统筹扩大城乡就业方面；在养老、医疗、事业、工伤、生育等社会保障体系的建设方面；在“十项民心工程”的建设方面；在社会治安综合治理方面；以及在生态文明村的建设方面都取得突破性的发展，让广大人民群众享受到实实在在的实惠。

四是市委注重加强党的先进性建设。例如，从我市的实际出发，加强机关作风建设，从制度上、体制上加强干部队伍的作风建设；又如坚持教育、制度、监督并重，逐步建立惩治和预防腐败的廉政体系；等等。以上的成绩和经验表明，在新的历史时期，我们只要继续高举邓小平理论和“三个代表”重要思想的伟大旗帜，全面贯彻落实科学发展观，从肇庆的实际出发，狠抓发展第一要务，努力实施“工业主导、重大项目带动、三产旺市、科教兴市和人才强市、区域协调发展”五大战略，加强党的先进性建设，就一定能够实现建设繁荣活力、文明法治、和谐安康、生态环保肇庆的奋斗目标。

三 用当代马克思主义中国化的最新理论成果，武装全党、教育人民，是当前各级党组织的一项重要任务

一是在加强各级党委中心组的理论学习和党员干部理论教育工作方面下功夫。加强党委中心组学习和党员干部理论学习，既是我们党的优良传统，又是我们党的政治优势。这方面党中央已经带了好头、做出了榜样。如胡锦涛同志从 2002 年 11 月 15 日担任总书记以来的四年多时间里，就先后组织了中央政治局的理论学习 40 次，每一次都有两位专家讲课，并形成了制度，广东省委张德江书记亲自开辟的《广东学习论坛》（实际上就是省委中心组理论学习），也进行了 39 讲，这是我们提高执政能力的重要形式。应该说我市各级党委近年来在开展“创建学习型党委”的活动中，创造出了不少很好的做法和经验，但是一些单位仍然存在着忽视理论学习的现象，这和形势发展的要求是很不相适应的，因此，我们一定要以市委举办这些学习班为契机，很好地研究和总结党员干部理论教育的情况，把学习和贯彻十六大以来党中央提出的一系列重大战略思想摆在重要的议事日程，全面推进党员干部的理论教育工作。

二是要在理论的宣传和普及上下功夫。理论一旦被群众掌握，才会变为巨大的物质力量。当前我们的改革开放正处在一个非常关键的时期，处在黄金发展的机遇期和矛盾的凸显期，如何用当代马克思主义中国化的最新理论成果，武装全党、教育人民，让广大党员干部、广大人民群众，认同改革、拥护改革、参与改革，是摆在党务工作者面前的一项重要任务。要看到今天社会已发展到网络信息年代，所以我们的宣传工作，必须把握社会变化的新形势和特点，用传统的、现代的形式和手段，用群众喜闻乐见的形式和手段来广泛开展党的理论教育工作，让党的路线、方针、政策进机关、进企业、进农村、进社区，入耳、入脑、入心。

三是我们各级领导干部都要理论联系实际，加强调查研究，推动理论创新，创造性地把理论最大限度地转化为广大人民群众建设繁荣活力、文

明法治、和谐安康、生态环保肇庆的自觉行动。理论只有联系实际，指导实践，才具有生命力。当前我们各级党政领导干部切勿空谈，要运用马克思主义中国化的最新理论成果与肇庆改革开放的实际相结合。有的同志认为理论创新是中央的事，是理论家们的事，这是极其片面的。我们认为学习和运用、结合实际创造性的工作也是创新。什么是理论，理论就是对实践的总结，是对历史的反思，是对未来的预测，是对规律和趋势的把握。所以，我们一定要把理论学习、理论教育、理论宣传、理论研究、理论运用工作摆在重要位置，当前最重要的就是把学习、宣传、贯彻十六大以来党中央提出的一系列重大战略思想摆在党的思想建设中的首位。

（本文发表于《肇庆宣传》2007 年第 4 期）

中国特色社会主义理论
引领肇庆科学跨越发展

总结我市改革开放30年实践，我们取得巨大成就的根本原因，就是重视理论武装，不断创新发展思路，做到“六个始终坚持”，用中国特色社会主义理论来引领我市的经济社会科学发展、跨越发展。

一 始终坚持用中国特色社会主义理论武装全党教育人民，统一思想，凝聚力量

我市历届党委、政府都非常重视理论学习，以各级党委中心组学习为龙头，完善制度，创新途径，理论与实践相结合，促进党员领导干部发展观念的更新、发展思路的创新、干净干事良好形象的树立。长期以来，全市各级党委中心组都坚持“七个环节”“六个到位”的成功经验，通过制度建设，规范学习，增强学习的实效性。

二 始终坚持深入贯彻落实科学发展观，推动肇庆跨越发展、科学发展

一方面，我们着力克服影响我市科学发展的思想障碍，增强推动科学

发展意识。结合党员干部思想实际，摆问题、找差距、挖原因，有针对性地提出“五破除五增强”，即破除“小富则安”思想，增强进取意识；破除“小进则骄”思想，增强忧患意识：破除“因循守旧”思想，增强创新意识；破除“畏难却步”思想，增强拼搏意识；破除“各自为政”思想，增强全局意识。另一方面，结合肇庆改革开放30年来的工作实践，我们深入贯彻落实科学发展观，做到“六个必须”。即必须全面准确理解科学发展观的内涵，处理好提高发展质量和保持较快速度、壮大经济总量之间的关系，坚定不移走科学发展道路；必须全面把握现代化的综合价值取向，处理好建设物质文明和建设民主政治、精神文明、和谐社会之间的关系，全面推进经济建设、政治建设、文化建设、社会建设和党的建设；必须坚持以人为本，处理好满足人民物质文化生活需要和促进人的全面发展之间的关系，始终做到发展依靠人民、发展为了人民、发展成果由人民共享；必须坚持全面协调可持续发展，处理好加快经济发展与加强资源环境保护之间的关系，走生态文明发展道路；必须坚持统筹兼顾，处理好推动区域城乡协调发展的关系，不断提升综合竞争力；必须继续解放思想，坚持“五破除五增强”，强化科学发展意识，以努力争当实践科学发展观排头兵的新要求引领肇庆新发展。

三　始终坚持以经济建设为中心，全力推动经济又好又快发展

一是以工业为主战场加速发展工业经济。坚持以信息化带动工业化，走新型工业化道路，以工业的跨越发展带动全市经济的跨越发展。通过优化工业产业布局，推进工业园区建设，抓好核电、煤电等工业重大项目的谋划建设，大力发展电子信息、食品饮料、生物制药、汽车配件、金属加工制造和林产化工等支柱产业，不断提升我市的工业核心竞争力。二是盘活优化城市资源，加速发展城市经济。围绕构建“一江两岸”、超百万人口区域中心大城市和“三个最适宜”城市的目标要求，统一规划“一江两岸”，有序开发建设，实现城市建设既“东扩南连”，又“东西呼应”

"南北互动"，拓展城市经济发展空间，引导城市经济加快发展。三是以"三化"为重点，加速发展县域经济。以工业化为重点，壮大经济总量；以城镇化为重点，统筹城乡发展；要以农业产业化为重点，加快建设现代农业。四是推动港区园联动，加速发展港口物流经济。充分发挥肇庆地处"泛珠三角"咽喉交通枢纽优势，认真贯彻落实国家和省、市扶持现代物流业发展政策措施，推进东引西连，优化发展环境，加快发展港口物流业，努力建设西江流域物流枢纽城市。

四 始终坚持加强精神文明建设，大力提高公民素质

改革开放以来，我们以中国特色社会主义理论为指引，不断加强理想信念教育，深入开展社会主义荣辱观教育，广泛开展和谐机关、社区、企业、镇村、家庭创建活动，进一步推进创建生态文明村工作，开展民企精神文明创建活动，全面提高社会文明程度，扎实推进了我市社会主义精神文明建设。

五 始终坚持以保障和改善民生为重点，全面促进社会和谐稳定

一是努力建设社会主义新农村。按照"生产发展、生活宽裕、乡风文明、村容整洁、管理民主"的要求，以发展农村经济为重点，以建设生态文明村为抓手，扎实推进有肇庆特色的社会主义新农村建设。二是努力实施"五大民生工程"。实施技能培训工程，统筹城乡就业；实施教育均衡发展工程，促进教育公平；实施便民廉医工程，提高卫生服务水平；实施全民安居工程，努力解决群众住房难问题；实施生产生活环境改造工程。三是努力促进社会公平正义。高度重视和维护人民群众的经济、政治、文化和社会权益，努力促进社会公平正义。四是努力完善社会保障体系。逐步建立完善社会保险、社会救助、社会福利、慈善事业相衔接的覆

盖城乡居民的社会保障体系。五是努力发展社会各项事业。大力发展卫生事业，积极发展体育事业，深入开展国防教育，加强人口与计划生育工作，充分发挥统战、侨务等部门积极作用，推动对台、侨务工作扎实开展。

六　始终坚持加强党的建设，为发展提供坚强有力的政治保证

一是加强党的思想建设。用马克思主义中国化的最新成果武装广大党员头脑，使广大党员增强党的观念和宗旨意识，坚定理想信念，树立正确的人生观、价值观，牢记“两个务必”。做到省委提出的“五个力戒”，密切联系群众，关心群众疾苦，讲实话，办实事，求实效，始终保持党同人民群众的血肉联系。二是加强领导班子建设。切实加强各级领导班子的执政能力建设，努力提高科学发展、和谐发展的能力，把握方向、总揽全局的能力，统筹协调、处理复杂问题的能力，执政为民、固本强基的能力，干净干事、拒腐防变的能力。三是加强基层组织建设。全面推进固本强基工程，建立健全基层党员经常受教育、永葆先进性的长效机制。四是加强机关效能建设。要树立全局意识，强化“四力”，促进发展。强化执行力强化协调力、强化服务力、强化监督力。五是加强党风廉政建设。坚持标本兼治、综合治理、惩防并举、注重预防的方针，完善教育、制度、监督并重的惩治和预防腐败体系，加大源头预防和治理腐败力度。

改革开放的过程，是我们不断提高执政能力的过程，我们在解放思想、干事创业、科学发展的实践中，以中国特色社会主义理论为指导，不断完善提高，不断开拓创新，推动了肇庆经济社会的全面进步。

（本文发表于《西江日报》2008 年 11 月 10 日）

如何认识和推进把肇庆建设成为珠三角连接大西南枢纽门户城市

把肇庆建设成为珠三角连接大西南枢纽门户城市，是省委、省政府从中国改革开放的大局和我省实际出发给我市提出的新定位。其内涵丰富，符合肇庆实际，反映经济社会发展规律，为肇庆的科学发展进一步指明了方向。这个战略定位和我市第十一届党代会确定的“两区引领两化”战略是一致的。2013 年以来市委、市政府召开多次会议进行了明确部署，制定和出台了不少政策举措，我们要认真学习，深刻领会，结合自己的工作实际为把肇庆建设成为珠三角连接大西南枢纽门户城市做出自己的贡献。

一 如何认识把肇庆建设成为珠三角连接大西南枢纽门户城市

一是缘于肇庆特殊的地理位置和历史文化。从地理位置看，肇庆东接佛山、广州，西连广西的梧州、贺州，多条道路直通大西南，是珠三角城市进入大西南的第一站；从历史文化看，肇庆是岭南文化的发祥地、两广总督府所在地，历来在两广密切交往中充当重要角色。

二是缘于肇庆既是珠三角城市又属于经济快速发展地区。随着《珠三角发展规划纲要》的深入实施，肇庆近年来经济实现了又好又快发展，多方面深度参与珠三角区域合作，同时肇庆与广西梧州、贺州等地交流合作日益频繁，政府和民间往来都十分密切，使肇庆初步具备成为融入珠三角连接大西南枢纽门户城市的条件。

三是把肇庆建设成为珠三角连接大西南枢纽门户城市符合中国经济社会发展的客观规律。党的十八大报告明确指出，继续实施区域发展总体战略，充分发挥各地区比较优势。这是中央立足发展中国特色社会主义全局做出的重大战略部署。广东作为改革开放的前沿阵地，经过 30 多年的发展成为我国第一经济大省，但面临着要素成本持续上升、资源环境压力明显加大、区域发展不平衡、经济腹地较小等瓶颈因素的制约，迫切需要加快经济转型，推动结构升级，促进产业转移。肇庆有条件作为我省加快省际区域协调发展的试验区和先行地。

四是缘于省委、省政府的战略部署。省委、省政府历来高度重视加强与国内其他地区的经济联系，从泛珠三角战略的提出到珠三角《规划纲要》实施，取得了令人瞩目的成就。广东省委十一届二次全会围绕“三个定位、两个率先”发展目标，提出要积极参与泛珠三角区域合作，在拓展腹地上加强谋划与对接，推动更好水平对外开放与合作。中共中央政治局委员、广东省委书记胡春华两次到肇庆调研时，都提出了要把肇庆建设成为融入珠三角、连接大西南的枢纽门户城市的要求。同时，广东省委、省政府近年来重点加大对粤东西北地区在产业发展、交通、园区开发等方面支持，进一步提升粤东西北地区的后发优势，加快广东边界地区与周边省区的交通对接和产业合作，为把肇庆建设成为珠三角连接大西南枢纽门户城市提供了有力的保障。

五是把肇庆建设成为珠三角连接大西南枢纽门户城市是肇庆市各级干部的政治责任和历史使命。肇庆作为广东与大西南的交接区域，是珠三角经济区、北部湾经济区和东盟自由贸易区的交叠区，具有共同发展的基础，是东西部均衡发展的关键节点，承载着区域统筹发展、环境生态保护、民生福祉提升的重要使命。我们肇庆市各级干部要以高度的责任感和使命感来完成这一目标任务，为探索全面建成小康社会做出自己的贡献。

二 如何推进把肇庆建设成为珠三角连接大西南枢纽门户城市

一是抓好交通基础设施建设，使肇庆成为两广交通路网建设的交会点，这是枢纽门户城市的前提基础。紧紧抓住广东启动的新一轮“交通大会战”机遇，加快广佛肇高速公路和南广、贵广高铁建设，推进广佛肇城际轨道及321国道改造、鼎湖大道、阅江大桥等重点交通项目建设，建成肇庆外环、内环高速公路网络，构建起联系珠三角核心区、沟通大西南的区域性交通枢纽，同时，依托西江“黄金水道”致力推进港口航道建设，将肇庆建成江海联运、空港对接的铁公水一体化现代交通网络，极大地提升肇庆“东引西连”的区位优势，构建起融入珠三角、连接大西南的重要交通枢纽，为建设枢纽门户城市奠定坚实基础。

二是抓好新兴产业建设，使肇庆成为连接大西南产业发展的纽带，这是枢纽门户城市的重要载体。把肇庆建设成为珠三角连接大西南的枢纽门户城市，关键的一环是要深入实施《珠三角规划纲要》和“双转移”发展战略，积极参与珠三角的产业分工，加强与大西南地区开展产业合作，打造产业发展新优势。通过实施“双转移”，尽快构建一批产业发展新载体。在加强现有一批产业园区和产业集聚地的基础设施配套建设，加快园区产业发展壮大的基础上，推进肇庆高新区“一区多园”发展，谋划内河船舶制造基地；加快肇庆新区、广佛肇经济合作区、粤桂合作特别试验区建设，为我市更大规模、更高层次承接产业转移创造更广阔空间，尽快形成引领行业跨越发展的龙头优势项目。

三是加快城市建设，使肇庆成为现代物流集聚地，这是枢纽门户城市的发展平台。首先要依托发展平台，提升产业集聚发展水平。充分发挥肇庆高新区、肇庆新区、广佛肇经济合作区、粤桂合作特别试验区等发展平台的作用，推动广佛肇产业合作向更高层次发展；引导企业与大西南企业加强经贸合作，大量引入加速我市发展所需的资源要素。其次要依托西江“黄金水道”加强口岸建设，打造区域港口物流枢纽，全力支持肇庆新港、三榕港加快发展，把肇庆新港打造成西江流域重要的中心枢纽港。最后要提升服务水平，营造良好投资营商环境。

四是加快现代金融服务业发展，使肇庆成为现代金融服务的最佳窗口，这是枢纽门户城市的重要标志。金融是现代经济的核心。作为城市经济的血脉，其地位与作用越来越重要。发展经济需要有良好的金融生态环境，肇庆要推进金融体制改革，建立银行业、证券业、保险业等金融机构全面发展、功能互补、有序竞争的金融体系，完善金融监管体制，维护金融稳定和安全。积极稳妥推进农村信用社改革，规范发展适合农村特点的金融组织，改善农村金融服务，整合金融资源，提高金融竞争力。建立符合市场经济体制要求、适应国际竞争、具备高效服务功能、具有防范和处理风险能力的金融体系。

五是加快区域协调发展的步伐，使肇庆成为代表珠三角科学发展成果的城市，这是枢纽门户城市的最终目标。党的十八大报告提出，到2020年，区域协调发展机制基本形成。这是继续实施区域发展总体战略的重要内容，也是推动区域协调发展的重要保障。党的十八大报告把推进西部大开发放在区域发展总体战略的优先位置，充分体现了中央对西部地区发展的高度重视。肇庆作为珠三角连接大西南的门户城市，首先要坚持创新观念，优化城市布局。利用肇庆高新区、肇庆新区为平台，带动新型工业化、新型城市化的发展。其次要集中优势力量，打造品牌。利用肇庆优越的地理位置和水陆交通条件，加强口岸建设、优化口岸布局，打造区域港口物流枢纽，提升对企业的服务水平，营造良好的投资环境。最后要转变政府服务观念，着力优化创业环境。不断优化企业的发展环境，在规范市场制度和维护市场秩序的同时，切实维护企业和企业家的合法权益，提供各种有效服务，支持企业发展。打破行政区划的局限，促进生产要素在区域间自由流动，引导产业转移，把肇庆建设成为代表珠三角科学发展成果的城市和探索中国特色社会主义区域发展的一个先行地、试验区。

（本文发表于《西江日报》2014年1月9日）

自觉运用五大发展理念
引领肇庆经济社会健康发展

党的十八届五中全会审议通过的《中共中央关于制定国民经济和社会发展第十三个五年规划的建议》，首次提出了创新、协调、绿色、开放、共享五大发展理念，作为主线谋篇布局，具体部署解读中国经济发展进入新常态后的主要任务和重大举措，是全会精神的灵魂，是当代马克思主义中国化的最新理论成果。对此，广大党员干部要牢固树立、自觉践行五大发展理念，以科学的新理念引领肇庆发展新实践，开拓发展新境界。

一 五大发展理念的提出，丰富发展了中国特色社会主义理论体系，是当代马克思主义中国化的最新理论成果

第一，五大发展理念的提出，是新中国成立以来特别是改革开放以来，中国共产党对社会主义现代化建设规律认识的深化。理念是行动的先导。一个科学的发展理念是总结反思过去发展经验教训、准确把握当前发展特征趋势的结晶。五大发展理念，紧紧汇集了“十二五”时期发展的重要成功经验，深深抓住了“十三五”时期发展环境的基本特征，是中国特色社会主义建设的实践总结，是社会主义现代化建设规律的深化。一是“十二五”顺利收官的经验启示。改革开放以来，特别是“十二五”时期，经过全党和全国各族人民共同努力，我国妥善应对了国内国际一系列风险挑战，

勇敢战胜了一系列自然灾害，有效解决了一系列社会不稳定因素，推动形成经济结构优化、发展动力转换、发展方式转变加快的良好态势。在此基础上，我们取得的卓越成就，形成的丰富经验，有效地为下阶段深化改革开放、推进社会主义现代化提供了坚强的后盾和行动的导向。二是“十三五”扎实开局的形势需求。目前，我国发展仍存在不平衡、不协调、不可持续问题，特别是面对全面建成小康社会的目标，创新能力不强、发展方式粗放、城乡区域发展不平衡、资源环境约束趋紧、收入差距较大、消除贫困任务艰巨等问题相当突出。在我国经济发展进入新常态、重要战略机遇期内涵发生深刻变化的新形势下，迫切需要树立新的发展理念，以新理念引领实现更加科学的发展。五大发展理念，结合了过去发展经验和教训的深刻启示，扣住了当前经济发展的新状况与新要求，体现着尊重规律、按规律办事的实践逻辑。它的提出，是遵循经济规律的科学发展，是遵循自然规律的可持续发展，是遵循社会规律的包容性发展。

第二，五大发展理念的提出，是中国共产党对马克思主义中国化的与时俱进，对中国特色社会主义理论的丰富和发展。时代在前进，实践在发展，需求在变化，理念创新、理论创新永无止境。新中国成立以来，我们党始终坚持以马克思列宁主义、毛泽东思想、邓小平理论、“三个代表”重要思想、科学发展观为指导，根据形势和任务的变化，适时适度适律地提出相应的发展理念和战略，引领和指导发展实践。从以经济建设为中心、发展是硬道理，到发展是党执政兴国的第一要务，再到坚持科学发展、全面协调可持续发展，以及到“五位一体”总体布局，每一次发展理念的创新和完善，都推动着发展的新跨越。新的事业呼唤新的理念，新的理念带动新的突破。党的十八届五中全会提出五大发展理念，是以习近平同志为总书记的党中央领导集体治国理政思想的基本内容及内在逻辑，从坚持中国特色社会主义这条主线，到推出主线的指向——中国梦，再到实现目标的价值导向——社会主义核心价值观，再到明确当今战略重点——“四个全面”战略布局，最后到实践的依循——五大发展理念，深刻洞悉了发展阶段的基本特征，科学把握了社会主义本质要求和发展方向，与马克思主义中国化理论成果思想一脉相承，为夺取全面建成小康社会决胜阶段的伟大胜利凝聚了思想共识、确立了行动指南，是我们党关于发展理论的丰富和发展，是中国特色社会主义理论体系的重要组成部分。

第三，五大发展理念的提出，是对人类文明成果的总结，并把马克思主义推向新的更高的科学境界。马克思曾说：“人的思维是否具有客观的真理性，这不是一个理论的问题，而是一个实践的问题。”作为中国未来发展的战略性、纲领性、引领性认识，五大发展理念源于对中国的认识，源于对世界的把握。作为世界上最大的发展中国家，2015 年，中国与世界都迎来了一个承上启下的节点。中国“十二五”规划收官，开始朝着全面小康冲刺，与此同时联合国千年发展目标也完成一个阶段性任务，打开了“2030 年可持续发展”的大门。面对这样的历史关口，需要用新思路寻找新出路、以新理念引领新发展。在联合国发展峰会上，我国倡导提出共同走一条公平、开放、全面、创新的发展之路，而这正是创新、协调、绿色、开放、共享五大发展理念的外在诠释，是中国构建未来的“发展话语”，给世界呈现的“中国方案”。通过创造性地回答了新形势下要实现什么样的发展、如何实现发展的重大问题，五大发展理念顺应了世界经济深度调整期的过渡缓冲，迎合了新一轮科技和产业革命的蓄势待发，在总结国内外发展经验教训、科学把握世界发展趋势基础上，对现代社会发展规律做出新揭示，给解决当下问题、破解发展难题、主动适应和积极引领经济发展新常态做出新指引，是人类文明成果的新总结，把马克思主义推向新境界。

二 五大发展理念内容丰富、博大精深，具有很强的理论性、实践性，是引领我们实现“两个百年”目标的行动纲领

1. 五大发展理念的基本内涵

实现“十三五”时期发展目标，破解发展难题，厚植发展优势，必须牢固树立创新、协调、绿色、开放、共享的发展理念。概括起来，创新是引领发展的第一动力，必须把创新摆在国家发展全局的核心位置，让创

新贯穿党和国家一切工作，让创新在全社会蔚然成风。协调是持续健康发展的内在要求，必须牢牢把握中国特色社会主义事业总体布局，正确处理发展中的重大关系，不断增强发展整体性。绿色是永续发展的必要条件和人民对美好生活追求的重要体现，坚定走生产发展、生活富裕、生态良好的文明发展道路，推进美丽中国建设。开放是国家繁荣发展的必由之路，必须顺应我国经济深度融入世界经济的趋势，奉行互利共赢的开放战略，发展更高层次的开放型经济。共享是中国特色社会主义的本质要求，必须坚持发展为了人民、发展依靠人民、发展成果由人民共享，朝着共同富裕方向稳步前进。

2. 五大发展理念的精神实质

创新发展是“十三五”时期经济结构实现战略性调整的关键驱动因素，是实现“五位一体”总体布局下全面发展的根本支撑和关键动力。一方面，来自国际发展竞争日趋激烈的形势驱动；另一方面，是国内发展动力转换的必然要求。只有通过创新，用创新驱动发展，才能有效抓住当前从“量的积累”转向“质的飞跃”的风口，把握从“体量优势”转向“质量优势”的机遇。因此，“十三五”时期，要深入实施创新驱动发展战略，加快形成以创新为主要引领和支撑的经济体系和发展模式，为我国经济社会持续健康发展提供新的强大动力。

协调发展是全面建成小康社会之“全面”的重要保证，是提升发展整体效能、推进事业全面进步的有力保障。目前，我国发展中的一大问题就是不协调，突出表现为区域、城乡、物质文明和精神文明、经济建设和国防建设等关系上，引起了一系列社会矛盾，阻碍了国家综合实力的稳步增强。为此，“十三五”时期要把增强发展整体、增强发展协调性作为重要方向，重点促进城乡区域协调发展，促进经济社会协调发展，促进新型工业化、信息化、城镇化、农业现代化同步发展。

绿色发展是实现生产发展、生活富裕、生态良好的文明发展道路的历史选择，是通往人与自然和谐境界的必由之路。自改革开放以来，我国经济虽取得了举世瞩目的巨大成就，但其背后引发和积累的生态环境问题不可忽视，经济发展同生态环境的不协调日益成为了制约持续健康发展的突出矛盾，同时良好的生态环境也是生活质量的重要组成部分。因此，走绿色发展可持续发展成为了我们共同选择。保护建设生态环境，坚持绿色发展理念，让良好生态环境成为人民生活质量的增长点，实现经济发展和生态环境保护建设的协同共进。

开放发展是中国基于改革开放成功经验的历史总结，也是拓展经济发展空间、提升开放型经济发展水平的必然要求。开放是一个国家繁荣发展的必由之路。党的十一届三中全会以来，经过 30 多年的对外开放，我国形成了全方位、多层次、宽领域的对外开放格局，不仅促进了社会主义市场经济体制的不断完善，带动了国内经济快速发展，而且对全球经济和国际经济体系变革也发挥了重要影响，营造了我国经济社会发展的大好局面。因此，为了更好地顺应经济全球化大趋势，必须坚持对外开放，提高对外开放的总体水平，把握对外开放的新特点，进一步统筹国内国际两个大局，利用好国内国际两个市场、两种资源，形成内外合力的生动局面。

共享发展是社会主义的本质要求，是社会主义制度优越性的集中体现，也是我们党坚持全心全意为人民服务根本宗旨的必然选择。全心全意为人民服务是党的根本宗旨。实现共同富裕是社会主义的本质要求，是广大人民的普遍愿望。因此，改革发展搞得成功不成功，最终的判断标准是人民是不是共同享受了改革发展成果。人民共享发展成果水平越高，社会凝聚力就越高，人民群众的积极性、主动性、创造性就越高，国家发展才有了最深厚的力量源泉。对此，必须树立共享理念，坚持共享发展，根据实际条件完善促进共同富裕的制度安排，逐步缩小收入差距，形成合理的收入分配格局。

3. 五大发展理念之间的辩证关系

五大发展理念之间相互贯通、相互促进，是具有内在逻辑关系的大系统。一是外在定位。创新是核心，主要解决发展动力问题；协调是基础，主要解决发展不平衡的问题；绿色是保障，主要解决人与自然和谐问题；开放是前提，主要解决内外联动问题；共享是根本，主要解决社会公平正义问题。二是内在关联。创新发展是全面建成小康社会的第一动力，为其他发展提供持续动力；协调和开放发展是全面建成小康社会的内在和外在支撑，将促进其他发展更具有创新性、竞争性和共享性；绿色发展是全面建成小康社会的基本保障，是其他发展的基础；共享发展是全面建成小康社会的本质，是其他发展的根本出发点和最终归宿。因此，深入学习领会五大发展理念的内在逻辑关系，对于我们统一思想，协调行动，深化改革，开拓前进，贯彻落实党的十八届五中全会精神有着重要的理论和实践意义。

三　运用五大发展理念指导肇庆经济社会的健康发展

1. 认真学习，全面、准确、系统把握五大发展理念的科学内涵、精神实质

一要自觉学习宣传贯彻全会精神。党的十八届五中全会是我国全面建成小康社会进入决胜阶段召开的一次十分重要的会议。学习贯彻党的十八届五中全会精神，是当前和今后一个时期全党全国一项重要的政治任务。因此，各级党组织和广大党员干部，要认真学习宣传贯彻党的十八届五中全会精神，切实把思想和行动统一到全会精神上来，把力量凝聚到落实全会提出的各项任务上，实现肇庆全面深化改革和持续健康发展。二要认真领会和准确把握五大发展理念实质。“思深方益远，谋定而后动”，要实现“十三五”时期发展目标，必须牢固树立并切实贯彻创新、协调、绿色、开放、共享的发展理念，深入领会这五大发展理念的精神实质和丰富内涵，准确把握五大发展理念之间相辅相成、相互促进、相得益彰的关系，把五大发展理念统一贯彻到肇庆的发展战略、发展举措和发展实践中去。三要以五大发展理念为指导，扎实抓好当前各项工作。理念是行动的先导。五大发展理念体现着党的思想路线的本质要求，贯穿着鲜明的问题导向和人民至上的价值取向。因此，必须坚持五大发展理念，做好党和国家一切工作的行动指南，提供谋划新一年工作的方法指导。

2. 运用五大发展理念，推动肇庆追赶型发展

一是坚持创新发展，加快产业转型升级。针对肇庆当前科技研发投入

少，自主创新能力不强，高新技术和新兴产业在整体产业中比重偏低，发展方式较为粗放的情况，要全面提升产业竞争力，实现规模与质量效益同步提升的追赶型发展，必须坚持创新发展，加快构建自主创新体系、提升主导产业核心竞争力、深化重点领域和关键环节改革。

二是坚持协调发展，统筹推进两大板块、城乡区域一体发展。目前，肇庆山区人均 GDP、人均财政收入占比东南板块还不足一半，地区发展不平衡；此外第三产业增加值占 GDP 也仅为 35% 左右，产业结构同样不协调。要全面迈进小康社会，要精准扶贫脱贫，实现东南部与山区两大板块相互促进的追赶型发展，必须补齐短板，坚持协调发展，统筹推进“两大板块”协同互动发展，大力发展现代农业和特色县域经济，加快推进城乡一体化，深化农村综合改革。

三是坚持绿色发展，努力创建国家生态文明市。由于地处两广及东西部交界的重要连接地带，肇庆成为“三圈一带”交会节点，区域经济辐射的“交集区”和“叠加区”，这蕴含着更强的发展张力，同时也就要求以更高的品位和绿化优美的环境做支撑。打造一个宜游的花园式风景城市，宜居的、宜创业的生态型山水城市，实现经济和环境互为包容的追赶型发展，必须坚持绿色发展，建立健全生态文明建设体系，推进大气环境治理，加强以西江为重点的水资源保护，加快推进节能减排降耗，大力发展绿色经济。

四是坚持开放发展，促进区域合作共赢。迎合新形势要求，肇庆需要更开放的视野，打破行政区划限制，刺激生产要素跨空间的流动和配置，开创对外开放与区域合作发展新格局。打造珠三角对接东盟自贸区的重要节点城市，实现自身与外部良性互动的追赶型发展，必须坚持开放发展，积极共建广佛肇经济圈，在“三个经济带”建设中提升竞争力，建设“一带一路”华南重要节点，增创开放型经济发展新优势。

五是坚持共享发展，着力增进民生福祉。据统计，2015 年我市仍存在民生社会事业投入不足的情况，如公共文化建设投入不高，教育医疗、基本社会保险、住房保障等方面不均衡的问题还比较突出，与群众需求仍有较大差距。为此，未来五年肇庆要创建成为全国文明城市，稳定社会大局和谐，实现全体居民参与和分享的追赶型发展，必须坚持共享发展，促进就业创业、加快创建省教育现代化先进市、健全社会保障体系、全面提升人民健康水平、加强文化强市建设、维护社会和谐稳定。

3. 作为社科理论工作者，我们要为学习、宣传、研究和运用五大发展理念引领肇庆经济社会发展做出新贡献

理论创新每推进一步，理论武装就要跟进一步。五大发展理念是当前做好各项工作的新遵循新指引，学习好、宣传好、贯彻好五大发展理念不仅是当前全国全党的重要政治任务，更是社科界要着力研究的重大理论与实践课题。对此，我们要主动担责，创新举措，强化宣传，以多维视角审视，从更高站位谋划，为落实五大发展理念提供有力的理论支持和思想保证。一是组织学习讨论，把握精神实质。社科工作者要牢牢抓住学习这个重要环节，扎扎实实地带头学、全面学、深入学，提高社科干部的政治敏感性，先学一步、深学一层、高出一筹。二是发挥自身优势，着力深度解读。要充分发挥社科界自身的研究优势、人才优势，深入研究五中全会提出的新思想、新观点，结合肇庆实际，组织开展对“十二五”成就和经验、“十三五”目标任务和举措的深度解读。三是利用现代媒体，加强宣传普及。要充分利用现代传媒直观、高效、快捷的特点，面向基层，面向群众，面向青少年，多运用群众喜闻乐见的方式，多搭建群众便于参与的平台，多开辟群众乐于接受的渠道，把党的十八届五中全会精神宣传普及到广大人民群众中去。四是抓好社科规划，推进研究工作。要充分利用各类课题研究平台，发挥社科界联谊、联动作用，把全市社科各方面的研究力量整合起来，以五大发展理念为指引，对肇庆改革发展中的重大理论问题和实践问题进行攻关研究，使肇庆社科新型智库更有效地为“肇庆建设成为珠三角连接大西南的枢纽门户城市”提供智力支撑。

（本文发表于《肇庆论丛》2016 年第 1 期）

加强思想理论学习　给力幸福肇庆建设

科学发展观是当代马克思主义中国化最新理论成果，是推进中国特色社会主义现代化建设事业的指导方针，学习实践科学发展观对开展创先争优活动具有十分重大的意义。理论工作者必须勇于承担使命，为推动创先争优活动做出贡献。

一　解决理论学习存在的“四个问题”

我们党历来把思想理论建设作为党的建设的首要任务，特别是党的十七届四中全会提出建设学习型政党以来，各级党组织采取多种形式深入学习，兴起了理论学习的新高潮。但不容忽视的是，也有一部分单位、一部分党员干部的理论学习还存在一些问题，应当引起高度重视，认真予以解决。

1. 着力解决认识不到位的问题

表现为：有的不思进取、碌碌无为，不愿学；有的热衷应酬、忙于事务，不勤学；有的装点门面、走走形式，不真学；有的心浮气躁、浅尝辄止，不深学；有的食而不化、学用脱节，不善学；等等。我们党领导着13亿多人口的大国，面临国际国内更为激烈的竞争和更为严峻的挑战，这个时候加强思想理论建设尤为重要，对于学习科学发展观的重要性，我们要放到关系到国家的前途、党的前途、社会主义的前途这样的高度去认识。

2. 着力解决学习不深入的问题

有的人认为这么多年学来学去就是一个科学发展观，早就学透彻学清楚了。这些人主要是学习还不够深入，没有认识到科学发展观的含义是随着改革发展的不断深入而日益丰富的。“坚持以人为本，树立全面、协调、可持续的发展观，促进经济社会和人的全面发展”，这是党中央首次提出的关于科学发展观的概念。党的十七届五中全会和“十二五”规划提出：在当代中国，坚持发展是硬道理的本质要求，就是坚持科学发展，更加注重以人为本，更加注重全面协调可持续发展，更加注重统筹兼顾，更加注重保障和改善民生，促进社会公平正义，这“四个更加注重”对科学发展提出了新要求，同时，加快转变经济发展方式是我国经济社会领域的一场深刻变革，必须贯穿经济社会发展全过程和各领域，也是我们实现科学发展的主线。可见，我们学习科学发展观不是一成不变的。今天，结合肇庆发展的实际，学习实践科学发展观，主要有以下四个重点：一是要以人为本，建设幸福广东、幸福肇庆；二是要把握好科学发展的主题、加快转变经济发展方式的主线；三是当前要创新社会管理，最大限度激发社会活力、最大限度增加和谐因素；四是要处理好改革与稳定的关系，构建有利于发展的社会法治环境。

3. 着力解决学习制度不落实的问题

党员干部不勤学、不真学的现象看起来是党员个人的问题，但实际上与相关制度的滞后、不落实有很大关系：有些党组织的学习制度不健全，让人觉得学习是可有可无的事；有些党组织虽然制定了学习制度，但坚持不到位、落实不到家，往往流于形式：让人觉得学与不学无关紧要；有的学习制度不配套，缺少实现学习目的所必需的引导、组织、激励、检查等操作性制度。我们要落实创先争优的各项制度，通过规范学习管理、激励惩罚机制等有效制度，让“要我学习”，转变为“我要学习”。

4. 着力解决对理论指导实践不自觉的问题

理论来自实践，指导实践。有的地方遇到问题，思路不清，破解不了改革发展难题，究其原因，是实践科学发展观的能力还有待提高。当前，加快转变经济发展方式是摆在我们面前的重要任务，解决我市“经济相对欠发达、城乡区域发展不平衡”的两大矛盾、实现“富民强市，建设幸福肇庆”等，有很多新的问题亟须我们用科学理论指导实践厘清思路，在这种情况下，更需要我们的领导干部有开拓创新的能力、有用科学发展观指导实践的能力。

二 理论工作要为科学发展提供强大支持

当前，人们思想空前活跃，利益结构快速变化。政治、经济、文化领域出现了大量新的现象和问题，用理论来解释回答这些新变化新现象，指导科学发展。这是历史赋予理论工作者的使命。我们要善于用中国特色社会主义理论体系尤其是科学发展观解释说明繁杂的社会现象和问题，扎实推进创先争优活动，为推动科学发展、建设幸福肇庆建设提供理论支撑。

1. 理论工作要为推动科学发展，转变经济发展方式提供智力支持

近日，全市深入开展“解放思想、加快建成代表珠三角科学发展成果的城市”大调研大讨论活动，理论工作者要以此为契机，开展形势政策宣传工作和理论研究工作，把我市各级党组织和党员群众思想统一到中央、省委和市委的决策上来，尤其要深入研究如何实现科学发展，发挥后发优势，不走传统发展模式老路，坚持速度与质量效益并举的问题；要深入研究如何通过国家级高新区这个重要载体着力提高自主创新水平的问题，努力把高新区建设成为带动肇庆经济结构调整和产业转型升级的强大引擎；等等。

2. 理论工作要为加强社会管理、服务人民群众提供智力支持

我市在做好新形势下群众工作方面做了大量工作和尝试，下一步我们要结合肇庆实际深入基层，做好这个理论体系的研究工作。大力实施城乡就业、便民廉医、教育均衡发展、全民安居、农村生产生活环境改造、社会保障、扶贫开发、农村公共交通、农村饮水安全、公园绿道建设“十项惠民工程”，是肇庆市委做出的重大决策，是解决民生问题的重要抓手，理论工作要为充分调动社会各界投身“十项惠民工程”建设服务，形成全民支持、全民参与的良好氛围。

3. 理论工作要为加强思想建设、进一步推进学习型党组织建设提供智力支持

要注重研究各种类型基层党组织中党员的思想心理、兴趣爱好、接受习惯，让党员群众接受并掌握科学发展观，使人民群众真信、真学、真用科学发展观。在此基础上，理论研究宣传工作还要借助现代通信手段，当前，互联网、手机等正在成为传播信息的重要手段，必须充分利用这些新兴媒体和现代方式，拓宽原有的宣传教育阵地。建立全方位、立体式的理论传播体系。

4. 理论工作要为加强作风建设，抓好工作落实提供智力支持

我市“十二五”发展的指导思想和各项目标任务已经明确，现在重要的就是要抓落实。理论工作要大力弘扬党的“三大优良作风”，牢记“两个务必”，倡导“八个方面良好风气”，营造积极进取、奋发向上的精神风貌和干事创业氛围。推进各级党员领导干部作风建设，为认真落实“十二五”规划部署，推动经济社会发展再上新台阶做出贡献。

（发表于《西江日报》2011 年 6 月 9 日）

群众路线是党的生命线
群众工作是党的重点工作

坚持群众路线、重视群众工作是马克思主义政党的鲜明特征。作为党的理论创新重大成果，科学发展观的核心是以人为本、执政为民，体现了我们党全心全意为人民服务的根本宗旨和推动经济社会发展的根本目的。做好群众工作，既是落实科学发展观和建设和谐社会的要求，也是建设幸福肇庆的内在要求。

一　做好群众工作的出发点和落脚点在群众

党和国家事业的发展进步，离不开人民的创造力量；党的执政活动，离不开群众工作。我们实现科学发展的根本目的，就是要做到发展为了人民、发展依靠人民、发展成果由人民共享。做好群众工作，要以人民群众的利益为最高标准。

1. 做好群众工作是立党之本、执政之基

我们党的最大政治优势是密切联系群众。历史的经验充分证明，党的成长与壮大，革命的胜利与发展，都与群众路线息息相关。早在 1927 年年初，毛泽东同志发表《湖南农民运动考察报告》，提出了相信和依靠群众、尊重群众首创精神的思想。邓小平同志强调“群众路线和群众观点是我们的传家宝”。江泽民同志结合世纪之交的形势任务提出：“群众路线是党的根本工作路线。”胡锦涛同志指出：“群众路线是党的生命线。”我们党深刻认识到，人民群众是立党之本、执政之基、力量之源，保持党同人民群众的血肉联系，是我们党永远立于不败之地的根本保证，只有坚持群众路线才能保证党的各项事业成功。

2. 做好群众工作是贯彻落实科学发展观的核心要求

做好群众工作是贯彻落实科学发展观的核心要求。科学发展观的核心是以人为本，而以人为本的“人”，是指最广大人民群众。以人为本的“本”，是出发点、落脚点，就是最广大人民的根本利益。坚持以人为本，就是要不断满足人民群众日益增长的物质文化需要，切实保障人民群众的经济、政治和文化权益，让发展的成果惠及全体人民。做好群众工作，既是贯彻落实科学发展观的应有之义，也是实现科学发展的现实途径。

3. 做好群众工作是满足人民群众的新期待新愿望的需要

当前随着市场经济的深入发展，社会经济成分、组织形式、就业方式、物质利益等逐渐多样化，人民群众的思想认识、价值观念、生活方式等都发生了很大变化，人们在经济、政治、文化等方面产生了一些新的愿望和要求。从肇庆实际看，经济发展水平、居民收入水平、公共服务水平、城乡区域差距，离人民群众的新期盼还是有一定的差距。以居民收入为例，2011 年城镇居民人均可支配收入，肇庆是 19020 元，全省人均是 26885 元：农村居民人均纯收入，肇庆是 8728 元，全省人均是 9192 元，不仅大大低于珠三角平均水平，与全省平均水平相比也差距较大。建设幸福肇庆，迫切要求党委、政府进一步加快发展、加强社会建设和管理创新、提高公共服务水平，切实提升人民群众的幸福感。

二　做好群众工作关键在于我们制定的方针政策要符合群众利益愿望

胡锦涛总书记2003 年在江西考察工作时强调：“坚持立党为公、执政为民，既要体现在制定和贯彻符合群众利益的路线方针政策上，也要体现在帮助人民群众解决生产生活中的实际问题上。”做好群众工作，关键是从群众利益出发制定方针政策。

1. 方针政策最能代表人民群众最根本利益

党的性质和任务决定我们制定路线方针政策必须坚持以为广大人民群众谋利益作为根本出发点。当前，在国际上，经济全球化、信息化进程日益加快，东西方思想文化相互激荡；在国内，发展进入关键时期，改革处于攻坚阶段，社会生活发生了深刻变化，人们的思想异常活跃。要使我们的政策更全面、更准确地反映科学发展观的要求，必须把做好新形势下的群众工作摆上重要位置。

2. 党的政策一定要反映群众的利益诉求

党的理论、路线、纲领、方针、政策和各项工作，必须把人民的根本利益作为出发点和归宿，使人民群众不断获得切实的利益。而实现群众的愿望，满足群众的需要，维护群众的利益，是一个动态的不断发展的过程。因此，党的方针路线政策要适应新形势，细心体察群众愿望和利益要求的变化。随着经济社会的发展，我国低保、合作医疗、十二年免费教育等惠民政策相继实施，使人民群众读书、看病等根本利益切实得到了保障。肇庆市第十一次党代会报告明确指出，要坚持以人为本，推进以保障和改善民生为重点的社会建设，搞好“基本民生”，保障“底线民生”，解决“热点民生”，构筑“平安民生”，从政策层面上更全面、更准确地反映出人民群众利益。

3. 要把规划好的目标任务切实落到实处

中央政治局委员、省委书记汪洋到肇庆调研，要求肇庆“坚定不移走科学发展道路，建设成为能够代表珠三角科学发展成果的城市”。为破解经济欠发达、城乡区域发展不平衡的主要矛盾，肇庆市第十一次党代会提出以肇庆高新区引领新型工业化，以肇庆新区引领新型城市化的“两区带动两化”的战略，完全符合肇庆的实际，是肇庆走出科学发展新路的新战略新举措。做好群众工作，建设幸福肇庆，必须加快实施“两区带动两化”的战略，加速肇庆工业化进程，提高城市化水平，把规划好的目标任务落到实处，推动我市政治、经济、社会、文化、民生取得新发展。

三　做好群众工作的力量源泉在于相信和依靠群众

人民群众不仅是物质文明和精神文明的创造主体，而且是推动社会变革和历史前进的根本力量。做好群众工作，必须充分尊重群众、发动群众、依靠群众。

1. 人民群众是改革开放的生力军

马克思主义认为：人民群众是历史活动的主体，是推动社会历史发展的最终决定力量。没有人民群众的支持，没有人民群众的拥护，没有人民群众的参与，党一天也不能生存，更不可能取得一个又一个辉煌胜利。改革开放30多年来，党相信群众，依靠群众，尊重群众的首创精神，动员和领导群众积极投身于社会主义现代化建设实践，取得了举世瞩目的发展成就，使人民群众生活得到显著改善。建设幸福肇庆，离不开广大人民群众的奋斗，离不开广大人民的参与，必须牢牢把握党的群众路线，坚持以人为本的执政理念，努力做到问计于民、问政于民、问需于民。

2. 要引导人民群众发扬主人翁精神

社会发展了，国家强大了，更需要人民共同努力，把握时代的脉搏，更高标准地强化主人翁精神。现在，有些社会现象不得不使人担忧，有些人为追求个人价值而忽略了应该承担的社会责任；有些人过度强调政府、单位的职责，贪图享乐、事不关己，缺乏奋斗创业时期的干劲；有的人自私自利，导致道德缺失，行为失范；等等。《中共广东省委关于做好新形势下群众工作的意见》明确指出：充分激发广大人民群众的主人翁精神。实现科学发展，建设幸福肇庆，要发动好群众，通过提炼和弘扬“肇庆精神”，加强心理疏导和教育引导，增强主人翁意识，着力培养自尊自信、理性平和、积极向上的社会心态，使人民群众积极主动投身经济社会建设，共同建设美好家园。

3. 制度体制创新是保证群众权益的关键

要坚持把群众工作做深、做细、做实，必须不断创新群众工作机制和方法。要深入研究新形势下群众工作的新特点新要求，在坚持过去成功经验的基础上不断创新，综合运用法律、政策、经济、行政等手段和教育、协商、疏导等办法以及现代科技手段，建立健全党员干部密切联系群众、做好群众工作的长效机制，如完善联系群众、保障群众利益的决策机制；建立规范有效的民意反映机制；建立重大工程项目建设和重大政策制定的评估机制；等等。用制度和机制来调动广大党员干部密切联系群众、做好群众工作的积极性、主动性和创造性。只有这样，才能在发展的每一步、施政的每一策中把人民群众的利益放在首位，才能切实实现好、维护好人民群众的根本利益。

四　建设幸福肇庆，切实做好新形势下群众工作

我们发展经济的目的就是满足人们日益增长的物质文化需求，让老百姓的生活越来越好。建设幸福肇庆，必须改变工作作风，努力满足人民群众过上更好生活的新期待。

1. 以满足人民群众新期待为出发点，努力做好群众工作

在新的发展阶段和社会转型期，党和政府面临社会保障不健全，公共医疗、义务教育、劳动就业矛盾突出等一系列新问题，人民群众更加关注公平正义，人民群众的维权意识、民主意识不断增强。汕尾乌坎事件，就是由于群众的合理利益诉求未被重视而引发的群体性事件。省委书记汪洋表明："乌坎事件的发生有其偶然性，也有必然性，这是长期忽视经济社会发展中发生的矛盾积累的结果。"因此，在新的历史条件下，要抓好经济建设与社会建设，满足人民群众的新期待。当前，肇庆人民群众的新期待，主要是要加快实施《珠三角规划纲要》、加快融入珠三角的步伐，这就要求我们坚持科学发展，不断满足人民群众日益增长的物质文化需要，同时要加强社会管理，从解决人民群众切身利益入手，维护和实现社会公平正义，加强民主与法制建设，从为人民群众谋利益出发谋发展。

2. 以深化作风建设为切入点，努力做好群众工作

近日，市委书记、市人大常委会主任徐萍华在全市党风廉政建设干部

大会暨市纪委十一届二次全会上再次强调，要深化作风建设，提高执行力，进一步解放思想、提振精神，大力破除摆“老资格”、当“老好人”、做“老油条”的思想，树立开明开放、创业创新、诚实守信、求实求效、争先有为的意识，始终保持思想上的活力，始终保持良好的精神状态。当前，肇庆市正处于加快转型升级、加快建设能够代表珠三角科学发展成果城市的关键时期，做好新形势下群众工作，建设幸福肇庆，要求我市各级党员干部要切实转变工作作风，密切干群关系，在提高深入群众、组织群众、服务群众、沟通群众、化解矛盾能力上下功夫。

3. 以建设幸福肇庆为落脚点，努力做好群众工作

近年来，我市大力推进城市建设和实施民生工程，取得了瞩目的成绩，民生实事惠及广大人民群众，荣获全国综治“长安杯”，被誉为中国最美的环星湖绿道和东门广场、波海公园、牌坊公园展示了城市建设新景象，人民群众的幸福指数在不断提升。肇庆市第十一次党代会进一步提出，坚定不移走科学发展道路，成为能够代表珠三角科学发展成果的城市，实现经济发达、人民幸福、文明和谐、生态优美的美好愿景，是肇庆的奋斗目标，要把肇庆打造成为珠三角科学发展实验区、广东新型工业化基地、中国宜居文化名城、国际知名旅游会展胜地。实现转型升级、跨越发展，建设幸福肇庆，离不开肇庆人民的智慧与力量，党委和政府要充分调动人民群众的积极性、创造性。

群众路线是党的生命线。建设幸福肇庆，坚持做好新形势下的群众工作，要从实际出发，制定符合人民群众利益方针政策，不断加强和创新社会管理，把肇庆建设“成为能够代表珠三角科学发展成果的城市”。

（发表于《肇庆宣传》2012 年第 1、2 期）

扎实推进经济发展方式转变
实现肇庆加快发展、跨越发展

加快经济发展方式转变是深入贯彻落实科学发展观的重要目标和战略举措。省委十届六次全会确定转变经济发展方式为今年经济工作的核心与“头号工程”。肇庆的经济发展应该紧紧抓住转变经济方式，不断提升发展质量与效益，实现肇庆加快发展科学发展。

一　转变经济发展方式是深入贯彻落实科学发展观的战略举措

胡锦涛总书记在省部级主要领导干部专题研讨班的重要讲话中指出，加快经济发展方式转变，“关系改革开放和社会主义现代化建设全局”，是“深入贯彻落实科学发展观的重要目标和战略举措”。综合判断国际国内经济形势，转变经济发展方式已刻不容缓。从国际上看，国际金融危机的冲击使世界经济格局调整向纵深发展，当前世界经济存在着不少可变因素，我们面临国际贸易争端、出口市场受其他国家政策的影响，人民币升值压力增大、劳工薪酬争议等方面的问题。国际金融危机对我国经济的冲击表面上是对经济增长速度的冲击，实质上是对经济发展方式的冲击。特别是我国经济增长高度依赖国际市场，外贸依存度从改革开放之初的9.7%上升到目前的60%，远高于世界平均水平。只有转变高度依赖国际市场、高投资低消费的发展模式，才能不断提高我国经济的国际竞争力和

抗风险能力。从国内发展看，我们长期形成的传统发展方式重国际市场、轻国内需求，重低成本优势、轻自主创新能力，重物质投入、轻资源环境，重财富增长、轻社会福利水平提高，这样的发展方式不够注重结构的优化。去年应对国际金融危机采取的 4 万亿元经济刺激计划为“保 8”成功做出了不可磨灭的贡献，但从经济结构来看，投资独大的局面依然没有改变，必须清醒地看到，我们取得的成绩是初步的，当前我国经济回升的基础还不牢固，经济运行中的新老矛盾和问题相互交织，内在的潜力仍需深度挖掘，如果不加快经济发展方式的转变，在后国际金融危机时期很有可能处于战略被动地位。从省内看，通过大力推进“双转移”以及“三促进一保持”，全省去年保增长、保民生、保稳定的经济发展效益水平得到了提高，企业经受住了锻炼和考验，应变能力和竞争能力进一步加强，这些都是广东经济赖以回升、赖以向前发展的基础，广东作为经济外向度非常高的一个省份，要实现科学发展，在发展方式上取得突破，必须高度重视调整优化经济结构，大力推动经济进入创新驱动、内生增长的发展轨道。

经济发展方式并非仅仅涉及经济增长，它同时涉及环境保护、可持续发展、消费行为、文化、人与人的关系等各个方面。转变经济发展方式，看起来是经济领域的一场变革，实质上关系改革开放和社会主义现代化建设全局。加快经济发展方式转变是深入贯彻落实科学发展观的重要目标和战略举措，在我们党总体战略布局中，“加快推进经济结构调整，加快推进产业结构调整，加快推进自主创新，加快推进农业发展方式转变，加快推进生态文明建设，加快推进经济社会协调发展，加快发展文化产业，加快推进对外经济发展方式转变”，这 8 个“加快”关涉经济、社会、文化各方面，深刻体现了经济发展方式转变的全局性战略意义。

二　广东把转变经济发展方式作为“头号工程”

胡锦涛总书记视察广东的时候提出，广东要做好“五个扎实推进”，其中第一个“扎实推进”就是要扎实推进经济发展方式的转变。省委书记汪洋在传达贯彻全国“两会”精神时强调，做好今年经济社会发展各项工作必须取得三个新突破，其中排在首位的是在加快经济发展方式转变上取得新突破。可见，推动经济发展方式转变是广东的“头号工程”。

1. 把转变经济发展方式作为“头号工程”是当好推动科学发展、构建和谐社会排头兵决定的

早在1982年召开的中共十二大上，中央就已经提出要把经济增长转变到依靠科技进步和提高劳动者素质上来。党的十七大提出了加快转变经济发展方式的战略任务。改变经济发展方式一直就是我们的工作重点之一。去年，在广东应对国际金融危机取得初步成效、经济发展企稳向好和贯彻落实中央经济工作会议的重要时刻，胡锦涛总书记再次亲临广东视察指导工作，并发表了重要讲话，充分肯定了广东为全国经济社会发展做出的重要贡献，要求广东扎实推进经济发展方式转变，扎实推进保障和改善民生工作，扎实推进社会主义文化建设，扎实推进社会管理体制建设，扎实推进新形势下党的建设，全力做好保增长、保民生、保稳定各项工作，并寄语广东要“努力当好推动科学发展、促进社会和谐的排头兵，在改革开放和社会主义现代化建设中取得新进展、实现新突破、迈上新台阶”。这充分体现了党中央和胡锦涛总书记对广东工作的高度重视。改革开放30多年，广东之所以走在全国的前面，占得发展的先机，正是因为解放思想，开拓创新，先行先试，解决了先行过程中别人没有遇到的问题。因此，作为经济大省，又是改革开放的先行地、试验田，广东在加快经济发展方式转变上走在全国前面，既是责任，也是使命。

2. 把转变经济发展方式作为“头号工程”是推动广东科学发展的内在要求决定的

近年来我们大力推动“三促进一保持”，经济发展方式转变的势头良好，但面临的困难和阻力仍然不少。一方面，转变发展方式迫在眉睫。广东特别是珠三角发展中仍然存在产业层次总体偏低、创新能力不足、整体竞争力不强、城乡和区域发展仍不平衡、能源资源保障能力较弱、环境污染问题比较突出等问题。我省及珠三角地区正处在一个关键时期，在国际金融危机的影响下，上述矛盾和问题集中暴露出来，传统发展模式已难以

为继。另一方面，广东转变经济发展方式的任务仍然艰巨。2009 年，广东高耗能工业投入共完成投资 263 亿元，同比增长 37.4%，与此同时，全省高技术产业投资虽然完成 459 亿元，但却同比下降 15.3%，这种高能耗产业与高新技术产业投入出现巨大落差。从 2010 年 1 至 2 月，我省工业增速高于第三产业增速，其中，工业增速的提高在相当程度上得益于工业品出口的显著回升。如果这一趋势延续下去，2010 年工业有可能重新取代服务业成为推动广东经济增长的第一动力。一系列数据和春节后珠三角“民工荒”重现，显示广东经济增长主要依靠投资和出口拉动、劳动密集型产业结构依然没有发生根本转变。因此，转变经济发展方式成为今年全省经济工作的核心和“头号工程”。在省委学习会上，汪洋强调，转变经济发展方式的关键是抓紧去“干”，去落实，真正做到在“加快”上下功夫、在“转变”上动真格、在“发展”上见实效。一是必须把省委、省政府关于转变经济发展方式的重大决策部署落实到位；二是深入研究广东加快经济发展方式转变的长处和短处；三是必须把大规模培训干部和培养人才作为加快经济发展方式转变的战略任务；四是必须在建立健全有利于经济发展方式转变的体制机制上取得重大突破；五是必须进一步完善加快经济发展方式转变的考核办法；六是必须营造全社会共同促进经济发展方式转变的良好氛围。把经济发展方式转变这个“头号工程”搞好，才能实现产业结构的转型升级，实现广东的科学发展。

三　肇庆要在转变经济发展方式促进经济发展上取得新突破

在我市领导干部深入贯彻落实科学发展观加快转变经济增长方式专题培训班上，覃卫东书记强调，最重要的就是按照市委十届八次全会提出的今年目标任务，抓住关键，突出重点，强力推进，加快在转变经济发展方式上出成效。具体是努力推动“八个加快”：

一是加快构建现代产业体系。二是加快打造传统优势产业转型升级集聚区。三是加快建设广佛肇经济圈。四是加快城市建设促城市经济发展。

五是加快提高农业现代化水平。六是加快推进基本公共服务均等化。七是加快生态文明建设。八是加快推进体制机制改革。

加快经济方式转变，既是一场攻坚战，也是一场持久战，关键在于扎扎实实地贯彻落实科学发展观。我们要紧紧抓住机遇，承担起历史使命，结合肇庆实际加快经济发展方式转变，不断提高经济发展质量和效益，在加快发展、跨越发展上取得新突破，努力实现“两个尽快”“两个成为”。

（发表于《肇庆宣传》2010 年第 4、5 期）